영화로
역사 읽기

연동원 저

미국편

HISTORY IN FILM

학지사

역사학자에서 역사영화평론가로 나선 지도 십여 년이 훌쩍 넘었다.

10년이면 강산이 변한다는데, 온갖 첨단기술과 정보의 홍수로 넘쳐나는 사회에 사는 걸 생각하면, 강산이 몇 번은 바뀐 것 같다. 그리고 이러한 변화는 우리에게 친숙했었던 상품의 존재 가치를 결정하는 데도 적용되었다. 생각해 보라. 1980년대까지 사무실에 반드시 갖춰져 있던 타자기나 학생들의 필수품이었던 소형 카세트를 비롯해 수많은 전자기기가 이젠 당시의 시대상을 상징하는 골동품으로 전락했다.

하지만 그렇지 않은 것도 있다. 필자가 『영화 대 역사』를 출간할 때만 하더라도, 영화로 역사를 다룬 저서는 거의 없었다.

그러나 지금은 어떠한가? 역사학, 문학, 철학 따질 것 없이 인문학 강좌에 빠짐없이 등장한다. 즉, 영화매체는 예전보다 위상이 훨씬 커진 것이다. 영상매체의 첨단을 이끌고 대중문화를 선도하는 게 '영화'라고 감히 말할 수 있다. 교육 현장에서도 영화는 커리큘럼의 한 축을 당당히 맡고 있다.

근 20년의 세월은 역사영화를 보는 필자의 시각도 변하게 했다.

처음에는 영화를 실제 역사와 비교·분석하는 데 초점을 맞추었다. 영화가 역사를 그대로 담아낼 수 없다는 영화적 특성은 고려하지 않은 것이다. 그러나 점차 스크린의 그 장면이 사실史實인지 아닌지와 별개로, 어째서 그렇게 각색했는지 그 이유가 궁금해졌다. 영화평론가 시각에서 감독이나 제작자의 처지를 이해하려는 변화가 필자에게 나타난 것이다. 이젠 역사영화를 볼 때, 역사학자와 평론가라는 두 관점이 부딪치지 않으면서 역사영화를 접하게 되었다.

역사영화평론가의 길을 걷는 데 영향을 끼친 세 사람을 언급해야 할 것 같다.

첫 번째로 이원복 교수를 꼽는다. 그분은 만화를 통해서 대중에게 문화와 역사를 쉽고 재미있게 설명했다. 바로 그의 대표작 『먼나라 이웃나라』가 이에 해당한다. 사실, 역사영화평론가로 나서게 된 동기가 그 만화처럼, 종합예술매체인 영화를 통해 역사에 접근하기 위해서였다.

두 번째는 지금은 고인^{故人}이 되신 남경태 선생이다. 남경태 선생이 라디오 〈타박타박세계사〉의 진행자일 때, 출연자로 만났었는데 참으로 소중한 경험이었다. 이제껏 만났던 사람 중에서 가장 박학다식했던 그는, 필자가 가지고 있던 소위 역사학 전공자의 좁은 틀을 벗어나게 하는 데 큰 역할을 했다. 고정 코너인 '영화로 역사 읽기'를 통해 그분의 엄청난 내공을 확인할 수 있었고, 대중이 알고 싶어 하는 영화 속 역사가 어떤 건지 알 수 있었다. 참! 이 기회에 당시 이 방송의 PD였던 홍동식 국장과 이인경 작가께도 감사의 말씀을 전한다.

세 번째는 설민석 선생이다. 우연히 TV 방송에서 본 그의 한국사 강의는 마치 한 편의 역사스페셜을 보는 듯했다. 정확한 발음, 표정 연기, 세련된 의상, 그리고 과거사를 통해 미래지향적인 비전을 제시하는 강의 스타일은 어째서 그가 한국사 최고 인기 강사인지를 입증한다.

그렇다. 앞서 언급한 세 사람의 공통점은 자기만의 스타일로 '역사를 쉽게 전달'했다는 것이다. 나 역시 나만의 방식으로 전하려 한다. 즉, 영화로 역사 읽기.

그렇다고 영화를 단지 역사를 설명하는 보조물에 머물게 하고 싶진 않다. 역사영화의 진정한 주인은 그 작품을 만든 감독이기 때문이다. 그의 상상과 의도에 의해 역사가 마음껏 재단되어 나온 창작물이 '영화'다.

이 책은 영화 속 역사, 제작 & 에피소드, 영화 VS. 영화로 나뉜다.

영화 속 역사에는 영화를 선택한 이유, 시놉시스, 영화와 실제 역사를 순차적으로 설명했다.

제작 & 에피소드에는 영화제작 관련 뒷이야기 혹은 배우에 관한 에피소드가 있다.

영화 VS. 영화는 동일한 사건이나 인물을 다르게 표현한 영화를 선택하여 설명했다. 같은 사건이나 인물도 아주 달리 해석된다는 걸 확인할 수 있다.

참고로, 역사적인 인물 명칭은 백과사전이나 역사서에 기재된 것으로 표기하였다.

예) 월터 라일리(네이버, 다음) → 월터 롤리(백과사전)

　　말콤 X(영화 타이틀) → 맬컴 엑스(백과사전)

이 책이 출간되는 데 많은 배려와 격려를 해 주신 학지사 김진환 대표님과 직원 여러분께 감사를 전한다. 저자의 의도를 담아내기 위해 편집과 디자인에 노고를 아끼지 않은 안정민 씨에게도 고마움을 전한다.

2018년 4월

연(延)영상문화연구소에서

차
례

들어가며 / 3

06

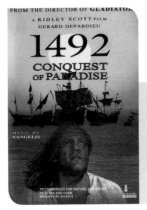

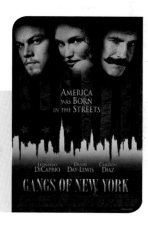

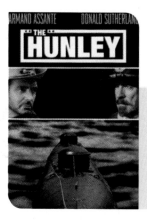

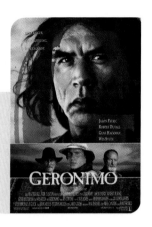

09

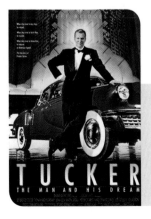

Theme 01

지리상의 발견과
원주민과의 만남

비극의 전주곡

/

디즈니의 역사왜곡

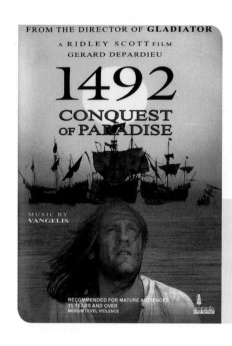

01

비극의 전주곡

1492 콜럼버스

1492: Conquest of Paradise, 1992

감독: 리들리 스콧

출연: 제라르 드빠르디유(콜럼버스)

아만드 아산테(산체스)

시고니 워버(이사벨)

영화 속 역사

콜럼버스를 소재로 한 작품 중에서 흥행과 작품성에서 가장 성공을 거두었다는 점이 이 영화를 선택한 이유다.

서쪽 바다로 나가면 대륙을 발견할 수 있다고 살라망카 대학교에서 연설하는 콜럼버스. 이후 왕실회계원 산체스를 통해 이사벨 여왕을 만나 탐험대 출정을 위한 재원을 얻어 낸다. 항해에 나서기 전, 신부에게 고해하는 콜럼버스. 사람들한텐 며칠 안에 도달한다고 했지만, 얼마나 오래 걸릴지 자신도 모른다는 것. 이런 우려는 현실로 다가왔다. 한 달이 지나도록 망망대해를 항해하고 있는 것이다.

신대륙을 향해 떠나는 콜럼버스 원정단

신대륙 발견

영화에는 두 번의 원정만 나왔지만 실제는 4번[1492~1493, 1493~1496, 1498~1500, 1502~1504]에 걸친 항해로, 유럽인이 신대륙에 정착하는 기틀을 마련하였다. 콜럼버스는 원정에 앞서 스페인 정부와 산타페 협약[1492]을 체결했는데, 그가 발견한 지역에서 종신 총독 지위를 부여하고 그 지역에서 나오는 총이익의 10%를 차지한다는 내용이다.

015

1492년 8월 3일 산타마리아호, 니냐호, 핀타호 등 3척에 120명의 선원을 태우고 역사적인 항해에 나서는 콜럼버스. 두 달여 뒤인 10월 12일 바하마 군도의 한 섬에 도달했으며, 이어서 쿠바에도 다다랐다. 처음에 그는 자신이 발견한 지역을 아시아 일부로 생각했다. 세 번째 원정[1498]에서 아메리카 대륙 본토에 도착하고 남아메리카의 북쪽 해안을 항해하면서, 비로소 아시아가 아닌 다른 대륙에 도착했음을 깨달았다. 그러나 그는 여전히 아시아가 그리 멀지 않은 거리에 있다고 믿었다.

호사다마

영화에서처럼, 항해의 성공으로 그는 이사벨 여왕을 비롯해 스페인 국민의 대대적인 환영을 받았다. 명예와 부^富를 동시에 거머쥔 것이다. 하지만 호사다마랄까. 원주민 반란과 식민지 경영실패로 본국으로 송환되는 고통을 겪었다.

그 이유가 영화에는 목시카를 비롯한 군인들의 원주민 학대에서 비롯된 걸로 나오지만, 근본적으론 콜럼버스가 리더십이 부족하다는 걸 의미하고 있다. 게다가 그가 외국인^{이탈리아인}으로서 성공한 걸 시기하는 사람이 많았다는 점도 지적할 수 있다. 이후 콜럼버스는 추락한 명예를 회복하기 위해 절치부심하였으나, 건강만 악화된 채 쓸쓸히 여생을 마감한다.

실화와 각색

영화는 콜럼버스를 비범하고 극적인 인물로 묘사하기 위해 각색을 했다. 예를 들어, 자기 아들에게 세계가 둥글다는 이론을 설명하는 장면은 얼핏 그가 이러한 이론을 처음 제기한 것 같은 인상을 풍긴다. 영화에 나오는 대사와는 달리, 대서양 횡단이 가능하다는 게 이미 오래전에 증명되었으며, 아시아로 가는 항로로 아프리카를 일주하기도 했다. 더욱이 콜럼버스보다 수세기 이전에 이미 바이킹이 아메리카대륙에 첫발을 내디뎠다.

영화에 나오는 '신대륙'이라는 용어도 미국인이 주장하는 '개척정신'^{the Frontier}처럼 거부감이 든다. 신대륙과 서부 개척정신, 둘 다 사람이 살지 않는다는 전제가 깔려 있어야 사용할 수 있어서다. 마치 네덜란드 동인도 회사 선원 하멜이 제주도에 표류한 것을, 신대륙을 발견했다고 하는 논리와 유사하다고나 할까.

영화 후반부에서 콜럼버스가 같은 이탈리아인 '아메리고 베스푸치'가 신대륙 본토를 발견했다는 말을 듣고 처연한 표정을 짓는 장면도 극적 분위기를 연출하기 위한 역사적 각색이다. 아메리카^{America}라는 지명이 콜럼버스가 죽기 전까진 결정되지 않았기 때문이다.

영화에서 콜럼버스가 원주민을 스페인 귀족과 거의 동등하게 대우하는

지성적인 인물로 묘사하
는 것도 이율배반적이다.
금을 캐고 성당을 짓기 위
해 원주민을 강제노역시
키면서 인간적으로 대우
한다는 건 모순이다. 실제
로 그는 아메리카 대륙 발
견 당시 자신의 업적을 증

콜럼버스 일행과 아메리카 원주민의 역사적 만남

명하기 위해 원주민 몇 명을 잡아서 스페인으로 돌아갔다.

착취와 전염병

017

콜럼버스 탐험을 계기로, 스페인은 포르투갈을 제치고 제일 해상국가로
부상하였다.

스페인의 탐험가 '바스코 드 발보아'는 유럽인 최초로 남태평양을 발견
하고, 스페인이 고용한 포르투갈인 '페르디난드 마젤란'은 최초로 세계일
주를 했다. 이제 스페인 정부는 아메리카 대륙을 더 이상 아시아로 가는 데
놓인 장애물이 아닌, 부의 원천이 될 수 있다고 판단했다.

영화에도 나오듯이, 스페인은 금과 은을 채취하는 등 당장의 착취에 힘
을 쏟았을 뿐, 식민지 정착에 유익한 농사에는 노력을 기울이지 않았다. 더
욱이 식민지역을 효율적으로 통치하는 데 필요한 자국민 이주정책에도 소
홀했다. 그에 따라 스페인 식민지에서의 자국민은 언제나 적었으며, 전염
병과 전쟁에도 불구하고 원주민이 식민지 인구의 대다수를 구성하였다.

이와는 달리, 북아메리카 대륙에 세워진 영국, 프랑스, 네덜란드 식민지
들은 농사와 영구 정착에 주력하였다. 따라서 정착하는 데 따른 어려움을

극복한 이후에는 아주 빠른 속도로 인구가 증가하였고, 효율적인 식민정책을 펼칠 수 있었다.

콜럼버스의 신대륙 발견과 스페인의 식민지 개발 의욕은 아메리카 대륙 원주민에겐 비극의 전주곡이다. 곧이어 '헤르난도 코르테스'와 '프란시스코 피사로' 등 스페인 출신 관리와 군인들이 아메리카 고유문명을 파괴하고, 어느 지역은 원주민 전체가 말살되기도 했다. 여기에는 앞서 언급한 유럽인이 가져온 전염병이 무서운 선봉장 역할을 했다. 홍역, 발진티푸스, 인플루엔자 등의 질병으로 수백만 명 원주민이 사망하였다. 콜럼버스가 도착한 히스파니올라는 원주민 수가 약 100만 명에서 500명으로 급감했으며, 멕시코 마야 지역은 스페인 사람들이 처음 도착한 후 몇 년 내에 원주민의 95%가 질병으로 죽었다.

제작 & 에피소드

콜럼버스를 소재로 국내에 소개된 영화로는 전주국제영화제에 소개된 마노엘 드 올리베이라의 〈크리스토퍼 콜럼버스: 수수께끼〉(2017)와 존 글렌의 〈크리스토퍼 콜럼버스〉와 리들리 스콧의 〈1492 콜럼버스〉(1992) 그리고 가브리엘 번이 주연한 TV 미니시리즈 〈크리스토퍼 콜럼버스〉(1985) 등이 있다.

올리베이라가 연출한 영화는 콜럼버스가 포르투갈인이라는 가설을 바탕으로 극이 진행된다. 존 글렌의 작품은 말론 브란도가 출연해서 제작 당시 화제가 되었지만, 막상 개봉되자 밋밋한 내용으로 별로 인기를 끌지 못했다. 게다가 같은 해에 개봉된 경쟁작인 리들리 스콧의 〈1492 콜럼버스〉의 흥행으로 상대적으로 더 큰 불운을 겪었다. TV 미니시리즈는 소품과 의

상이 빈약하고 원주민으로 분장한 배우들의 연기가 어설퍼 어이없는 웃음이 연이어 나온다.

그럼 〈1492 콜럼버스〉가 흥행에 성공한 요인은?

분명한 건 앞서 언급한 세 편보다 재미나 작품성에서 뛰어났다. 그러한 배경에는 감독의 섬세한 연출력과 주연 제라르 드빠르디유의 카리스마 넘치는 열연을 꼽을 수 있다. 한 예로, 코스타리카에서 촬영한 콜럼버스가 신대륙에 첫발을 내딛는 장면은 관객의 가슴을 두근거리게 만들 정도로 긴장감이 넘친다. 상상해 보라. 안개 자욱한 대서양에서 초록빛 해안이 서서히 모습을 드러내는 장면을.

아쉬운 점은 감독이 콜럼버스를 지나치게 다정다감한 인물로 묘사했다는 것과 제라르 드빠르디유의 프랑스 발음이 섞인 영어 대사다.

만일 주인공이 스페인어로 발음했으면 어땠을까? 흥행에는 차질이 빚어질지 모르겠으나, 관객으로부터 설득력을 얻었을 것이다. 혹은 예상치 않게 흥행에 도움을 줄 수도 있다. 멜 깁슨이 연출해서 흥행에 크게 성공한 〈패션 오브 크라이스트〉와 〈아포칼립토〉 모두 현지어를 대사로 사용했다. 참고로, 2011년 국내영화 흥행 1위에 오른 〈최종병기 활〉에서 청나라 군사로 분한 배우들도 만주어를 구사했다.

019

영화 VS. 영화 〈아포칼립토〉(Apocalypto, 2006)

백인들이 신대륙에 상륙했다는 공통점이 있는 〈1492 콜럼버스〉와 〈아포칼립토〉. 원주민이 참혹한 대가를 치른다는 결말도 똑같다. 콜럼버스가 발견한 곳이 초토화된 것처럼, 〈아포칼립토〉의 주 무대인 마야문명도 유럽인의 침입으로 철저히 파괴되었다.

사람을 제물로 바치는 의식을 진행하는 장면

영화가 개봉되자, 일부에선 마야문명의 멸망 원인이 산 제물을 바친 데 따른 하늘의 응징처럼 비쳐진다고 했다. 즉, 유럽인의 침략을 정당화했다는 것이다.

그럼 이 영화가 실제로 유럽인의 침략을 정당화했나?

답은 감독과 제작을 겸한 멜 깁슨의 의중에 있겠지만, 오해의 소지를 불러온 건 사실이다. "위대한 문명은 내부에서 스스로 멸망하기 전까지 결코 정복당하지 않는다."라는 프롤로그가 영화 전체의 의미를 함축하기 때문이다. 아놀드 토인비가 제시한 문명사관도 "문명의 붕괴는 외부적 요소 이전에 내부의 모순과 쇠퇴가 주된 요인"이라고 했다.

그렇다면 멜 깁슨의 이런 시각은 편견에 사로잡힌 것이다. 마야는 영화의 무대 훨씬 전인 기원 후 300년부터 신관에 의해 지배되었으며, 산 제물이라는 미명하에 많은 사람들이 무참하게 도륙되었다. 그리고 영화에 나오는 야만적이고 광기어린 행위와는 대조적으로 당시 마야문명은 뛰어난 수학을 바탕으로 세계 최고 수준의 천문학을 보유하고 있었다.

주목할 건 주인공 '표범 발'이 살던 숲속 주민들이 마야인에게 희생된 것과는 비교할 수 없을 정도로, 마야, 아즈텍, 잉카 문명이 '기독교 전도'라는 미명하에 철저히 파괴되었다는 사실이다. 포로로 잡힌 잉카 왕 아타우알파는 엄청난 몸값을 지불했음에도, 강제로 기독교인으로 개종되고 화형당했다.

한편, 인종차별 영화라는 지적은 비약으로 볼 수도 있다. 마야문화와 생활상을 소재로 한 상업영화의 틀 속에서 이해되어야 한다는 것이다.

영화에는 배를 갈라 심장을 꺼내고 휘두르는 도끼에 머리가 잘려 나가는 잔인한 장면이 나온다. 실제 마야 벽화에도 영화와 똑같은 장면이 묘사되어 있다. 이런 고증을 바탕으로 한 사실적인 폭력이 흥행에 톡톡한 역할을 한다.

역사는 승리자에 의해 쓰인다고 하는데, 이 영화도 예외는 아니다. 할리우드 거대 자본과 첨단기술력 그리고 멜 깁슨의 뛰어난 상업적 감각의 합작품이란 걸 염두한 것이다. 그런 점에서 이 영화를 부정적으로 보진 않는다. 폄하하기에는 마야문명 이미지가 너무나 강렬하게 그려지고 탄성을 자아낼 만한 멋진 장면이 연이어 펼쳐졌기 때문이다.

그리고 참으로 오랜만에 백인이 아닌 아메리카 원주민이 무대의 중심인물로 활약하는 모습에 저절로 흐뭇한 미소가 그려졌다.

021

02

디즈니의 역사왜곡

포카혼타스 Pocahontas, 1995
감독: 마이크 가브리엘, 에릭 골드버그
출연: 아이린 베다드(포카혼타스)
　　　멜 깁슨(존 스미스)

영화 속 역사

실존인물 포카혼타스를 소재로 한 디즈니 장편 애니메이션. 포카혼타스를 주인공으로 한 작품 중에서 가장 유명하다.

신세계로 떠나는 사람들로 북적대는 항구. 매력남 존 스미스와 권위적인 모습의 총독이 배에 오른다. 선원들에게 신세계가 영국 것이며 원주민들이 악인이라는 궤변을 늘어놓는 총독. 하지만 그의 속내는 황금을 캐내려는 욕심으로 가득 차 있다. 바로 그 시각, 추장 포우하탄이 전사 코코움이 청혼했다면서 포카혼타스에게 의향을 묻자, 그녀는 거절한다. 전사의 아내라는 수동적인 삶에 안주하고 싶지 않은 것이다. 이후 그녀와 스미스의 운명적인 만남이 이루어진다.

각색된 실존인물

주인공 포카혼타스를 비롯해 존 스미스, 존 랫클리프 총독, 포우하탄, 코코움은 모두 실존인물이다. 그러나 영화 속 인물 캐릭터는 실제와 아주 다르다.

포카혼타스^{본명은 마토아카}는 영화 속 늘씬한 슈퍼모델 같은 처녀가 아니다. 1607년 무렵, 존 스미스를 만났을 때 그녀는 12세 어린 소녀였으며, 다른 원주민 여자애들처럼 여름에는 발가벗고 다니고 거의 대머리가 될 정도로 머리를 박박 밀었다.

존 스미스와 이별한 후, 나이 18살에 영국인들에게 납치되었다. 다음해에 정치적으로 이용되어 존 롤프와 결혼하는데, 그 배경에는 포우하탄이 코코움과 포카혼타스의 혼인을 무효로 한 것이 명분이 되었다.

포우하탄^{본명은 와훈소나코크}도 온화한 캐릭터와는 달리 호전적이다. 영국인들의 초대에 한 번도 응하지 않을 정도로 경계를 했으며, 백인과 원주민 간에 벌어진 최초의 전쟁도 그가 주도했다. 12명의 아내가 있으며, 그의 자녀들 중에서 가장 사랑받은 이가 포카혼타스였다.

기존의 디즈니영화에는 없었던 정열적인 키스신

존 스미스도 실제 모습은 키가 작고 거친 인상에 말라빠진 수염을 지녀서, 영화 속 매력남과는 거리가 멀다. 그리고 호전적인 인물인데, 이러한 배경에는 영국인들 대다수가 정착과정에서 추위와 질병과 굶주림으로 사망했기 때문이다. 즉 스미스도 정착민의 생존을 위해 습격단을 조직해서 원주민 마을에 가 음식을 훔치거나 원주민을 납치하기도

023

했다.

이러한 점에서 영화의 원작자 존 스미스가 쓴 모험담도 실제 사실로 간주하기 어렵다. 이 책을 출판한 1624년에는 포카혼타스를 비롯한 주요인물이 모두 사망해서 검증할 수도 없다. 더욱이 그가 과장하고 미화하고 얼버무리는 성격이란 점을 고려하면, 그가 살해당하기 일보 직전에 포카혼타스가 구해 주었다는 내용도 지어 낸 얘기일 가능성이 높다.

존 랫클리프 총독도 영화에 나오는 탐욕스럽고 착각에 빠진 악인이 아니며, 바닷가에서 금을 캐내려고 혈안이 된 바보는 더더욱 아니다. 그는 디스커버리호로 불리는 3척의 배를 이끌고 탐험을 한 선장이며, 포우하탄 부족 여성들에게 모진 고문을 당한 끝에 죽었다는 기록 외에는 알려진 바가 없다.

그럼 이 영화에 언급되지 않은 중요한 역사적 사실은? 우선 굶주림에 시달려 제임스타운을 떠나려 했던 영국인들이 그대로 정착하게 된 주요한 요인으로 담배 경작을 꼽을 수 있다. 콜럼버스가 유럽으로 가져온 담배는 17세기 초 유럽 전역으로 퍼졌으며, 제임스타운 농장주 존 롤프는 원주민들이 담배 식물을 재배하는 걸 보고 경작을 해 성공했다. 그런데 담배는 토양을 아주 빨리 척박하게 만들어, 새로운 땅이 필요하게 되었다. 결국 정착민들은 내륙으로 더 깊숙이 진출하게 되었고, 원주민과 영토를 둘러싼 마찰을 피할 수 없었다.

납치와 개종

제임스타운 정착민들은 포우하탄을 협박하기 위한 수단으로 포카혼타스를 납치했다. 당시 추장은 그녀의 몸값을 지불하고 데려가기를 거부했으며, 이런 교착관계가 오래 지속되면서 그녀는 기독교도로 개종했다. '레베카'라는 세례명을 받은 포카혼타스는 존 롤프와 결혼[1614]했으며, 다음해에 아들 토마스를 낳았다. 그리고 이 결혼이 양측의 전쟁을 잠시나마 멈추게 했다.

이후 포카혼타스 가족이 잉글랜드를 방문[1616-1617]하여 여왕을 배알하는 등 정부로부터 대대적인 환영을 받았는데, 그것은 순수한 의미의 환대가 아닌 정치적 계산이 깔려 있었다. 즉, 포카혼타스가 식민지 건설에 선전 효과가 높고, 실제로 그녀는 아메리카 이민홍보자처럼 행동했다.

최초로 영국인과 결혼하고 기독교로 개종한 인디언 추장의 딸, 포카혼타스. 영화보다 극적인 삶을 살았던 그녀의 마침표는 아쉽게도 비극으로 끝났다. 고향으로 돌아오기 직전, 천연두에 걸려 23세라는 젊은 나이에 사망했다.

비극은 여기서 멈추지 않았다. 아들과 함께 미국으로 건너가 담배농장을 경영하던 존 롤프가 포우하탄의 동생 오페칸카누가 이끄는 전사들의 기습을 받아 사망한 것이다. 당시 남녀노소를 불문하고 340여 명의 백인들이 살해당한 후에야, 인디언들이 물러갔다. 영화는 '화해'와 '용서'로 귀결되지만, 실제 역사는 '복수'와 '비극'으로 끝난 게 영국인과 아메리카 원주민의 관계이다.

025

역사왜곡

영화개봉 시, 디즈니사는 역사적 고증을 통해 그려 낸 최초의 작품이라는 슬로건을 내걸었다. 그러나 이런 홍보 문구와는 달리, 영화 속 내용은 실제 역사와 아주 다르다. 특히 영국 출신의 정착민과 원주민 간의 갈등을 단순히 양비론적 시각으로 묘사한 것은 각색의 차원을 넘어서 역사왜곡이라는 비판을 피할 수 없다.

영화에서 포카혼타스는 백인과 자기 부족민을 진정시키며 이해와 양보의 필요성을 강조했다. 그러나 그녀의 대사는 전혀 이치에 맞지 않는다. 어느 누구가 자기 영토를 빼앗기고 사람들이 죽음을 당하는 상황에서 진정할 수 있을까. 재언컨대, 정착민과 원주민 간의 충돌을 양비론으로 전개해선 안 된다. 아메리카 대륙의 주인은 원주민이며, 백인은 영토를 빼앗으려 한 침입자다.

종종 동일한 사람과 사건이 시각에 따라 달라지곤 한다. 영화 속 제임스타운과 포카혼타스도 마찬가지다. 제임스타운은 영국인에게는 정착의 뿌리를 내리게 했지만, 원주민에게는 통한과 비극의 전주곡이다. 포카혼타스에 대한 평가는 더욱 극명하게 달라질 것 같다. 백인에게는 친구를 넘어서 천사처럼 보일지 모르지만, 동족인 아메리카 원주민은 백인에게 침략의 발판과 명분을 제공한 결코 용서할 수 없는 여인으로 남아 있을 테니 말이다.

제작 & 에피소드

디즈니 애니메이션 〈포카혼타스〉의 시나리오는 전작들과 전혀 다른 유형이다.

〈인어공주〉〈미녀와 야수〉〈알라딘〉 등이 동화를 바탕으로 한 반면, 이 영화는 주인공을 비롯한 주요 등장인물이 실제 역사에 존재한다. 게다가 전작들이 가벼운 소재로 권선징악과 해피엔딩으로 전개되는 반면, 이 영화는 식민지 정착민과 원주민의 관계 설정이라는 무거운 소재로 모호한 선악 구분, 남녀 주인공의 슬픈 이별이라는 차별성을 띠고 있다.

그럼 디즈니사는 어째서 새로운 방식으로 극 전개를 시도했을까?

아마도 전작들이 모두 흥행에 성공했다는 자신감과 함께, 더욱 많은 수익을 얻으려 한 것 같다. 기존의 아동뿐만 아니라 성인에게도 눈높이나 코드에 맞는 영화를 만들고자 한 것이다. 즉, 영화의 주 고객을 아동과 성인 모두 다 끌어안겠다는 계산이며, 그래서 '쉽게 결론 낼 수 없는 역사'를 소재로 하고 기존의 단순한 이분법적 선악 구도나 해피엔딩 전개 방식을 탈피하였다. 포카혼타스의 외모도 기존의 귀엽고 앳된 여주인공이 아닌, 슈퍼모델 같이 섹스 어필을 할 수 있는 캐릭터로 바꾸었다.

분명히 이런 여주인공의 모습은 아동이 아닌, 성인 남성의 눈높이에 맞춘 이미지이다. 존 스미스와 포카혼타스의 키스 장면도 전작들과는 비교할 수 없을 정도로 뜨겁고 진하며 시간이 길다. 이 장면은 아이와 함께 보기 민망했다

한편으로 기존의 영화적 장치는 그대로 따랐다. 즉, 역사적 사실을 소재로 극이 전개되지만, 영화의 전반적인 분위기는 '동화적 관점'이다. 예를 들어, 전작들처럼 이 영화에도 너구리, 벌새, 강아지가 감초 역할을 하고 있다. 세 동물이 여느 작품처럼 극을 재미있게 끌고 가며, 남녀 주인공인 포카혼타스와 존 스미스를 더욱 멋지게 부각시킨다. 흥미로운 건 디즈니 애니메이션에 나오는 새와 강아지 심지어 곤충까지 남자 주인공에 호감을 갖고 있다는 것.

그리고 동물들로부터 인기를 끄는 남자 주인공 이미지는 정형화돼 있다. 유머감각이 뛰어나고 금발, 훤칠한 키에 수려한 외모

027

너구리에게 과자를 주는 스미스.
디즈니영화 속 주인공은 한결같이 동물에게 호감을 준다.

다. 곤충까지 남자외모를 볼 정도면, 남자도 외모에 신경을 써야 할 것 같다

　그럼 두 마리 흥행 토끼를 쫓은 이 영화의 흥행 결과는? 디즈니사가 기대
한 소기의 목적을 달성하지 못했다. 아동의 눈높이에서는 영화가 어렵고,
성인 기준으로는 진지한 주제를 너무 단순하게 결론 낸 듯하다. 예를 들어,
아동 관객은 어째서 사랑하는 남녀 주인공이 이별해야 하는지를 이해하기
어려워했고, 성인 관객은 유럽인의 영토침략이라는 명백한 사실을 무시하
고 원주민에게도 일정 책임이 있다는 양비론식 극 전개를 지적했다. 더욱
이 포카혼타스의 말 한 마디에 백인과 원주민 전사들이 일촉즉발의 상황에
서 화해 분위기로 바뀌는 건 애니메이션이라는 점을 감안하더라도 실소를
나오게 한다.

영화 VS. 영화 〈뉴 월드〉(The New World, 2005)

　동일한 주인공으로 극이 전개되는 〈포카혼타스〉와 〈뉴 월드〉.
　전자가 역사왜곡으로 점철되었다고 간주한다면, 후자는 '있는 그대로의'
역사적 사실을 반영했다.
　감독 테렌스 멜릭은 디즈니 애니메이션과 달리, 포카혼타스에 초점을 맞
추지 않고 제3자적 관점에서 극을 전개시켰다. 즉, 세 주인공 포카혼타스,
존 스미스, 존 롤프의 입장을 균형있게 조율했다.
　남녀 주인공 캐릭터도 실제 사실을 거의 그대로 따른 것 같다. 애니메이
션에선 남녀 주인공이 모두 백인 취향의 외모를 지닌 데 비해, 이 영화에는
포카혼타스와 결혼하는 존 롤프를 우직하고 배려심있는 남성으로, 여자 주
인공 역의 코리앤카 킬셔도 고전적인 동양인의 이미지를 담고 있다. 또한
원주민과 백인 간의 무력충돌 장면도 애니메이션이 양비론으로 묘사한 반

면, 이 영화는 분명히 백인
을 침략자로 규정했다. 그
녀 역시 백인을 향한 호의
가 자기 부족에게 얼마나
참혹한 결과를 가져왔는지
목격했다.

영화 속 포카혼타스(좌)와 초상화(우)

영화가 실제 역사를 그대
로 묘사하기 어렵듯이, 이 작품도 각색을 통해 극적 긴장감을 유지하려 했
다. 바로 포카혼타스를 둘러싸고 존 스미스와 존 롤프 간의 삼각관계가 극
의 종반부까지 지속된다는 것. 그녀는 우수에 찬 존 스미스와 훈남스타일의
존 롤프라는 두 남성 사이에서 갈등함으로써 극적 긴장감을 고조시켰다.

그러나 이런 각색에도 불구하고, 〈뉴 월드〉는 여타 역사영화에 비해 상
당히 충실하게 역사를 반영했다. 예를 들어, 역사영화의 라스트신이 대체
로 낙관론적으로 묘사하거나 비극적인 내용은 자막으로 대신하는 데 비해,
이 영화는 포카혼타스가 질병으로 사망하는 비극적인 장면을 구체적으로
담고 있다. 세 주인공 간에 얽혀 있는 삼각관계 외에는 다큐멘터리에 가까
울 정도로 순차적으로 역사가 담겨 있는 영화가 〈뉴 월드〉다.

한편 일부에선 이 영화에 시큰둥한 반응을 보였다. 사실을 있는 그대로
묘사하다 보니 "밋밋하다"라는 혹평도 적지 않았던 것. 이래서 역사영화에
대해선 말들이 많다. 극적 재미는 뛰어나지만 실제 사실을 너무나 각색해
서 역사왜곡이라는 비판을 듣는 영화가 있는가 하면, 역사를 충실하게 묘
사해서 오히려 극적 긴장감이나 흥미가 다소 반감되는 영화가 있으니 말
이다. 바로 〈뉴 월드〉가 전형적인 후자에 해당된다.

029

Theme 02

식민지 정착과 발전

사랑엔 책임이 따른다

/

최후의 백인 인디언

/

과연 인간의 한계는?

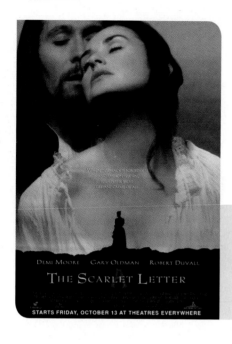

01

사랑엔 책임이 따른다

주홍글씨 The Scarlet Letter, 1995
감독: 롤랑 조페
출연: 데미 무어(헤스터 프린)
　　　게리 올드만(딤즈데일)
　　　로버트 듀발(로저)

영화 속 역사

N. 호든의 동명 소설을 원작으로 한 영화. 청교도가 지배적이었던 보스턴 당시 상황을 상세히 다루고 있다는 점이 이 작품의 특색이다.

청교도주의가 지배적인 보스턴으로 남편 없이 혼자 이주한 헤스터. 애정 없는 결혼으로 힘들어하던 그녀는 남편 로저가 피살되었다는 소식을 듣는다. 그전까지 마음에 둔 목사 딤즈데일과 밤을 보내는 그녀. 이 일로 임신해 법정에 서고, 불륜 상대를 밝히라는 압력을 받는다. 당시 간통은 교수형에 처해질 만큼 큰 죄악이었던 것. 결국 상대를 밝히지 않아, 불륜을 암시하는 주홍글씨를 가슴에 다는 처벌을 받는다.

시대배경

메타콤(필립 왕)

도입부에서 딤즈데일이 새로이 추장이 된 메타콤^{필립 왕}과 대화를 하는 장면을 고려하면, 1662년이 된다. 메타콤은 실존인물로 그 해에 추장이 되었다. 그리고 영화처럼 실제로 메타콤은 백인에게 적대감을 품었다. 그도 그럴 것이, 영국인들이 계속해서 원주민^{인디언}의 땅을 잠식했으며, 이에 자신이 이끄는 왐파노아그족과 영국인 간에 전쟁^{필립왕전쟁, 1675–1676}이 벌어졌다.

라스트신에도 나왔듯이 메타콤이 이끄는 원주민들이 영국인 정착촌을 습격하면, 뒤이어 식민지 민병대 역시 원주민마을을 공격하는 복수극이 되풀이됐다. 이후 영화 속 '조니'처럼 기독교도로 개종하거나 메타콤과 적대적인 원주민들을 척후병과 스파이로 고용하면서, 전세가 급격하게 백인 측으로 기울었다.

특히 모호크족이 메타콤을 살해함으로써 부족 간의 동맹이 와해되었다. 1,000명 이상의 메사추세츠 정착민과 3,000명의 원주민이 살해됨으로써, 17세기에 가장 치열한 인디언전쟁^{원주민전쟁}으로 불리는 '필립왕전쟁'. 분명한 건 이 전쟁을 전환점으로 인디언은 더 이상 영국에게 위협적인 존재가 아니라는 게 입증되었다.

원작과 영화의 차이

영화는 보스턴 식민지를 무대로 하여 벌어지는 종교와 인간 심성의 문제를 진지하게 다루고 있다.

주목할 건 원작인 소설보다 영화가 그 당시 역사를 잘 설명하고 있다는 것. 물론 소설에도 보스턴 교회를 창립한 존 윌슨과 하버드 대학교 총장을 역임한 인크리스 매더가 언급되는 등, 작품 속 시대상황을 추론할 수 있다. 그러나 소설은 주로 헤스터, 딤즈데일, 로저 간에 얽혀 있는 심성_{心性}에 중점을 두고 있다.

이와는 달리 롤랑 조폐의 〈주홍글씨〉는 원작에는 없는 원주민과 영국인 간의 충돌 등, 당시 식민지 정착에 관한 사실적 묘사가 상당한 비중을 차지한다. 딤즈데일이 추장 마사소이트 장례식에 참석해서 새로이 추장이 된 메타콤과 대화를 하는 장면과 로저가 목숨을 부지하기 위해 스스로 인디언 전사로 변모하는 대조적인 장면은 당시 원주민과 영국인 정착민의 관계가 한 치 앞을 예상할 수 없는 불안정한 상태라는 걸 보여준다.

원작에는 없는 원주민이면서 기독교로 개종한 '조니'의 행동도 인디언과 정착민 간의 갈등을 극명하게 보여 준다. 처음에는 딤즈데일을 비롯한 백인의 편에 섰다가 동족이 살해당하는 광경을 목격하자, 그 자신 백인에 맞서 싸우고 동족과 함께 고향으로 돌아갔기 때문이다.

감독이 실존인물 메타콤을 우호적으로 묘사한 건 의미가 있다. 자기 영토를 지키려고 한 인디언을 감독이 지지하고 있다는 것이다. 영화에는 메타콤이 억울하게 마녀로 몰려 죽게 된 사람들의 목숨을 구하고 아무 죄 없이 구금되어 있는 인디언들을 탈출시킨다.

영화 초반에 딤즈데일이 인디언과의 평화를 유지하기 위해 그들의 영토를 침범해선 안 된다고 설교하는 장면도 원주민이 이 영토의 주인이라는 걸 확인하게 한다. 이 설교 장면은 매사추세츠 세일럼에 실존했던 목사 로저 윌리엄스를 떠올리게 한다. 윌리엄스 목사도 딤즈데일처럼 인근의 인디언들에게 우호적이었고 식민지인들이 차지하고 있는 땅이 영국 왕이나 회사 소유가 아닌 원주민의 것이라고 주장했다.

마녀사냥

원작과 달리 영화에는 헤스터가 마녀로 몰려 교수형을 언도받는데, 당시 뉴잉글랜드에 지배적이었던 청교도주의와 관련이 있다. 즉, 엄격한 윤리와 도덕을 요구하고 철저한 가부장제 중심의 청교도주의에 그녀는 견딜 수 없었다. 청교도 사회에서 여성의 역할은 가정에 국한되고, 열등한 존재라는 인식이 팽배했다.

"이 지역에선 젊은 여성 혼자 사는 걸 용납하지 않는다."와 "헤스터가 온 이후로 이곳이 뒤죽박죽 돼 버렸다."라는 대사는 단지 영화 속 허구가 아닌 실제 상황이다. 그만큼 당시 사회는 가부장적 경향이 강했으며, 이에 헤스터처럼 주관이 뚜렷하고 의지가 강한 여성은 견딜 수가 없었다.

이러한 상황에서 기득권 세력은 체제 유지를 위해 종종 극약 처방을 쓰게 마련이다. 그리고 그런 수단으로 가장 손쉬운 것이 마녀사냥이다. 권위주의와 군중심리 그리고 공포 분위기로 기존 체제를 공고히 할 수 있어서다. 그런 점에서 헤스터가 교수형당할 위기에 몰린 건 단지 자기 딸의 아버지를 밝히지 않아서가 아니다. 그녀의 자유분방한 언행이 자칫 청교도적 사회질서를 와해할지도 모른다는 위기감이 기득권 세력에게 미쳤던 것이다.

035

제작 & 에피소드

감독 롤랑 조페는 역사 속의 사회문제를 영상으로 풀어 나가는 데 탁월한 감각이 있다. 데뷔작 〈킬링필드〉에서는 캄보디아 폴포트 정권 치하의

학살과 이에 대한 국제적 무관심을 정면으로 다루고, 〈미션〉에선 유럽 열강의 침략으로 삶의 터전을 잃은 원주민을 종교적인 문제와 결부시키고, 〈시티 오브 조이〉에서는 불가촉 천민을 소재로 인도 사회의 계층갈등 문제를 지적한다.

영화 〈주홍글씨〉도 17세기 말 미국 사회에 만연한 청교도주의의 허상과 폐단을 섬세하게 표현하고 있다. 실제로 이 영화는 그의 필모그래피 중 대표작에 들어가지 않는다. 흥행과 비평 모두 좋은 결과를 얻지 못했으며, 남녀 주인공 역을 맡은 데미 무어와 게리 올드만이 부적절한 캐스팅이라는 뒷얘기도 무성했다.

그러나 필자의 입장은 다르다. 두 배우의 연기호흡이 이 작품에서 빛을 발했다고 본다. 더욱이 영화는 인디언과의 갈등과 마녀사냥으로 전개되는 청교도주의 폐단이 개연성 있게 묘사되고 있다. 또한 원작에는 없는 인디언 출신 기독교도 조니와 흑인 여자노예 미투바를 등장시켜 극적 긴장감을 고조시켰다.

헤스터의 남편 로저 역을 맡은 로버트 듀발의 광기어린 연기도 쉽게 잊혀 지지 않을 것 같다. 〈대부〉 〈지옥의 묵시록〉 〈텐더 머시스〉를 비롯해 수십 편의 영화에 나오는 그의 캐릭터는 역할과 상관없이 인간미가 느껴졌는데, 이 작품에선 소름이 돋을 정도로 악역을 잘 소화해 냈다.

영화 VS. 영화 〈크루서블〉(The Crucible, 1996)

동시대의 사회 분위기를 소재로 한 〈주홍글씨〉와 〈크루서블〉. 두 영화 모두 라스트신에서 마녀를 처형하기 위한 교수대가 등장하지만 결말이 다르다. 〈주홍글씨〉는 해피엔딩이지만, 〈크루서블〉은 비극으로 끝맺는다. 더욱이 이 비극이 실제 사실이다.

영화 속 시대배경은 1680년대 뉴잉글랜드. 기존의 청교도 사회구조가 변화하면서 갈등을 빚었다. 즉, 초기에는 교회의 권한이 막강하고 엄격한 가부장적 구조로 결속되었는데, 사회가 상업화하면서 교회로부터 멀어지는 주민들이 생기게 되었다. 그리고 기존의 읍^{town}과 새로운 읍을 건설하려는 주민들 간에 기득권을 놓고서 마찰이 빚어졌다.

이처럼 여러 사회문제로 민심이 흉흉해졌을 때, 매사추세츠 살렘에서 부두교 의식에 참여한 하녀들이 마녀혐의로 재판을 받았다. 바로 〈크루서블〉의 도입 부분이 여기에 해당한다. 그리고 이 재판이 기존 사회질서 유지를 위한 기폭제 역할을 하면서, 사태는 걷잡을 수 없이 커진다. 〈주홍글씨〉에서 헤스터를 비롯한 여러 여성이 마녀 혐의로 교수대에 서게 되는 상황과 유사하다.

치기어린 놀이에서 시작하다가 참혹한 비극으로 끝난 〈크루서블〉. 가장 황당한 장면은 마귀와 내통한 죄목으로 형장에 선 세 사람이 큰소리로 주기도문을 외우는 대목이다. 더욱이 세 사람은 그 지역에서 가장 존경받는 인물이다. 그래서 주인공 프록터^{다니엘 데이 루이스}가 어리석은 재판장을 향해 "신은 죽었다!"라고 절규하는 상황까지 벌어진 것은 당연하다.

마귀와 내통한 혐의로 형장에 선 세 사람

영화 속 마녀사냥 이후 100여 명의 사람들이 같은 혐의로 고발되었으며, 1692년까지 이 지역주민 중 19명이 처형되었다. 그제야 주민들은 마귀와 내통했다고 고발한 소녀들을 추궁했으며, 장난으로 벌인 일이라는 고백을 듣고 충격받았다. 자신의 잘못된 판단이 얼마나 무서운 결과를 초래했는지 뼈저리게 느낀 것이다.

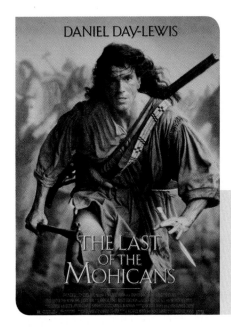

최후의 백인 인디언

라스트 모히칸
The Last of the Mohicans, 1992
감독: 마이클 만
출연: 다니엘 데이 루이스(나다니엘)
매들린 스토우(코라 먼로)
웨스 스투디(마구아)

영화 속 역사

백인 인디언 전사를 주인공으로 한 영화. 프렌치 인디언 전쟁 당시의 시대 상황과 식민지 사회를 살펴볼 수 있다는 점이 영화의 특색이다.

영국과 프랑스의 식민지 전쟁이 벌어지던 1757년. 칭가즈국, 아들 웅카스, 백인 입양 아들 나다니엘, 세 명의 인디언 전사가 먼로 대령의 두 딸을 구한다. 마구아가 이끄는 인디언들에게 살해당하기 직전 우연히 눈에 띄게 된 것. 그러나 마구아는 집요하게 두 딸을 죽이려 한다. 예전에 먼로가 자신의 가족을 살해해 똑같이 복수하려는 것이다.

시대배경

직접적으로는 프렌치 인디언 전쟁^{1755~1763}이고, 넓게는 유럽에서 일어난 7년 전쟁^{1756~1763}을 포함한다. 두 전쟁 모두 영국과 프랑스 간에 벌어진 세계 무역과 해상 지배권을 놓고 싸웠으며, 전투 진행과정이 밀접하게 연관되어 있다.

영국과 프랑스는 북아메리카 대륙 진출 후, 약 100년 동안 별다른 마찰이 없었다. 그러나 1750년 무렵 양국의 정착지가 확대되면서 충돌을 빚게 되는데, 그 지역이 오하이오강 주변의 인디언 영토다. 이러한 상황에서 양국은 군사적 우위를 점하기 위해 각기 휴런족이나 모호크족 등 인디언 부족과 동맹을 맺었다. 따라서 이 전쟁을 '프렌치 인디언 전쟁'이라고 부르는 이유는 영국의 시각에서 프랑스와 인디언이 동맹을 맺었다는 점을 강조한 것이다.

039

영국군이 고전한 원인

영화에는 시종일관 영국군이 프랑스군에 고전하는 걸로 나온다. 그 이유는?

우선 프랑스군과 달리, 영국군은 본국의 지원을 제대로 받지 못했다. 영화에서 먼로가 항복할 수밖에 없는 것도 막강한 적에게 맞설 화력이 절대 부족해서다.

다음으로 이로쿼이연맹^{모호크족, 세네카족, 카유가족, 오논다가족, 오네이다족 등 5부족으로 결성된 군사동맹체}을 제외한 거의 모든 원주민들이 프랑스를 지지했다. 이러한 배경에는 영국이 원주민에게 자국의 규범을 따르라고 강요한 반면, 프랑스는 원주민 양식에 자기들을 맞추었다. 심지어 원주민 여성과 결혼하고 부족생활

요새를 나온 영국군이 학살당하는 장면.
프랑스 몽캄 장군(우)이 원주민 전사들을 만류하고 있다.

을 익히는 등 현지화에 성공했다. 따라서 프랑스가 영국보다 원주민과 친밀한 관계를 유지한 건 당연했다.

인디언원주민들은 전쟁 초기에 영국군이 프랑스군에 패배하는 걸 보고, 영국이 군사적으로 약하다고 판단한 것도 한몫했다. 전력이 월등하다고 간주되는 군대를 굳이 적으로 삼아야 할 이유가 없다.

또한 영화에도 나왔듯이 민병대원으로 참전한 식민지인들의 거부감이다. 영국 정부가 병력을 보충하기 위해 식민지인들을 강제로 징병하거나 아무런 보상 없이 영국군에게 숙박과 음식을 제공하라고 강요했다. 그래서 영화 중반에 민병대원들이 요새를 지키기보다는 고향의 자기 가족을 걱정해 탈영을 시도했다.

승리 요인

앞서 언급한 문제들이 해결되었다. 영국 수상 윌리엄 피트는 이전보다 훨씬 많은 병력을 아메리카로 보냈다. 식민지인들에게는 군대에 제공하는 모든 물품에 대해 상환해 주겠다고 약속했다. 이후 많은 식민지인들이 자발적으로 입대하면서 군의 사기가 올라갔다. 이와는 대조적으로 프랑스는 수적으로 식민지인이 영국보다 적었으며, 1757년 이후 흉작으로 어려움을 겪어 초반 승세를 유지하기 어려웠다. 결국 프랑스군 요새가 차례로 영국군에게 점령당하고 마침내 가장 중요한 요새인 퀘벡마저 함락1759. 9. 13되었다.

실화와 각색

영화 속 주목할 만한 인물은 마구아와 먼로 대령이다. 마구아는 가공인물로서 잔혹하고 복수심에 불타는 캐릭터다. 극 전체의 긴장감을 고조시키는 중요한 역할을 하고 있다. 원작에는 마구아가 영국인을 증오하면서도 먼로의 딸인 코라와의 결혼을 원하는 반면, 영화에서는 먼로의 심장을 꺼내고 집요하게 두 딸마저 살해하려는 잔인한 인물로 바뀌었다.

마구아가 영국군 사령관 먼로를 살해하는 장면은 실제 역사와 다르다. 실존인물 먼로가 지휘하는 부대가 기습당한 건 맞지만, 영화처럼 먼로를 비롯한 부대원 전원이 도륙되진 않았다. 전체 2,300명 중 사망자가 단지 3%인 69명이었으며, 115명의 행방을 알 수 없었다고 전한다. 그리고 살해된 이도 항복조건에 명시되어 있지 않은 흑인과 인디언들이 많은 수를 차지한다.

그럼 감독 마이클 만이 마구아의 캐릭터를 바꾼 이유는?

'선악의 대결구도'라는 영화장치일 수도 있고 인디언을 야만족으로 묘사하려는 의도로 볼 수도 있다. 영화에서 칭가즈국, 웅카스, 나다니엘을 빼놓고는 모두 야만족 혹은 잔혹한 전사로 묘사되고 있는 걸 염두하고 한 말이다.

더욱이 엔딩 장면에서 앵기스족을 잇는 최후의 전사가 백인 출신의 나다니엘이라는 점도 이 영화가 인디언을 주인공으로 내세웠지만 결국 백인 중심주의라는 걸 확인하게 한다.

모호크(모히칸)

타이틀 모호크는 늑대를 의미하며, 모두 5개 집단으로 이루어져 있다. 1736년에는 일부 모호크족이 스톡브리지의 선교회에 모여들었다는 이유로 스톡브리지 인디언으로 불리는데, 바로 이들이 오늘날까지 모호크족의 고유한 문화적 전통을 유지하고 있다. 이후 스톡브리지 인디언은 위스콘신으로 이주하며, 이러한 일련의 과정을 서사적으로 표현한 작품이 영화의 동명 원작인 쿠퍼의 소설이다.

제작 & 에피소드

제임스 쿠퍼의 동명 소설을 원작으로 한 영화.

감독 마이클 만은 시대극보다는 범죄극 액션물에 뛰어난 감각을 발휘한다. 로버트 드니로와 알 파치노 주연의 〈히트〉, 톰 크루즈가 악역으로 나와서 화제가 된 〈콜래트럴〉, 전설적인 갱 '존 딜린저'를 소재로 한 〈퍼블릭 에너미〉, 사이버범죄와의 전쟁을 다룬 〈블랙코드〉를 들 수 있다.

따라서 〈라스트 모히칸〉은 그가 선호하는 장르에서 잠시 외도를 한 인상마저 풍기지만, 다른 작품들과 공통점이 있다. 마초적인 남성상, 장대한 스케일, 낭만적인 분위기가 이 영화에서도 유감없이 발휘되었다.

감독 마이클 만은 당시 역사를 생생하게 재현하려고 했다. 예를 들어 원작인 쿠퍼의 소설 외에도 역사가 프랜시스 파크먼의 기록과 부갱빌 백작의 일기 등을 참고했다. 거대한 요새 세트도 사실적이며, 시대극에서 까다롭게 요구되는 의상과 분장에도 세심한 주의를 기울였다.

특히 식민지 시대의 원주민 모습을 재현하기 위해 참으로 많은 노력을 들였다. 직접 인디언들로부터 일일이 조언을 받는가 하면, 마구아가 사용하는 휴런족 언어가 사라져서 체로키족과 모호크족 혹은 오논다가족 언어를 혼용하여 대사를 하게 했다. 이 밖에도 휴런족이 영국군과 싸우기 전에 얼굴에 칠을 한 것도 사실적이며, 영화에 나오는 원주민 역의 엑스트라들도 거의 모두 실제 인디언이다. 참고로 지금은 고인이 된 러셀 민스^{청가즈국 역}는 오랫동안 아메리카 원주민 인권 운동가로 활동했다.

영화 VS. 영화 〈말이라 불리운 사나이〉
(A Man Called Horse, 1970)

백인 인디언을 주인공으로 내세운 〈라스트 모히칸〉과 〈말이라 불리운 사나이〉.

043

나다니엘이 어릴 때 입양된 인디언이라면, 주인공 존 모건^{리처드 해리스}은 인디언 수족에게 납치되어 어쩔 수 없이 인디언이 되었다. 따라서 인디언 생활풍습이나 가치관을 이해하기 위해선 후자가 낫다. 전자에선 나다니엘이 원주민 언어를 구사할 뿐, 그의 모습이나 태도에서 인디언이라는 느낌은 들지 않는다.

존 모건은 경우가 다르다. 그는 영국 관료로 있다가 북아메리카에서 사냥으로 소일하던 중 납치당한 형국이다. 따라서 원주민에 관해서 아는 게 전혀 없으며, 목숨을 부지하기 위해 그들의 생활풍습과 가치관을 받아들이게 된다. 타이틀 '말이라 불리운 사나이'도 그가 납치당한 후, 말 취급을 받아서 붙여진 별명이다.

주목할 만한 장면은 그가 수족의 경쟁 부족이던 쇼쇼니족 전사 2명을 살해하고 그들의 머리가죽을 벗기는 대목이다. 처음에 그는 수족에게 전사로 인정받기 위해서 목숨 걸고 싸웠는데, 그들이 원하는 게 머리가죽이라는

태양에 대한 맹세를 하는 장면

걸 알고 즉시 행동에 옮겼다. 그리고 쇼쇼니족에게 빼앗은 말 2마리를 추장에게 선사하고 그의 예쁜 여동생과 결혼하는 행운도 누리게 된다.

영화에는 수족의 풍습이 나온다. 도입부에서 '와칸 탕카'를 부르는 장면이 있는데, 수족이 숭배한 최고로 존귀한 신을 상징한다. 중반에는 여성들이 목화를 따는 장면이 나오는데, 이를 통해 수족이 농사와 수렵을 겸했다는 걸 알 수 있다.

보기 불편한 대목은 그가 용맹함을 시험하는 '태양에 대한 맹세'를 하는 장면이다. 가슴을 갈고리로 찢은 상태에서 오랫동안 버티는 건데, 실제로 행한 관습이다. 프롤로그에 이 관습이 미국 정부에 의해 1800년대 후반에 금지되었다고 나오고 있다. 참고로, 〈라스트 모히칸〉과 이 영화의 시간 간격은 약 70년. 전자가 프렌치 인디언전쟁이 벌어지던 1757년이고, 이 영화는 1825년 주인공이 납치된 시점이다.

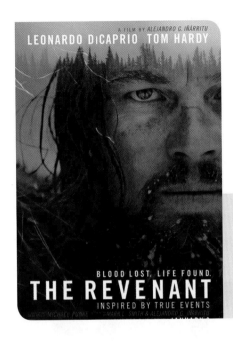

03

과연 인간의 한계는?

레버넌트: 죽음에서 돌아온 자
The Revenant, 2015

감독: 알레한드로 곤잘레즈 이냐리투
출연: 레오나르도 디카프리오(휴 글래스)
톰 하디(존 피츠제럴드)

영화 속 역사

실제 일어난 사건을 모티브로 한 작품. 영화 속 장면을 통해 당시의 모피 산업과 원주민들의 가치관을 알아볼 수 있다.

모피 사냥을 하던 주인공 휴 일행이 원주민들 습격을 받는다. 가까스로 살아남은 이들은 이곳 지리를 잘 아는 그를 앞세워 원주민의 추격을 피하려 한다. 그러나 휴가 회색 곰에게 공격당해 사지가 찢기는 사고를 당하자, 기로에 선 일행. 결국 존과 브리저 두 사람이 그를 위해 남고 나머지는 길을 떠난다. 곧이어 존의 본색이 드러난다.

실화와 각색

실화와 각색이 교묘히 결합된 영화.

실화 부문은 주인공 휴 글래스가 회색곰의 습격[1823]을 받아 빈사 상태가 되었을 때, 두명의 동료 존 피츠제럴드와 짐 브리저가 자신을 내팽개친 채 떠난 그 이후의 이야기다. 휴는 복수의 일념으로 만신창이 몸을 이끌고 몇백 km 떨어진 캠프까지 돌아온다. 그리고 자기를 버린 두 동료를 찾아냈지만 용서하기로 마음을 바꾸는 걸로 끝맺는다.

흥미로운 건 영화 속 등장인물 중 '존 피츠제럴드'[실존인물은 존 피츠패트릭]만 빼고

실존인물 명칭을 그대로 사용했다는 것. 톰 하디가 연기한 이 인물은 그야말로 악인이다. 죽어가는 동료를 버렸고, 그의 아들 호크와 모피 회사 상관 앤드루 헨리를

영화 속 휴 글래스(좌)와 초상화(우)

살해했다. 아마도 실제와 달리, 악인으로 묘사해서 이름을 바꾼 것 같다.

주요 각색은 휴가 원주민 여성과 결혼해 혼혈아 아들과 함께 단란하게 살다가 풍지풍파를 겪는다는 것이다. 몇 차례 짧은 회상 장면으로 설명하는데, 군인들이 캠프를 습격해 아내를 잃었으며, 홀로 아들을 키웠다는 내용이다.

모피 교역

영화 속 로키마운틴 모피회사는 실존했다. 영화에서 휴 일행을 이끌던 앤드루 헨리와 윌리엄 애슐리가 설립한 회사로 옐로스톤강 어귀까지 미주리강을 거슬러 올라가서 교역소를 설치했다.

모피 교역은 두 가지 방식이다.

전통적인 건 원주민들이 사냥한 모피 가죽을 백인 상인들의 금속제품, 무기류, 술과 교환하는 것이며, 다음으로 직접 가죽을 수급하는 방식이다. 즉, 모피회사가 사냥꾼들을 모집해 가죽을 얻는다. 영화 속 휴 글래스, 존 피츠제럴드, 짐 브리저가 이 회사에 고용된 사냥꾼들이다.

당시 모피 교역에서 가장 인기있던 상품은 비버 가죽이다. 일반 노동자 월간 임금이 10달러인 데 비해, 비버 가죽 1kg당 9달러인 것도 모피 교역이 얼마나 호황이었는지 확인케 한다. 일찍이 16세기 중반부터 코트와 모자를 제조하는 유럽의 의류업계에서, 비버 가죽은 높은 품질로 인기가 높았으며 비버 사냥을 위해 원주민 간에 충돌도 일어났다.

주목할 점은 모피 교역이 미국 역사에서 중요한 역할을 했다는 것. 금광과 석유산업이 개발되기 전, 미국 서부로의 진출을 이끌게 한 원동력이 모피 산업이다. 그러나 모피 산업 호황은 그리 오래 가지 못한다. 무차별한 남획으로 비버 개체 수가 급격하게 감소하고 의류시장이 실크로 대체됐기 때문이다. 1840년대 들어서 모피 무역은 서서히 역사 속으로 사라지게 된다.

개연성 결여

이 영화에서 아쉬운 부분이다. 실화와 픽션 중 어느 쪽이든, 극적 개연성은 아주 중요하다. 실화를 소재로 했어도 개연성이 없으면 공감대가 형성

되지 않고, 픽션이라 해도 개연성이 있으면, 극의 몰입도가 높아진다. 그런데 이 영화는 극 전개상 개연성이 결여된 부분이 있다.

즉, 아리카라족이 휴를 비롯한 사냥꾼 일행을 기습한 배경이다. 처음에는 자신들의 영역을 침범해서, 방어적인 차원에서 공격한 걸로 생각했다. 도입부에 존이 이곳에서 총을 자꾸 쏘면 안 된다는 대사가 나온 것도 원주민을 자극하지 말라는 것이다. 그런데 원주민들이 집요하게 추격하면서 그 이유가 드러난다. 바로 추장의 딸을 백인이 납치했기 때문인데, 추장은 휴 일행을 범인으로 판단했다. 문제는 범인으로 간주한 이유가 나오지 않는다. 범인은 나중에 밝혀진다. 영화 초반에 추장에게 가죽을 받은 대신 말을 준 프랑스인 투상 일행이다.

그럼 투상이 추장의 딸을 납치한 이유는?

영화에는 설명이 없다. 단지 후반부에 그녀를 유린하는 장면이 나오는 걸로 보아, 성적 욕망을 해소하기 위한 대상으로 추측된다.

그런데 왜 하필 추장의 딸일까. 그리고 겨우 백인 2명이 원주민 캠프에 가서 처녀를 납치한다는 게 얼마나 위험한 일인가. 설사 성공해도 보복이 두렵지 않을까.

주인공이 원주민 여성과 결혼해 아이를 갖는 걸로 각색한 부문도 설득력이 약하다. 백인이 원주민과 결혼했다면, 미국인 혹은 영국인보다 프랑스인이 훨씬 가능성이 높기 때문이다. 프랑스인이 인디언 여성과 결혼하고 부족 생활을 익힌 경우가 많아서다. 그리고 이런 결혼을 통해 태어난 혼혈 독립 사냥꾼도 증가했다. 영화 속 주인공의 혼혈아들 호크처럼 말이다.

투상 일행이 휴의 목숨을 구해 준 포니족을 살해한 이유도 알 수 없다. 죽은 그의 가슴에는 프랑스어로 "우린 야만인이다."라고 쓰여 있는데, 자신들의 범행을 드러낼 필요가 없다. 원주민과 거래하는 일을 한다면, 특히 관계가 좋아야 하는데도 말이다.

앞서 언급한 의문들이 후반부 한 장면으로 모두 해소된다. 휴가 추장의 납치된 딸을 프랑스인들로부터 구하는 대목이다. 감독은 원주민의 영역을 침범해서 사냥을 한 휴 일행^{미국인}이 아닌, 프랑스인 투상을 원주민의 적이자 악인으로 설정한 것이다.

제작 & 에피소드

디카프리오 출연작 중 가장 눈물겨운 연기를 보여 준 작품.

영화를 본 느낌은 두 가지. 주인공의 혼^魂을 다한 연기와 기막힌 자연풍경이다.

영화 속 그를 보면, 이렇게 했는데도 아카데미상을 주지 않을 거냐며 시위하는 것 같다. 영하 30도가 넘는 혹한 속에서 발가벗은 채 죽은 말 몸속에 들어가고, 무거운 털 가죽을 걸치고 온몸에 부상을 당한 분장을 하고 차가운 강물 속으로 뛰어드는 장면에선, 관객도 가슴이 에일 정도.

그래서일까. 그해 아카데미시상식에서 초미의 관심사가 디카프리오 수상 여부였다. 그리고

설원에서 열연하는 레오나르도 디카프리오

그가 호명되었을 때, 관객은 환호보단 안도의 박수를 보내는 것 같았고, 그 역시 기쁘기보단 만감이 교차되는 묘한 표정을 지었다.

049

스크린 속 자연풍경은 그야말로 압권. 설경으로 덮인 울창한 삼림과 광활한 초원지대, 끝없이 이어질 듯한 강줄기를 보면 19세초 미국 서부시대로 돌아간 듯한 착각마저 든다. 이러한 배경은 촬영감독 엠마누엘 루베즈키가 12~21mm까지 와이드렌즈를 다양하게 사용해 깊이와 명암을 더하고, 텔레스코핑크레인, 스테디캠, 핸드헬드 등 세 가지 방식을 합친 촬영기법을 활용했기 때문이다.

영화 VS. 영화 〈맨 인 더 와일더니스〉
(Man in the Wilderness, 1971)

휴 글래스의 실화를 소재로 한 〈레버넌트〉와 〈맨 인 더 와일더니스〉.

전자가 실화에다 살을 붙였다면, 이 영화는 회색곰의 습격과 관련된 사실만으로 극이 진행된다. 따라서 주인공의 혼혈아들^{호크}도 등장하지 않고, 그를 집요하게 추적하는 원주민들도 없다. 단지 회색곰의 공격으로 몸이 만신창이 된 채, 홀로 기적적으로 생환하는 내용을 담고 있다.

처음에는 몸을 가눌 수 없다가 나중에는 토끼 사냥에 나설 정도로 회복하는 재커리. 목발을 만들어 거동하고 민간요법으로 상처도 치료한다. 심지어 성냥도 없이 불을 지피는 데 성공해 득의만면한 웃음도 짓는다. 마치 서바이벌 다큐멘터리와 재활 프로그램이 섞인 것 같다.

그런 점에서 한 개인의 생환에만 초점을 맞추다 보니, 극이 단선적인 느낌이다. 즉, 극적 긴장감이 없어 밋밋하다. 원주민 남녀가 다른 호전적인 전사들에게 살해당하고 만삭의 원주민 여인이 홀로 숲에서 아기를 낳는 장면도 양념으로 나오지만, 주인공과 관련 없는 내용이라 그리 와 닿지 않는다.

홀로 일행을 찾아 나선 주인공

흥미로운 건 주인공 재커리 역을 맡은 리처드 해리스의 열연이다. 전작 〈말이라 불리운 사나이〉에서 원주민 포로로 힘든 생활을 하고, 1년 후에 개봉된 이 영화에선 곰의 습격을 받아 사지가 찢겨지는 등 이만저만 고생이 아니니 말이다.

아쉬운 건 라스트신에서의 주인공 태도. 자기를 버리고 떠난 동료들이 미안함과 두려움으로 좌불안석인데, 마치 아무 일도 없었다는 듯 행동하기 때문이다. '복수에서 용서로 마음을 바꾼' 실화를 그대로 적용한 건데, 어색한 느낌을 떨칠 수 없다.

051

한편 이 영화를 보고 자문해 보았다. 만일 주인공이 나라면, 죽어 가는 자신을 내팽긴 채 가 버린 동료에 대해 어떻게 행동할까? 답은 의외로 간단할 것 같다. 회색곰을 만나지 않으면 된다.

Theme 03

독립과 영토확장

불완전한 혁명

/

영토침략 과정

/

그의 조국은 어디인가

MEL GIBSON
THE PATRIOT

01

불안전한 혁명

패트리어트: 늪 속의 여우
The Patriot, 2000

감독: 롤랜드 에머리히
출연: 멜 깁슨(벤자민 마틴)
　　　제이슨 아이삭스(윌리엄 태빙턴)
　　　히스 레저(가브리엘 마틴)

영화 속 역사

미국 독립혁명을 소재로 한 영화. 영국군과 대류군^{독립군}의 생생한 전투장면이 이 영화를 선택한 이유다.

독립전쟁 안건으로 모인 찰스턴 회의에서 유일하게 반대하는 벤자민. 프렌치 인디언 전쟁 당시 영웅인 그는 전쟁이 가져올 참상을 지적했지만, 사람들은 그를 비겁자로 간주한다. 아버지에게 실망하고 참전하는 장남 가브리엘. 어느 날 심한 부상을 입고 집에 돌아온 가브리엘을 태빙턴 대령이 지휘하는 영국군이 체포하고 벤자민의 어린 아들을 살해한다.

부제副題를 단 이유

국내 개봉 시 타이틀The Patriot에는 없는 부제, '늪 속의 여우.' 이 부제를 단 이유는?

다른 영화와의 구분을 위해서다. 에릭 로샹 감독1994과 스티븐 시걸 주연1998의 동명 영화와 헷갈리지 않기 위해서다. 또한 '늪 속의 여우'라는 부제가 역사성을 담고 있다. 주인공 벤자민은 실존인물 프랜시스 매리언1732~1795을 바탕으로 각색이 됐는데, 매리언의 별명이 '늪지대의 여우'다.

프랜시스 매리언

사우스캐롤라이나 출신인 그는 어렸을 때부터 늪에서 노는 걸 좋아했다. 인디언들이 늪에서 어떻게 싸우고 생존하는지를 직접 보면서 배웠다. 늪지대 지형과 생태를 자기 손바닥 보듯 훤히 알고 있었던 매리언. 공교롭게도 이러한 체험이 미국 독립전쟁에서 큰 도움이 되었다.

당시 그가 지휘한 부대는 부실한 군 장비와 군인정신이 거의 없는 부랑자들이어서, 당시 세계 최강 영국군과의 전면전은 승산이 없었다. 그래서 택한 전술이 게릴라전이다.

특히 영국군이 점령한 도시를 연결하는 보급선을 차단하는 데 주력했다. 낮에는 휴식을 취하고 밤에 행군하고 한밤중에 공격했다. 영화에서처럼 적의 부대 근처에 있는 다리를 건널 때에는 말발굽 소리가 나지 않도록 나무로 만든 다리의 널빤지 위에 담요를 깔기도 했다. 정보가 적에게 새나가지 않기 위해 기습 직전까지 공격할 곳을 어느 누구에게도 알려 주지 않는 치밀함도 보였다. 즉, 영화에 나오는 벤자민의 여러 작전이 실제 매리언이 즐겨 쓰던 전술이다.

055

늪지대를 배경으로 전투를 벌이는 벤자민과 아들 가브리엘

당시 그의 전술은 정정당당한 전투방식과는 거리가 멀었다. 전쟁에서 승리가 최우선 목표인 건 맞지만, 당시 영국군은 매리언의 전술을 두고서 뒷말이 무성했다. 한 예로 항복 혹은 휴전의 의미로 '백기'를 들고 와서 갑자기 총을 쏘는 행위는 비열하다는 비난을 받을 만했다.

영국군 사령관 베네스트 타아튼이 매리언의 부대를 뒤쫓아 늪지대로 들어갔다가 번번이 호되게 당하자, '늪지대의 여우'라는 별명이 붙었다. 악마도 그 여우를 결코 잡지 못할 거라고 타아튼이 한탄할 정도면, 매리언이 얼마나 영국군을 괴롭혔는지 짐작케 한다.

흥미로운 건 이 별명이 식민지인들에게 회자되고, 전쟁 영웅의 별칭으로 떠올랐다는 것. 매리언은 킹스산맥, 조지타운, 에토 스프링스 전투에 참전하고, 영국군으로부터 항복^{1781년 10월}을 이끌어 냈다. 종전 후 그는 영화에서처럼 농장으로 돌아갔으며, 사우스캐롤라이나 상원의원으로 활동했다.

역사왜곡 소지

영화에서 '프랜시스 매리언' 대신, '벤자민 마틴'이라는 허구의 인물로 명칭을 사용한 이유는?

아마도 극적인 장면을 삽입하기 위해서인 것 같다. 영화에는 실제 사실이 아닌 지나치게 잔인한 장면과 눈 하나 꿈쩍 않고 끔찍한 일을 벌이는 가공인물이 등장한다. 바로 영화 속 태빙턴 대령이 저지르는 일련의 악행을 두고 한 말이다.

공교로운 건 실존인물 '베네스트 타아튼'을 모델로 한 것 같은데, 그 역시 잔인한 군인으로 알려졌다. 하지만 타아튼이 영화에서처럼 부상당한 대륙군^{독립군}을 처형하거나 여성과 아동을 살해했다는 증거는 없다. 심지어 교회 안에 사람들을 모아 놓고 집단으로 불태워 죽이는 극악한 행위는 결코 하지 않았다.

악의 화신 태빙턴 대령

그럼 영화에서 사이코패스 같은 악인 태빙턴 대령을 등장시킨 이유는?

단적으로 주인공의 폭력을 정당화하기 위해서다. 벤자민의 두 아들 모두 태빙턴이라는 악인에게 살해당함으로써, 이후 주인공이 자행하는 폭력은 개인적 복수 차원을 넘어서 악에 대한 응징이자 정의의 구현처럼 보인다. 여기에는 벤자민이 속한 대륙군과 태빙턴이 지휘하는 영국군도 선악대결처럼 비치게 된다.

문제는 이러한 극 전개가 영국 관객에게는 단순한 상업영화로 비쳐질 수 없다는 것. 실제 사실도 아니고 가공인물을 등장시켜 자국의 이미지를 부정적으로 묘사한 것에 대해 기분 좋아할 국민은 아무도 없다. 그래서 이 영화가 영국에 개봉되었을 때, 영국 언론에서는 '역사왜곡'이라는 단어를 사용하면서 불편한 심기를 드러냈고, 일부 시민은 상영관을 향해 돌을 던지기도 했다.

미미한 프랑스 역할

영화처럼 주인공 벤자민을 비롯한 식민지인들의 열정적인 애향심만으

057

로 미국 독립혁명이 성공했을까?

분명한 사실은 프랑스 원조가 없었다면, 이 혁명은 결코 이뤄 낼 수 없다. 당시 너무나도 많은 인적·물적 원조로 인해, 프랑스가 재정 파탄으로 몰리고 프랑스 혁명이 일어나는 직접적인 도화선이 되었기 때문이다.

그럼에도 영화에는 프랑스 역할이 미미하게 묘사되어 있다. 프랑스 군대는 보이지 않고 자존심과 오기로 뭉친 프랑스인 장교 한 명만 나온다. 단지 벤자민이 이 전쟁에서 프랑스 역할이 아주 컸다는 대사와 함께 프랑스 함선이 서너 차례 포를 쏘는 장면이 등장할 뿐이다. 그러나 이 장면만으로는 그 당시 역사를 모르는 관객이 프랑스가 이 전쟁에서 얼마나 지대한 역할을 했는지 판단할 수 없을 것 같다.

불완전한 혁명

벤자민의 농장에서 일하는 흑인이 자신을 '자유가 있는 노동자'라고 소개하고 주인공과 대등한 위치에서 대화하는 장면은 시대착오적인 설정이다. 영화 속 무대인 사우스캐롤라이나가 당시 노예제를 시행했고 남북전쟁 때에는 남부동맹의 중심 역할을 한 아주 보수적인 성격이 강한 지역이기 때문이다.

그럼 어째서 백인과 흑인을 평등한 관계로 설정했을까?

아마도 독립혁명의 중요한 기치인 "인간은 평등하다."를 강조한 걸 수도 있고, 혹은 주인공이 당시의 노예제를 따르지 않는 진정한 평등주의자로 보이게 하려 했을 수도 있다. 그래야만 영국으로부터의 독립이 더욱 가치 있고 정당하게 비쳐질 테니 말이다.

결국 영화에서 미국 독립전쟁을 아무리 미화한다고 해도 '불완전한 혁명'이라는 평가는 변할 수 없다. 독립의 기치로 내걸었던 인간의 평등이 결코 흑인 노예에겐 허용되지 않는 정치적 명분에 지나지 않아서다. 게다가 미 연방의 탄생과 함께 남북 대표자들이 노예제 지속 여부를 둘러싸고 첨예한 대립을 벌이고, 남북전쟁이 일어날 때까지 심화되었다는 역사적 사실을 고려하면 더욱 그렇다.

제작 & 에피소드

미국 독립혁명에 유난히 관심 많은 시나리오작가 로버트 로댓과 프로듀서 마크 고던의 의기투합으로 기획이 결정되었다. 특히 고던이 독립혁명이 일어난 주변 지역에서 성장기를 보냈다는 점이 큰 영향을 끼쳤다. 이후 로댓의 시나리오를 받은 콜럼비아사가 흔쾌히 영화화하기로 결정하고, 에머리히 감독과 배우 멜 깁슨이 참여했다.

홍미로운 건 감독과 주연의 동참 이유가 같다는 것. 즉, 두 사람 모두 이 시나리오가 전쟁이라는 거대한 소용돌이 속에서 가족을 지키려는 부성애에 감동을 받았다고 밝혔다. 멜 깁슨은 주인공을 단순한 전쟁영웅이 아닌, 고뇌하고 갈등하는 인간으로 묘사하는 데 중점을 두었다.

이러한 캐릭터는 멜 깁슨의 필모그래피와 밀접한 관련이 있다. 이 영화의 벤자민을 비롯해 그가 연출한 〈브레이브 하트〉의 윌리엄 월레스, 〈패션 오브 크라이스트〉의 예수, SF 시리즈 〈매드 맥스〉 조차 모두 고통스러운 과거의 기억을 잊으려고 애쓰는 인간의 모습이 드러나고 있다.

이 영화의 백미는 영국군과 대륙군의 마지막 전투장면이다. 마치 실제 전투 한복판에 들어간 듯한 느낌인데, 이러한 효과는 엑스트라 병사들 사이에 병사 복장을 한 수십 명의 카메라맨들이 무려 72개의 발이 달린 아켈라 크레인과 와이드스크린 슈퍼 35를 사용해 촬영했기 때문이다.

더욱이 멜 깁슨을 비롯한 주요 배역들이 전투장면을 위해 18세기식 전투 교육을 받았으며, 주인공의 작은 키를 고려해 특수 제작한 무기도 영화의 사실감을 더하는 데 큰 역할을 했다.

영화 VS. 영화 〈델라웨어 전투〉(The Crossing, 2000)

미국 독립전쟁을 배경으로 한 〈패트리어트〉와 〈델라웨어 전투〉.
〈패트리어트〉가 프랜시스 매리언의 게릴라전을 소재로 했다면, 이 영화는 조지 워싱턴의 첫 승리를 내용으로 한다.

내레이션에도 나오듯이, 독립을 선언한 지 6개월 동안 워싱턴이 이끄는 대륙군은 패배를 거듭했다. 2만의 군사는 2천 명으로 줄고, 300문에 달했던 대포가 18문밖에 남지 않았다. 자연히 군사들의 사기는 떨어지고 군 지도부 내분까지 벌어진다. 계속되는 패배로 사령관의 자리를 위협받아, 게이츠 장군이 워싱턴에게 정면으로 항명한 것이다.

"위기와 기회는 공존한다."라는 말이 있다. 워싱턴은 위기 속에서 승부수를 던진다. 즉, 적들이 승리감에 취해 방심할 때 기습공격하기로 결심했다. 영국 정부가 고용한 독일용병 1,200명이 주둔하고 있는 트렌턴을 급습하는 워싱턴 군대. 물론 어려움도 많았다. 영화에는 겨우 배 2척으로 2천 명을 도하

델라웨어 도하작전을 감행하는 워싱턴

해서 시간이 많이 지체되고 차가운 겨울 날씨 속에 행군하는 장면이 나온다.

그러나 워싱턴 군대가 공격을 결정하기 어려웠던 만큼, 독일 군대도 기습을 예상하지 못했다. 더욱이 기습한 날이 크리스마스다. 영화에는 숙취로 힘들어하고 옷도 제대로 입지 못한 독일용병들이 일방적으로 당하는 장면이 나온다. 이 전투에서 용병대장 '요한 랄'이 전사하고 포로가 무려 900명이다. 놀라운 건 아군 피해가 전혀 없다는 것. 영화에는 전사자와 부상자가 한 명도 없다는 대사가 나온다. _{전사자 2명, 부상자 5명이라는 기록도 있다}

이 전투를 기점으로, 미국 독립전쟁의 양상은 변하기 시작했다. 이 승리로 신생국 미국의 대의명분에 활력이 생겼고, 워싱턴 사령관의 입지도 단단해졌다. 더욱이 패배에 익숙한 워싱턴 군대에 자신감을 심어 준 건 무엇보다 큰 성과다.

이 전투의 승리와는 대조적으로 워싱턴의 다른 면도 나온다. 영화 초반에 궁지에 몰린 워싱턴이 아무런 망설임도 없이 어부의 배를 강탈해 가는 장면이다. 어부가 대륙군을 향해 "날강도가 따로 없다."라는 대사가 가슴에 와닿는 한편, 지도자는 필요에 따라 악역도 거침없이 해야 한다는 걸 보여 주는 대목이다. 분명한 건 징발한 배 덕분에, 워싱턴 군대가 몰살을 피하고 첫승리도 얻는 발판이 됐다.

참고로 타이틀이 '델라웨어 전투'인데, '트렌턴 전투' 혹은 '델라웨어^{도하} 작전'으로 바꾸는 게 나을 것 같다. 델라웨어 전투라는 용어가 없고, 영문명 'The Crossing'이 '강을 건너다'는 의미라서다.

061

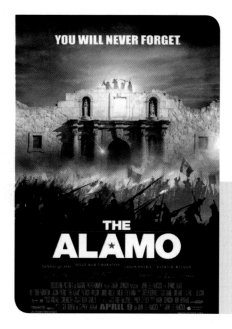

알라모 전투 The Alamo, 2004
감독: 존 리 핸콕
출연: 데니스 퀘이드(샘 휴스턴)
　　　 빌리 밥 손튼(데비 크로켓)
　　　 제이슨 패트릭(제임스 보위)
　　　 패트릭 윌슨(윌리엄 트래비스)

영화 속 역사

알라모 전투를 소재로 한 영화. 텍사스가 미국 영토에 병합되는 과정을 사실적으로 다룬 특색이 있다.

알라모 전투 1년 전. 의용군에 나서면 640에이커의 땅을 준다는 말에 사람들이 혹한다. 텍사스 거주 미국인들이 멕시코 정부로부터 독립하기 위해 '통 큰 계약'을 제안한 것이다. 그런데 의용군을 이끌 지도자를 결정 못해 고민이 크다. 게다가 멕시코의 실권자 산타 안나가 이끄는 대군에 맞설 방법을 놓고 휴스턴과 텍사스 주민의 시각차도 크다. 전략적인 판단에서 알라모를 포기하자는 휴스턴의 주장에 맞서, 알라모 주민과 의용군이 결사반대한 것이다.

텍사스 병합 발단

발단은 멕시코 정부의 큰 실책.

세수^{稅收}를 증대할 목적으로 미국인들의 텍사스 이주를 장려한 것이다. 이에 이 지역에 매장되어 있는 석유 자원에 눈독을 들인 수천 명의 미국 남부인들이 자신의 노예와 함께 이 지역으로 이주했다. 멕시코로부터 독립을 선언하기 바로 전 해인 1835년에는 백인과 흑인을 합해 무려 3만 5천 명이 텍사스에 살고 있을 정도로 인구도 늘어났다.

위기 위식을 느낀 멕시코 정부가 이들을 통제하기 위해 텍사스 내의 자치권을 줄인다는 내용의 새로운 법을 제정하자, 이곳에 거주하던 미국인들이 격하게 반발했다. 그 법이 자신들을 타겟으로 삼았다는 걸 인식하고 전격적으로 멕시코로부터 독립을 선포했다.

분명한 건 영화 속 무대인 알라모를 비롯한 광대한 텍사스 지역이 엄연히 멕시코 영토라는 것. 그럼 알라모에 사는 미국인들이 멕시코로부터 독립하기 위해 전쟁도 불사한 이유는?

무엇보다도 서부로 진출하려는 미국 정부와 미국인의 염원이 컸기 때문이다. 제퍼슨 대통령과 나폴레옹 간에 체결한 루이지애나 매입¹⁸⁰³도 텍사스 병합의 명분으로 사용했다. 실상 미국 정부는 이 매입 계약을 근거로 멕시코에게 텍사스 지역 소유권을 주장했으며, 이후 두 번에 걸쳐 이 지역을 구매하겠다는 제안도 했다. 이에 멕시코가 분노한 것은 당연지사.

알라모 전투

산타 안나가 이끈 멕시코 군대와 알라모 요새를 지키던 의용군의 전력 차이는 얼마나 될까?

알라모 요새를 지키는 데비 크로켓(중앙)

당시 멕시코군이 6천 명이 넘었던 반면, 알라모 의용군은 180여 명에 지나지 않았으며, 화력에서도 멕시코군이 20문의 다양한 대포를 갖추는 등 전력에서 현격한 차이를 보였다. 그에 따라 요새는 13일에 걸친 저항 끝에 탄약마저 떨어지는 불가항력적인 상황에서 함락되었다. 1836. 3. 6. 이후 기세를 올려 샘 휴스턴 부대를 공격하지만, 그 해 산화킨토 전투에서 기습을 당해 산타 안나가 사로잡히는 결정적인 패배를 당한다.

전투장면과 실제 역사는 유사하다. 굳이 차이점을 논한다면, 영화는 미국인을 옹호하는 입장에서 극이 전개된다는 것. 영화에는 멕시코 지도자 산타 안나가 이끄는 군대가 미국 출신 의용군이 지키던 알라모 요새를 공격한 연유를 상세히 밝히지 않는 대신, 산타 안나가 잔혹한 독재자라는 걸 강조하고 있다. 또한 요새를 지키던 의용군이 몰살당하는 장면을 비장하게 묘사하는 반면, 알라모를 비롯한 텍사스 지역이 미국의 영토가 되는 장면은 나오지 않고 엔딩 자막으로 간단히 처리했다.

실제 역사는 알라모 전투를 어떻게 평가할까?

몰살된 의용군에 초점을 맞추면 미국의 비극처럼 보이지만, 이 전투의 원인과 결과까지 고려하면 '멕시코의 비극'이다. 이유는 간단하다. 광대한 텍사스 지역이 엄연히 멕시코 영토이기 때문이다.

이후 휴스턴을 초대 대통령으로 하는 텍사스 공화국이 설립되자, 즉시 미국과의 병합을 요구하였다. 그러나 미국 정부는 선뜻 텍사스의 제안을 받아들일 수 없었는데, 텍사스 주민 대다수가 남부 출신이었기 때문이다. 즉, 노예제 존폐 문제로 갈등을 빚고 있는 미 의회에서 텍사스를 미연방에 편입시킬 경우, 북부의 강력한 반대가 뒤따를 게 자명했다.

이러한 상황에서 영국과 프랑스가 미국을 견제하기 위해 텍사스를 국가로 인정하고 무역조약을 체결하자, 미국 정부는 입장을 바꿔 텍사스를 연방에 편입시키기로 결정[1845년 28번째 주]한다.

제작 & 에피소드

전설적인 알라모 전투를 소재로 한 초대형 액션 서사극.

감독 존 리 행콕은 실제 역사를 소재로 한 영화에 탁월한 감각이 있다. 맥도날드 창립자 레이 크록을 소재로 한 〈파운더〉, 월트 디즈니를 소재로 한 〈세이빙 MR. 뱅크스〉, 스포츠 스타 마이클 오어를 소재로 한 〈블라인드 사이드〉 그리고 텍사스 병합과정을 다룬 〈알라모 전투〉.

이 영화가 개봉된다고 했을 때 그리 기대하지 않았다. 존 웨인이 연출 및 주연을 맡은 동명의 영화[1960]를 비롯해 이미 여러 차례 영화 및 TV 시리즈로 만들어졌기 때문이다. 무슨 별 다른 내용이 없을 거라는 선입견이 작용한 것.

그러나 DVD로 이 영화를 보고 후회막급했다. 장대한 전투신을 비롯해 촬영기법이 극장에서 보아야 제 맛이 느껴진다는 걸 확인한 것이다. 나중에 알게 된 사실이지만, 영화제작을 위해 세트장 규모가 북아메리카 최고인 6만평의 대지에 세워졌으며, 철저한 고증을 거쳐 실제 알라모 요새처럼 꾸미기도 했다.

주요 등장인물의 연기도 좋다. 샘 휴스턴 장군 역의 데니스 퀘이드 연기도 인상적이고, 알라모 요새에서 장렬히 전사한 세 영웅 역을 맡은 빌리 밥 손튼, 제이슨 패트릭, 패트릭 윌슨의 연기호흡도 좋다.

이 영화의 또 다른 장점은 알라모 전투의 일련 과정을 다루어 이 전투에 관한 객관적인 역사를 이해할 수 있다. 즉, 소수의 의용군이 알라모 요새에서 몰살당한 사실보단, 미국의 최종적인 승리에 중점을 두고 있어서다.

영화 VS. 영화 〈알라모〉(The Alamo, 1960)

알라모 전투를 소재로 한 존 리 행콕의 〈알라모 전투〉와 존 웨인의 〈알라모〉.

원래 타이틀이 동명^{The Alamo}이라 국내 개봉할 때 구별을 짓게 한 것 같다. 두 영화 모두 멕시코 대군에 맞선 알라모 의용군이 전원 몰살을 당하는 장면이 나오지만, 느낌상 큰 차이가 있다. 전자가 알라모 요새의 비극을 극복하고 심기일전해 멕시코 지도자 산타 안나를 사로잡는 전과를 올리는 반면, 후자는 알라모를 지키던 의용군이 모두 장렬하게 전사하는 것으로 끝나기 때문이다. 더욱이 비장한 운율의 테마 음악이 관객의 마음을 무겁게 한다.

가장 인상적인 장면은 알라모 요새의 세 영웅 역을 맡은 배우, 존 웨인^{데비 크로켓}, 리차드 위드마크^{짐 보위}, 로렌

의용군이 지키던 알라모 요새가 함락되는 장면

스 하비 ^{윌리엄 트래비스}가 장렬하게 최후를 마치는 대목이다. 영화를 본 지 20여 년이 지났지만 지금도 잔상이 남을 정도로 강렬하다.

아쉬운 건 〈알라모 전투〉처럼 이 영화도 철저히 미국의 관점에서 극이 전개된다는 것. 산타 안나가 이끄는 군대가 알라모 요새를 공격한 이유가 자세히 나오지 않는다. 그에 따라 산타 안나는 침략자로, 알라모 요새를 지키는 의용군은 의인^{義人}처럼 비쳐지기 쉽다.

영화에서 주연은 물론이고 감독과 제작까지 맡은 존 웨인을 거론해야 할 것 같다. 이 영화는 그의 감독 데뷔작이자, 그의 필모그래피에서 가장 애정을 쏟은 작품이다. 이러한 배경에는 그가 할리우드의 대표적인 보수우파 배우라는 점과 이 영화가 다루는 역사적 사실과 관련이 있다.

생각해 보라. 요새를 지키던 사람들 모두 자신들이 죽을 걸 알면서도 도망가거나 항복하지 않았다. 그리고 그들의 용맹함 덕분에 텍사스가 미국에 병합되는 데 큰 역할을 한 실제 역사를 소재로 영화화하니, 그에게 얼마나 뿌듯한 기분이 들게 할지 말이다.

067

산타 안나

영화에는 멕시코의 잔혹한 독재자로 나오는 산타 안나(1794~1876). 멕시코 군인이자 대통령인 그는 영화 못지않은 격동의 삶을 살았다. 기회주의자, 독재자, 음모의 달인이란 부정적 이미지가 있는가 하면, 용맹스러운 군인의 명성도 있다.

그럼 어째서 상반된 평가를 받을까? 이투르비데를 도와 멕시코 독립전쟁에 가담했으며, 그 공으로 대위에서 장군으로 진급했다. 자기 지위를 이용해 대농장도 취득

산타 안나

했다. 그리고 공화정을 내세우면서 이제까지 모시던 왕 이투르비데를 제거하는 데 가담한다. 이후 빈센테 게레로를 대통령에 추대하지만 그 역시 몰아낸다. 그밖에도 미국과 일전을 벌인 멕시코전쟁에서 양국을 오가면서 자신의 집권을 위한 기회주의적 행동도 했다.

한편 그가 멕시코 민중에게 인기를 끈 요인이 있다. 1829년에 스페인군이 탐피코에서 멕시코를 다시 차지하기 위한 시도를 했는데, 그때 산타 안나가 스페인군보다 훨씬 적은 수로 물리쳐서 '탐피코의 영웅'이 되었다. 혹자는 이 승리의 요인이 당시 스페인군이 황열(모기에 의해 감염되는 급성 질환으로 열과 두통 구토를 수반)로 고통받고 있어서라고 전한다.

어쨌든 이 승리로 그가 대중적 인기를 얻고 대통령으로 집권하는 데 발판이 되었다. 이후 알라모 전투가 일어나기 전까지 대통령이었고, 자신이 직접 반란을 진압하려 나섰다가 포로로 사로잡히는 치욕을 당했다.

🎥 **03**

그의 조국은 어디인가

레전드 오브 조로
The Legend of Zorro, 2005

감독: 마틴 캠벨
출연: 안토니오 반데라스(조로/돈 알레한드로)
　　　캐서린 제타 존스(엘레나)
　　　루퍼스 스웰(아망드)

영화 속 역사

영화 속 조로의 활약을 통해 캘리포니아 미연방 가입에 관한 역사를 알아보고자 한다.

1850년경 미연방 가입 여부를 묻는 캘리포니아 투표 현장. 조로를 포함해 참석한 모든 이가 찬성에 표기한다. 그때 맥기븐스 일당이 투표함을 강탈하지만, 되찾아오는 조로. 한편, 남편에게 화내는 아내 엘레나. 캘리포니아가 미연방에 편입되면 평범한 생활로 돌아올 줄 알았던 남편이 여전히 '조로'로 남아 가족에게 무신경하다. 그때 그녀에게 접근해 남편이 조로라는 사실을 알리지 않는 조건으로 유럽에서 온 아망드의 정보를 캐 달라는 핑커튼 탐정단. 엘레나는 고민 끝에 남편의 안전을 위해 제안을 수락한다.

선악 기준

등장인물 선악 구도는 간단하다. 캘리포니아가 미연방에 속하는 걸 지지하면 선한 사람이고, 반대하면 악인이다. 주인공 조로를 비롯해 그의 가족과 지역 주민 절대다수가 모두 연방 가입 찬성자인 반면, 교활하고 폭력적인 아망드와 맥기븐스는 결사반대한다.

그런데 어째서 악당을 제외한 모든 인물이 미연방 가입을 지지할까? 더욱이 틈날 때마다 스페인이 모국이라고 말하던 조로가 미연방 가입을 위해 목숨을 걸고 싸운 이유는? 그의 아내 엘레나와 어린 아들 호아킨도 캘리포니아가 미연방에 속하면 정의가 실현되고 평화가 완성된다고 주장하는데, 도대체 그 근거는 무엇인가?

언뜻 봐도 멕시코계 주민으로 나온 엑스트라들이 마치 해방을 맞이하는 것처럼 영화 내내 미연방 가입에 환호성을 지른다. 그럼 멕시코인들이 미연방 가입을 지지한 이유는?

그러나 영화 속 어느 장면에도 캘리포니아가 미연방에 가입했을 때 어떤 이점이나 혜택이 있는지 언급조차 없다. 왜 그랬을까? 제작진이 미국을 미화하기 위해서 각색한 것이다.

영화와 달리, 실제 역사에는 미국인을 제외한 멕시코인이나 원주민이 캘리포니아가 미연방에 가입하는 걸 지지할 이유가 없다. 만일 멕시코인이 이 영화를 봤다면, 역사왜곡으로 점철되었다고 불평할 수 있다. 영화처럼 순전히 주민들의 의사가 반영된 투표로 결정된 것이 아니라, 처음부터 미국 정부의 영토확장 정책으로 추진되었기 때문이다.

영화 속 역사왜곡

미연방 가입 이전, 캘리포니아에는 스페인 식민지인의 후손인 멕시코인과 인디언들이 살고 있었다. 그런데 미국 출신의 포경선 선장이 교역을 하기 위해 이곳에 상점을 차리고 멕시코인과 인디언을 상대로 장사를 했다. 이어서 동부로부터 온 자영농들이 토지를 구입하여 새크라멘토 계곡에 정착해 그 수가 늘어났으며, 그들 중 일부가 캘리포니아를 미국 영토로 편입시킬 것을 주장하였다.

앞서 영화 〈알라모 전투〉와 거의 같은 수순으로 영토침략이 전개되었으며, 그 주도자가 정착민이 아닌 미국 대통령으로 바뀌었을 뿐이다.

당시 포크 대통령은 캘리포니아에 거주하는 미국인들에게 멕시코 정부를 상대로 반란을 일으키게 해 미국 정부의 개입 명분을 얻었다. 그리고 태평양 해군 함대에게 만약 멕시코가 전쟁을 선언하면 캘리포니아 항구들을 장악하라는 명령을 내리고, 멕시코 정부에게 캘리포니아 구매 제안을 했으나 거절당했다. 즉, 처음부터 외교 수단이든 전쟁이든, 캘리포니아를 획득해 서부로의 영토확장 정책을 완수하려는 게 포크의 의도였다.

이후 스티븐 커니 부대, 태평양 해군 함대, 캘리포니아 민병대가 합류하여 전투에 나섰다. 한사코 전쟁을 피하려는 멕시코 정부를 자극해서 멕시코전쟁을 일으켰으며, 미국의 일방적인 승리로 끝났다. 커니가 캘리포니아 정복에 성공하고 멕시코와 과달루페 이달고 조약을 체결^{1848. 2. 2.}한 것이다.

이 조약으로 멕시코는 캘리포니아와 뉴멕시코를 미국에 양도하고 리오그란데를 텍사스 경계로 인정하는 데 동의했다. 이렇게 볼 때, 영화에서 아망드와 맥기븐스 일당이 캘리포니아가 미연방에 가입하지 못하도록 음모를 꾸민다는 극 전개는 각색의 차원을 넘어서 역사왜곡으로 볼 수 있다.

처음부터 자유주^{自由州}

영화에는 북군 대령이 캘리포니아가 노예주가 될 것이라고 우려하는 장면이 있는데, 실제 역사와 다르다. 미 정부가 처음부터 캘리포니아를 자유주로 만들려 했으며, 그에 따라 노예제를 금지하는 법률을 제정했다. 1849년 당시 자유주와 노예주의 수는 똑같이 15개로서, 캘리포니아가 연방에 가입하면 균형이 깨지는 상황이었다. 그리고 그런 상황에서 나온 것이 '1850년의 타협' 캘리포니아가 자유주로 편입하는 대신, 멕시코로부터 얻은 나머지 지역은 노예제를 금지하지 않는 주정부가 건립된다는 내용. 이 밖에도 남부인들을 의식하여 도망노예송환법을 포함시킴 이다.

그럼에도 영화는 어째서 캘리포니아를 노예주가 될 것처럼 극을 전개시켰을까? 감독 벤자민 캠벨이 노예제의 허용 여부를 기준으로 조로와 북군을 정의의 편으로, 아망드와 남군을 악의 축으로 설정한 데 있다.

072

미래 사실에 맞춘 극 전개

악의 축으로 등장하는 아망드는 미국이 영국이나 프랑스를 압도하는 강국이 될 것이라고 예상하고 있다. 과연 1850년대 당시 유럽인 중 그걸 예측한 사람이 얼마나 될까?

결국 답은 미래 사실에 맞추어 극을 전개시킨 것이다. 현재 미국이 세계 최강이라는 사실을 전제로 하여 할리우드 관점으로 플롯을 설정한 것이다. 예를 들어, 리들리 스콧의 〈글래디에이터〉에서 아우렐리우스가 로마의 멸망을 미리 예측하고 막시무스에게 왕정에서 공화정으로 회귀해야 한다는 명을 내리는 장면과 같은 이치다. 보다 구체적인 설명은 『영화로 역사 읽기-영화로 보는 유럽 역사』, 〈글래디에이터〉 참고

이러한 관점은 아망드가 북군이 아닌 남군에게 신형 무기를 전해 주려는

의도에서도 그대로 적용된다. 영화에는 남군에게 무기를 전해 주어 남북 분열을 유도하는데, 이러한 시도 역시 남북전쟁의 승자가 북군이라는 역사적 사실을 전제로 극을 전개시킨 것이다. 그에 따라 남군은 실제 역사에서 전쟁에 패하고, 이 영화에선 아망드와 함께 악의 축에도 서게 되었다.

그의 조국은 어디인가

도대체 조로의 조국은 어디인가? 조로^{돈 일레한드로}는 공개적으로 스페인을 모국이라고 밝히고 아들과 중요한 약속을 할 때에는 반드시 스페인어로 말한다. 심지어 그의 애마도 스페인어밖에 알아듣지 못한다. 그렇지만 그는 말로만 스페인인의 자부심을 드러낼 뿐, 정작 행동은 미국을 조국으로 둔 우국지사^{憂國之士} 같다. 캘리포니아를 미연방에 가입시키려고 목숨까지 건 일련의 행위를 두고 한 말이다.

073

문제는 역사적으로 캘리포니아가 예전 스페인 식민지이자 현재 멕시코 영토이고 그 자신 스페인을 모국이라고 공공연히 말했다면, 캘리포니아를 미연방이 아닌 멕시코 영토로 남아 있도록 하는 데 노력을 기울였어야 극적 개연성이 있다. 혹은 캘리포니아를 미연방에 가입하기 위해 헌신했다면, 그에 대한 이유가 있어야 설득력이 있다. 그러나 영화에는 그가 어째서 캘리포니아가 미연방에 가입해야 하는지 밝히고 있지 않다.

말 따로 행동 따로 이중적인 행태가 영화 속 조로의 캐릭터다.

쾌걸 조로

제작 & 에피소드

스페인어로 '여우'를 의미하는 조로는 캘리포니아를 무대로 압제에 시달리는 사람들을 도와주고 자유와 독립을 쟁취하기위해 애쓴다. 특히 칼 한 자루를 휘두르면서 'Z'를 그리며 통쾌한 활약과 멋진 로맨스를 펼친다.

그럼 '멕시코판 로빈후드'로 불리는 이 가공인물은 어떻게 탄생했을까? 조로 이야기는 존스턴 매컬리가 미국의 오락잡지 『주간 모든 이야기』에 '카피스트라노의 재앙'이라는 제목의 5부작으로 세상에 알려졌다. 이후 영화, 애니메이션, 드라마, 연극, 뮤지컬 등을 종횡무진하며 대중에게 즐거움을 주었다. 국내에는 가이 윌리엄스가 주연을 맡은 TV 시리즈물과 안토니오 반데라스가 주연한 두 편의 영화, 〈마스크 오브 조로〉와 속편 〈레전드 오브 조로〉가 유명하다.

〈마스크 오브 조로〉와 〈레전드 오브 조로〉는 동일한 배우와 감독임에도 대조적인 평가를 받았다. 전작에 비해 〈레전드 오브 조로〉는 흥행과 비평 모두 못 미쳤다는 평가다.

이러한 원인은 전작에선 인물 캐릭터가 잘 살아난 반면, 속편에선 그렇지 못했기 때문이다. 예를 들어, 엘레나는 매력적인 여성에서 페미니스트적인 여성으로 탈바꿈했으며, 평소 총기가 넘치는 호아킨은 눈만 살짝 가렸을 뿐 목소리도 그대로인 조로의 정체를 몰라보는 게 어색하다.

조로와 아망드 캐릭터에 개연성이 없다는 점도 추가한다. 조로가 캘리포니아를 미연방에 편입시키기 위해 목숨을 걸어야 할 이유가 없듯이, 아망드 역시 철천지원수도 아닌 미국을 파멸시켜야 할 근거가 없다. 그에 따라 후반부의 속도감 있는 전개에도 불구하고 극적 긴장감이 들지 않는 이유가 두 사람의 행동에 공감할 수 없어서다.

이러한 상황은 엘레나가 핑커튼 탐정단의 협박을 받아 미국 스파이 노릇을 한다는 플롯에도 연결된다. 조로의 정체를 드러내겠다는 위협만으로 남편과 이혼하고 목숨을 걸면서까지 첩보 활동을 하는 게 과연 설득력이 있을까?

감독, 배우, 시나리오작가가 같고 제작비도 전작을 능가했지만, 〈레전드 오브 조로〉는 한 가지 빠진 게 있다. 바로 리얼리티의 부재!

요즘 인기를 얻고 있는 판타지 장르에도 극적 개연성을 필요로 하는 마당에, 소위 역사를 소재로 한 영화에 앞 뒤 연결이 이해 안 되고 배우 캐릭터에 공감이 생기지 않는 상황에서, 극적 긴장감을 기대하기는 어렵다.

영화 VS. 영화 〈혁명아 자파타〉(Viva Zapata!, 1952)

압제에 시달리는 민중의 영웅을 소재로 한 〈마스크 오브 조로〉와 〈혁명아 자파타〉. 전자는 1850년대 캘리포니아를, 후자는 1910년대 멕시코 혁명을 배경으로 하고 있다. 〈마스크 오브 조로〉의 주인공이 가공인물이지만, 이 영화 주인공 에밀리아노 사파타 타이틀은 자파타이고, 일반적으로 사파타로 표기는 실존한 혁명가다. 주인공 출신 배경도 대조적이다. 조로가 경제적으로 여유 있고 높은 수준의 지식층인 반면, 사파타는 가난한 농민의 아들이며 문맹자다. 게다가 조로가 미국 홍보에 매진하는 것과는 달리, 사파타는 서민 중에서도 특히 농민의 생존권을 위해 헌신했다.

사파타(좌)와 그를 연기한 말론 브란도(우)

가장 인상적인 장면은 혁명에 성공한 후에도 초심을 잃지 않는 그의 모습이다. 막대한 토지를 선사하겠다는 제안에, 격분하는 사파타. 자신의 이익을 위해 혁명에 나선 게 아니라는 것이다. 영화에서 그의 형과 그의 장인이 '성공하고 출세했으면 상응하는 권력을 누려야 한다'고 인식한 반면, 사파타는 그렇게 한다면 독재자와 다를 게 없다고 강변한다.

영화에 나오는 디아스 대통령, 마데로, 우에르타, 카란사 모두 정도의 차이만 있을 뿐, 국민이 아닌 자신의 권력에만 집중했다. 사파타는 다르다. 영화에는 나오지 않았으나, 빼앗긴 토지를 농민에게 돌려주려는 '아얄라강령'의 실현을 위해 고군분투했다.

라스트신에서 그는 함정에 빠져 집중 사격을 받고 참혹한 죽음을 당한다. 하지만 그건 예정된 죽음이다. 순수한 열정을 지닌 혁명가의 말로가 대부분 비참하다. 리더가 초심을 잃지 않아도 그를 따르는 측근도 초심을 유지한다는 보장이 없어서다. 이래서 지도자는 열정과 차가운 이성을 동시에 발휘해야 하는 어려움이 있다.

Theme 04

노예제와 이민

모르는 호의보다 아는 곤경이 낫다

/

밥그릇 싸움

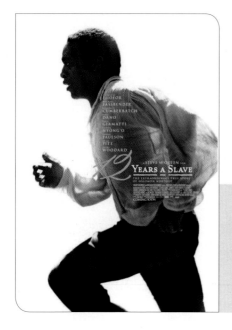

01

모르는 호의보다
아는 곤경이 낫다

노예 12년 12 Years a Slave, 2013

감독: 스티븐 맥퀸

출연: 치웨텔 에지오포(솔로몬 노섭)
마이클 패스벤더(에드윈 엡스)
베네딕트 컴버배치(윌리엄 포드)
브래드 피트(베스)

영화 속 역사

흑인 음악가의 실화를 소재로 한 작품. 자유인과 노예 신분을 모두 겪은 실존인물을 통해서 노예제의 실상을 묘사한 게 이 영화의 특색이다.

1841년 뉴욕. 가족과 자유로운 삶을 누리던 바이올리니스트 솔로몬 노섭. 높은 연주료를 주겠다는 제안에 워싱턴으로 연주 여행을 떠난다. 과음으로 정신을 잃고 깨어난 후 경악하는 노섭. 짐승처럼 족쇄에 손발이 묶인 걸 깨달은 것이다. 이제부터 그는 자유인에서 노예 신분으로 무려 12년의 악몽같은 세월을 겪게 된다.

납치 이유

노섭이 납치된 이유는 두 가지. 시대배경과 그의 직업이다.

그가 납치된 1841년은 흑인 납치사건이 만연했는데, 그 당시 노예수입이 금지됐다. 영국이 노예무역을 금지[1807] 한 이후, 유럽 다른 나라들도 그 뒤를 이었다. 그런 상황에서 미국 남부에

팔려 가기 직전의 노섭(좌)과 노예상인(중앙)

노예 수요가 높아지자, 자유주에 사는 흑인을 납치해 노예주로 팔아넘기는 일이 빈번하게 벌어진 것이다.

079

그의 직업이 바이올린 연주자라는 것도 눈여겨볼 만하다. 농장 일꾼으로, 노예소유주의 여가 생활과 품위 유지에 도움이 되는 연주자로 활용할 수 있어서 높은 가격을 받을 수 있다. 영화에서 노예상인이 그를 판매하기 전에 바이올린 연주를 시킨 것이 한 예다.

북부의 대응

남부는 노예제가 경제적 기반이라서 결코 포기할 수 없었으며, 북부도 이를 분명히 인식하고 있었다. 그래서 북부는 이 문제로 남북 간의 첨예한 갈등을 불러일으키고 싶지 않았다. 그러나 시간이 지나면서 노예제 문제는 수그러지기는커녕 점점 악화되었다. 미국의 영토가 확장되면서 새롭게 주(州)로 편입되는 곳을 노예주와 자유주 중 어느 쪽으로 해야 할지 남북 간에 심각한 대립 양상을 띠었기 때문이다.

그럼에도 북부는 노예제를 전격적으로 폐지할 수 없었다. 그런 시도가 필시 남부의 저항을 불러 연방의 해체로 이어질 수 있어서다. 따라서 남북이 노예제 문제로 인한 갈등을 봉합하기 위해 미주리 타협 1820. 북위 36도 30분 이상의 지역에는 노예주를 만들 수 없다는 안건과 도망노예송환법 1850. 다른 주나 연방의 준주(準州)로 도망간 노예를 체포하여 원래의 주로 돌려주도록 규정을 실시했다.

영화 초반에 노섭이 뉴욕의 어느 상점에 들어온 흑인과 조우하는 장면이 있다. 그 흑인은 아주 불안해하는 표정이었으며 곧이어 백인이 들어와 그를 데리고 나갔다.

여기서 여러 예측이 가능한데, 노예가 도망치려다가 백인에게 발각된 걸로 볼 수도 있고, 도망노예로 자유를 누리다가 잡혀가는 경우로 볼 수도 있다. 분명한 건 북부가 도망노예송환법에 합의했다는 것은 노예제 폐지보다 연방 유지에 주안점을 둔 것이다.

에필로그에서 "노섭이 노예상인 제임스 버치에게 패소하고 그를 납치한 해밀턴과 브라운도 기소를 피했다."라는 대목을 보면, 북부가 노예제 폐지 문제뿐만 아니라 흑인 자유인의 인권에 대해서도 소극적으로 대응한다는 것이 확인된다.

"미안하다"의 의미

영화에는 인상적인 대사가 나온다. "넌 그저 우량가축일 뿐이야." "주인의 뜻을 거역해 매질을 당하는 건 주님의 뜻이다." "부탁 하나 할게요. 제발 저를 죽여 주세요." 그러나 이러한 자극적인 대사보다 훨씬 가슴을 울리는 게, 노섭이 12년 만에 가족과 재회하면서 "미안하다."라고 말하는 장면이다. 어째서 그는 이런 표현을 했을까?

백인 노예사냥꾼의 납치로 인한 피해자라는 관점에서 보면, 그는 가족에게 미안하다는 말을 할 필요가 없다. 그러나 자신이 살던 시대 상황이 얼마나 위험하고 심각한지를 간과하고 있었다.

분명히 그는 당시 남부가 노예제를 확산시키기 위해 혈안이 되고 인신매매가 횡행하고 있다는 사실을 알고 있었을 것이다. 그럼에도 그는 노예사냥꾼이 내민 돈에 현혹이 되어 이성적인 판단을 하지 못했다. "모르는 호의보다 아는 곤경이 낫다."라는 말이 있다. 심지어 만취하는 실수를 함으로써, 12년이라는 장구한 세월동안 끔찍한 고통을 겪게 되었다. 즉, 노섭 스스로 일생일대의 실수를 한 것이다.

이런 점에서 이 작품은 역사영화 이상의 무언가를 제시하는 것 같다. 더욱이 지금도 세계 각지에서 납치와 인신매매가 존재한다는 점을 고려해 보면, 현시대를 사는 자화상의 한 단면으로 볼 수도 있을 것이다.

081

제작 & 에피소드

흑인으로는 최초로 아카데미작품상을 수상한 영화. 이 영화의 가장 큰 장점은 사실을 바탕으로 한 극의 개연성이다. 스크린에 비치는 어느 장면도 어색한 구석이 없고 자연스럽다. 그만큼 극의 구성이 치밀하고 세련됐다는 것.

그럼 그러한 배경은? 우선 주인공 솔로몬 노섭의 자서전을 원작으로, 사실에 바탕을 두었다. 감독 스티브 매퀸이 흑인이라는 점도 작용한다. 그는 인터뷰에서 노예제는 미국에 국한된 것이 아니라 세계적인 산업이므로, 영국인인 자신도 노예제로 인한 영향을 받았다고 했다.

특히 등장인물의 캐릭터에서 개연성이 느껴진다. 주인공 솔로몬 노섭을 연기한 치웨텔 에지오포를 비롯해, 대조적인 성향의 백인 농장주 포드^{베네딕트}

농장주 포드(좌)와 엡스(우). 대조적인 성향의 농장주이지만, 노섭이 자유인이라는 걸 알고 있다는 점에선 같다.

컴버배치와 엡스마이클 패스벤더도 그렇다. 특히 선한 인품을 지닌 포드가 노섭을 악명 높은 농장주 엡스에게 팔아넘기는 장면에선 인간의 이중성이 노골적으로 드러나고, 엡스가 아름다운 노예 팻시루피타 니용에게 광적으로 집착하는 장면에선 일종의 연민마저 느껴진다. 노섭을 지옥에서 구하는 베스브래드 피트의 캐릭터에도 설득력이 있다. 그는 열혈 노예제 폐지론자가 아니고, 노섭을 구하려다 보복을 당할 수 있다면서 신중하게 처신한다.

바꿔 말해서 등장인물들은 백인과 흑인 구분할 것 없이 캐릭터에서 "그럴 수도 있겠다."라는 자연스러움이 묻어난다.

영화 VS. 영화 〈아미스타드〉(Amistad, 1997)

노예제의 폐단을 다룬 〈노예 12년〉과 〈아미스타드〉. 두 영화는 공통점이 많다. 실화를 바탕으로 했고, 주인공 신분이 자유인이었다가 노예로 전락한 방식도 동일하다. 바이올리니스트 솔로몬 노섭은 워싱턴에서, 아미스타드호 반란 지도자 '조셉 싱케이'는 아프리카에서 납치되었다.

시대배경이 거의 동시기라는 점도 주목할 만하다. 노섭이 납치된 시점이 1841년이고 아미스타드호 선상 반란은 1839년에 일어났다. 또한 두 영화 모두 아카데미시상식에서 얼마나 많은 수상을 할지 기대를 모았다. 아카데

미가 선호하는 인간의 존엄성과 자
유를 위한 투쟁을 소재로 한 영화라
서다.

그러나 결과적으로 〈노예 12년〉
은 작품상을 비롯해서 3개 부문을
수상하는 쾌거를 이룬 반면, 이 영화
는 한 부문도 수상하지 못했다. 그럼
이런 대조적인 결과가 나온 원인은
무엇일까?

역사영화가 주목받는 이유는 실화

아미스타드호 반란 지도자 조셉 싱케이

라는 점에서 설득력있게 다가갈 수 있어서다. 그러나 반드시 관객의 호감을
이끌어 내는 건 아니다. '있는 그대로의 역사'를 재연해도, 역사영화는 그 자
체 사실과 픽션이 혼재되어 있다. 따라서 극적 구성과 인물의 캐릭터에 개연
성이 있어야 관객이 작품 속 상황에 몰입할 수 있다.

이런 점에서 〈노예 12년〉과 〈아미스타드〉는 실제 사실을 소재로 했음에
도 큰 차이가 있다. 즉, 캐릭터 개연성에서 대조를 보였다. 〈노예 12년〉에
나오는 등장인물들은 하나같이 자연스럽다. 그러나 〈아미스타드〉에 나오
는 존 퀸시 아담스와 로저 볼드윈은 실존인물임에도 가공인물처럼 느껴진
다. 극적 효과를 높이려고 너무 과장되게 미화했기 때문이다.

이런 상황은 가공인물인 해방노예 출신 테오도어 조드슨^{모건 프리먼}에도 재
연된다. 영화에서 조드슨은 백인과 동등한 인물로 대우받고 전직 대통령을
만나도 자신만만한 행동으로 일관한다. 분명한 건 당시 노예제를 폐지한
북부에도 흑인차별이 엄연히 존재했으며, 인종 간의 평등을 유감없이 드러
낼 수 있는 사람은 백인 출신의 노예제 폐지론자들뿐이라는 사실이다.

공교로운 건 〈아미스타드〉가 한 부문도 수상을 못한 바로 그해, 〈타이타

083

닉)은 무려 11개 부문의 오스카상을 수상하고 세계 흥행 기록마저 갈아 치웠다. 당시 아카데미시상식 다음날 일간지에 게재된 기사 제목은 탄성을 자아낼 정도로 기막히다.

'아미스타드 호, 아카데미상을 가득 실은 타이타닉 호에 부딪쳐 침몰되다.'

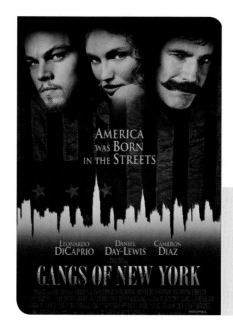

QO **02**

밥그릇 싸움

갱스 오브 뉴욕 Gangs of New York, 2002
감독: 마틴 스콜세지
출연: 레오나르도 디카프리오(암스테르담)
　　　다니엘 데이 루이스(빌)
　　　카메론 디아즈(제니)
　　　리암 니슨(발론)

영화 속 역사

　파이브포인츠에서 실제 일어난 유혈투쟁을 소재로 한 영화. 토착민과 이민자 간의 갈등과 대립을 사실적으로 표현함으로써 이민 역사를 조명할 수 있다는 것이 이 영화의 특색이다.

　1846년 뉴욕 슬럼가 파이브포인츠. 도살광 빌이 주도하는 토박이갱과 발론이 주축이 된 아일랜드갱이 부딪친다. 유혈이 낭자한 싸움 끝에 발론을 살해하는 빌. 아버지의 죽음 앞에서 어린 아들 암스테르담이 울음을 삼킨다. 그로부터 16년 후 암스테르담이 청년이 되어 돌아온다.

파이브포인츠

월스트리트의 비즈니스 지구와 브로드웨이 사이에 위치한 이곳은 1860년 대 당시 살인과 매춘 등 강력범죄가 만연한 위험한 장소였다. 게다가 항구를 통해 한 번에 수천 명의 이주민이 쏟아져 들어옴으로써, 영화 속 모습처럼 토착민과 이주민이 대립과 투쟁을 벌인 지역이다.

영화 속 파이브포인츠 주변 아파트 행렬은 열악한 도시환경과 함께 뉴욕의 사회경제적 격변을 상징한다. 해마다 밀려드는 이민의 물결로 거주할 공간이 턱없이 부족하자, 위생과 편리를 고려하지 않은 마구잡이식 아파트가 우후죽순으로 생겨난 것이다. 하수 처리나 환기 시설이 전혀 없고, 화장실에서 풍기는 악취 때문에 침실용 변기를 사용해야 했다. 오물을 창밖으로 던져서 비우거나 건물 통풍구에 흘려보내는 장면을 상상해 보라.

결국 이러한 상황에서 콜레라를 비롯한 전염병이 아파트 지역을 중심으로 들불처럼 퍼져 나갔다. 그렇지만 바로 이곳이 영화 속 주인공을 비롯한 아일랜드 이주민이 생계를 꾸릴 수 있는 유일한 공간이었다. 임대업자는 다운타운에 빈민거주용 아파트를 짓고 자신은 업타운으로 이주했다. 영화 후반부에 폭도들이 쳐들어가는 부촌^{富村}도 업타운에 위치해 있다.

따라서 업타운과 파이브포인츠의 '빈부격차'야말로 빌과 암스테르담으로 대변되는 토착민 대^對 이주민의 갈등보다 큰 괴리감을 주었다. 영화 중반부에 파이브포인츠를 구경 나온 업타운 부자들을 대하는 빌의 태도도 이런 계층 간의 문제점을 거론하고 있다. 즉, 업타운 부자들이 자신처럼 토박이라서 적대감을 가질 수는 없지만, 동질성을 느낄 수 없다고 주장하고 있다.

충돌 원인

아일랜드 이주민과 토착민이 충돌한 이유는? 밥그릇 싸움이다. 그러나 유독 아일랜드인이 토박이의 타깃이 된 데에는 다른 원인이 있다.

당시 아일랜드는 감자 기근을 비롯한 혹독한 흉년으로, 소작농은 생계조차 유지하기 어려웠다. 더욱이 이들 농민은 농사를 지을 만한 자본도 가지지 못했으며, 켈트계 가톨릭교도로서 각자 분산해 사는 것보다 종교적으로 뭉쳐서 도시에 함께 살고자 했다. 이러한 배경에는 유럽 전체에 밀어닥친 농촌 인구의 도시 집중 현상도 한몫했다.

1830년대부터 아일랜드 가톨릭교도들이 미국으로 대거 이주했으며, 해를 거듭할수록 증가 추세를 보였다. 그러나 아일랜드인의 대거 이민은 개신교를 믿고 있던 토착민에게 위기의식을 고취시켜, '네이티비즘'이란 이민 규제운동이 나오게 했다. 특히 그런 상황은 뉴욕 슬럼가인 파이브포인츠에서 더욱 심했다. 도입부의 집단혈투 장면과 같은 상황이 실제로 토착

087

유혈충돌 직전의 토박이 갱. 중앙이 도살광 빌로 분한 다니엘 데이 루이스.

도살광 빌의 실존인물 윌리엄 풀

민과 이민 세력 간에 빈번하게 일어난 것이다.

한편 남부 항구로 입항했던 아일랜드인들은 남부에 살지 않고 북부로 살 곳을 찾아 이동했다. 대농장을 중심으로 면화 농사 한 가지에만 의존했던 남부 경제 상황에서 이민자에게 당장 필요한 일자리가 별로 없어서였다. 더욱이 흑인 노예들과의 노동 경쟁력도 약했으며, 결국 노동력 수요가 많은 파이브포인츠로 들어오게 되었다.

088

부정적인 사실 집중

영화에는 실존 인물과 단체가 나온다. 도살광 빌, 정치꾼 트위드, 데드래빗, 바워리 보이즈, 불량자들, 경관 감시단, 40인의 도둑, 치체스터스 등이다. 이 영화 원작자 허버트 애쉬버리의 주장에 의하면, 갱 조직이 견고할수록 정치꾼들이 당선과 자기 보호를 위해 갱과 협력관계를 유지했다.

그런 점에서 영화 속 트위드가 토박이 갱과 아일랜드 갱을 상대로 정치적 거래를 하는 장면은 실제 역사이자 오늘날의 현실이다. 영화에 나오는 치안의 부재나 소방서끼리 지역구를 놓고 충돌하는 점입가경인 장면도 실제 상황이며, 수염을 조금씩 달리 깎아서 여러 번의 부정투표를 하는 장면 모두 사실이다.

이 영화를 연출한 마틴 스콜세지는 역사적 고증에 철저하고 사실적인 묘사에 주력하는 감독으로 잘 알려져 있다. 그러나 그늘지고 소외된 뒷골목

하류층이나 적나라한 폭력에 초점을 맞추다 보니, 상대적으로 그렇지 않은 사회나 세계를 도외시한 점도 있다. 즉, 유혈이 낭자한 갱들의 싸움이나 하류층의 생활만이 나오고 평범한 뉴요커의 모습은 거의 등장하지 않는다. 폭력과 위협으로 자리를 지키는 빌을 비롯해 매춘부, 소매치기, 협잡꾼, 부패한 정치인과 경찰만이 나온다.

심지어 아일랜드 이주민의 인권과 자유를 얻으려는 주인공 암스테르담도 당선을 위해 부정선거를 마다하지 않는다. 빌이나 암스테르담 모두 정도의 차이만 있을 뿐, 폭력이든 부정행위든 '힘이 곧 정의'라는 식의 행동만이 존재할 뿐이다.

한편 파이브포인츠에 많은 중국인들이 모습을 보이는데, 영화의 시대배경인 1862~1863년의 이민 분포 현황과 비교해 볼 때 과도한 것 같다. 아마도 당시 뉴욕 이주민이 온갖 다양한 민족으로 이루어졌다는 걸 강조하기 위한 영화적 장치처럼 보인다.

089

극의 대립 구도

극의 전반적인 구도는 갱의 충돌을 통해 토착민 대^對 아일랜드 이주민의 갈등을 보여 준다. 감독은 미국 건국과 도시 발전의 역사를 토착민 대 이주민의 대립 구도로 전개시키고 있으나, 엄밀히 말하면 선배 이민자 대 후배 이민자의 대결이다. 빌이 신념에 차서 외치는 토박이, 즉 'NATIVE'도 원래 영국과 싸워 독립을 쟁취했던 초기 청교도주의자가 아닌, 백인들이 쫓아낸 '아메리카 원주민'을 의미한다.

아일랜드 이주민이 토박이로부터 자유와 생존권을 쟁취하는 엔딩 장면은 역사적 아이러니다. 영화에서 배척의 대상인 그들 역시 1870년대에는 '선배 이민자' 아니 '토착민'으로 행세하며, 새로 이민 온 다른 민족을 적대시하는 주역이자 행동대원으로 나섰기 때문이다. _{1870년대 들어서 아일랜드 가톨릭교도들} 은 새로이 이주하기 시작한 중국인들을 배척하는 주역이 되었다. 또한 이탈리아인, 동유럽인, 유대인들이 차례로 민족 차별 대우를 감수하고 때로는 억울하게 구타당했다. 미국 이민사회에서 되풀이해 온 이런 현상은 마치 군대에서 고참이 신참을 괴롭히는 방식과 유사했다. 과거나 지금이나 '밥그릇 싸움'보다 더 절박한 투쟁의 요인 은 없다.

제작 & 에피소드

미국 영화계 거장 마틴 스콜세지가 25년 만에 스크린에 담아낸 작품.

19세기 중엽 뉴욕에서 일어난 여러 역사적 사건을 생생하게 표현하였다. 갱들의 혈투, 부정선거, 폭도들의 흑인 살해장면 등은 세심한 고증을 통해 촬영되었다. 기록이 남아 있지 않은 장면은 작가적 상상력을 최대한 발휘 해 사실적으로 스크린에 담아냈다. 그만큼 그는 실제 역사를 영화로 표현 하는 데 따른 간격을 줄이려 애썼다.

칼, 도끼, 쇠몽둥이 등의 무기로 유혈이 낭자한 결투를 벌이는 장면은 문명과 건국의 역사가 얼마나 야만적인 토대 위에서 건설되는가를 보여 주는 스콜세지 특유의 표현방식이다. 사실 이 영화를 비롯한 여러 작품에 서 적나라한 폭력장면이 많이 등장하며, 이를 통해 현실세계에서 법이나 이상^{理想}보다 폭력이 얼마나 큰 힘을 발휘하는지를 알 수 있다.

이러한 배경은 그의 성장 환경과 무관하지 않다. 그는 인터뷰에서 이탈 리아계 출신인 자신이 자란 곳에서 사회질서를 유지하는 경찰과 교회가 소 위 공공의 적으로 불리는 폭력배들과 서로의 영역을 인정해 주며 공존하는 모습을 보고 큰 영향을 받았다고 했다. 즉, 모순되고 삭막하고 거친 삶이 서로 얽혀 사회가 유지된다는 것을 자신의 영화에 그대로 투영하였다. 그한 예로 빌이 대낮에 사람들이 지켜보는 데도 거리낌 없이 사람을 살해하는 장면이다. 그러나 스콜세지는 폭력의 힘과 효과는 인정하지만, 결코 미화하지 않는다.

영화의 주인공은 암스테르담 역의 레오나르도 디카프리오지만, 극 전체를 긴장감 넘치고 역동적으로 이끌어 가는 이는 빌 역의 '다니엘 데이 루이스'다. 현존하는 최고 연기파 배우로 불리는 그는 이 영화를 비롯해서 등장하는 작품마다 '미친 존재감'을 발휘한다.

이와는 대조적으로 가장 아쉬운 배역은 제니 역의 카메론 디아즈. 가벼운 터치의 코믹멜로물에 주로 나온 그녀가 역사영화에 캐스팅되었을 때부터 '혹여나' 했는데, '역시나'라고나 할까. 영화 속 그녀의 존재감은 빌과 암스테르담 사이의 무거운 분위기를 다소 가볍게 해주는 양념 역할 그 이상의 느낌이 들지 않았다.

영화 VS. 영화 〈원 맨 히어로〉(One Man's Hero, 1999)

실화를 소재로 한 아일랜드 이주민 대 토착민의 갈등을 보여 준 〈갱스 오브 뉴욕〉과 〈원 맨 히어로〉. 전자가 뉴욕 '파이브포인츠'를 배경으로 하류층 노동자 간의 밥그릇 싸움을 다루었다면, 이 영화는 멕시코전쟁을 배경으로 미군과 탈영한 미군 간의 전투를 다루고 있다.

미군이 탈영한 이유는? 영화에는 개신교를 믿는 대다수 토착민 군인이 가톨릭을 믿는 군인들을 차별한 데서 비롯된다. 여기에는 탈영병을 이끈 존 라일리 상사도 포함된다. 탁월한 전투력으로 장군들에게 신임이 두터운 그 역시 부대에서 오랫동안 인종차별을 받았기 때문이다.

흥미로운 건 탈영병 상당수가 아일랜드계 미국인이고, 주인공 라일리 톰 베린저

존 라일리가 이끄는 성 파트라치오 부대와 미군의 전투

도 그렇다. 그럼 어째서 아일랜드계 탈영병이 유독 많았을까?

프롤로그에도 나오듯이, 심각한 감자 기근으로 많은 아일랜드인이 굶어 죽지 않기 위해 미국으로 건너왔으며, 상당수가 시민권을 얻기 위해 군대에 입대했다. 탈영한 케닐리 하사 스튜어트 그레이엄가 멕시코 여성에게 감자에 관해 설명하는 장면이 여기에 해당한다. 어쨌든 이민자 출신 중 가

092

장 많은 수가 아일랜드계 군인이므로, 토착민 군인이 그들에게 경계심을 가질 수 있다.

그럼 영화에 나오듯이, 종교 문제가 탈영의 주요 원인일까?

그렇지 않다. 신구교 간 대립보단 많은 아일랜드계 이민자가 군에 들어옴으로써 기존의 토착민 군인에게 경계심을 갖게 했다. 즉, '가톨릭'을 매개로 이민자들이 결집하는 데 거부감을 느낀 것이다. 〈갱스 오브 뉴욕〉에서 아일랜드인의 대량이민으로 뉴욕 슬럼가 토착민이 위기의식을 느낀 것과 유사한 현상이다.

흥미로운 건 멕시코인과 탈영한 아일랜드인 간에 유대감이 있다는 것. 두 국민 모두 가톨릭교도이고 이웃 국가의 핍박을 받아서인 것 같다. 즉, 멕시코는 미국에게 영토 절반을 유린당하고 아일랜드는 영국에게 수백 년 동안 지배를 받았다.

영화에서 존 라일리가 이끄는 미군 출신 멕시코군 부대 '성 파트라치오'도 의미가 있다. '성 파트라치오'는 아일랜드의 수호성인인데, 부대 명칭에

종교적 의미를 담은 게 이채롭다. 아마도 미국으로부터 배신자의 오명을 들지 않기 위한 고육책인 것 같다.

영화는 비극으로 끝난다. 주인공 라일리는 모진 고문을 당하고, 부하 장병들 대다수가 전사하거나 처형당했다. 그래서일까. "매년 성 파트라치오 날에 멕시코를 위해 싸운 아일랜드계 군인들을 기념하는 축제가 열린다."라는 엔딩 내레이션이 감흥보단 허탈함을 느끼게 한다.

폭력 장면: 스콜세지 대^對 코폴라

스콜세지의 '폭력' 장면을 언급할 때마다 자주 비교되는 대상이 프랜시스 포드 코폴라다. 〈대부〉를 통해 마피아 세계를 일반인에게 널리 알린 코폴라는 폭력이 사회에 미치는 영향력을 몸소 체험했다. 공교롭게도 그 역시 스콜세지처럼 이탈리아계 후손이며, 마피아를 다음과 같이 평했다. "나는 마피아가 미국을 위해 큰일을 했다고 생각합니다. 기본적으로 마피아와 미국 모두 자신들이 선의의 단체라고 느끼고 있어요. … 마피아와 미국 모두 자기 영역과 이익을 보호하는 데 필요한 피를 자기 손으로 직접 묻히고 있다고 볼 수 있죠."

코폴라의 이런 관점은 스콜세지에게도 적용된다. 스콜세지 역시 오늘날의 미국이 '정의와 악'이라는 상반된 세력에 의해 함께 일궈진 것으로 해석한다. 코폴라와 스콜세지는 폭력의 효과와 사회적 영향력에 관해서는 공감하지만, 표현방식에 있어서는 대조를 이루고 있다.

코폴라가 용의주도한 계획 속에서 살인을 동반한 미학적인 폭력을 주로 묘사한 반면, 스콜세지 영화에는 대체로 우발적인 원인에서 비롯된 거친 폭력이 등장한다.

HISTORY
IN
FILM

Theme 05

남북전쟁

제2의 독립전쟁

/

비밀병기 잠수함

/

법과 현실 사이

제2의 독립전쟁

신의 영웅들 Gods and Generals, 2003

감독: 로널드 F. 맥스웰

출연: 스티븐 랭(토마스 '스톤월' 잭슨)

로버트 듀발(로버트 리)

제프 다니엘스(조슈아 로렌스 체임벌린)

영화 속 역사

이제껏 본 남북전쟁을 소재로 한 작품들 중에서, 가장 수준 높은 대사로 진행된다는 점이 이 영화의 특색이다.

링컨 대통령의 연방사령관직 제안을 남부 버지니아에 가족이 있다는 이유로 고사하는 로버트 리. 버지니아 의원들의 절대 지지 속에 남부연합군 사령관을 맡는다. 남북전쟁을 '제2의 독립전쟁'이라고 규정하는 토마스 잭슨 소령. "남북전쟁은 북군의 무력으로 일어났고, 우리가 지면 재산상의 손해를 넘어 자유를 잃습니다. 공장과 은행으로 대변되는 북부 산업에 패배하는 거죠."

남북전쟁 원인

가장 중요한 건 경제적 요인이다. 대개 전쟁의 명분이 자유와 권리 혹은 종교나 민족을 내세우지만, 종국에는 영토나 자원 등 실질적 이익에 귀결된다. 그런 상황은 이 영화의 소재인 남북전쟁뿐만 아니라, 앞서 영화 〈패트리어트〉에서 다룬 미국 독립혁명도 마찬가지다.

미국 독립혁명이 영국 정부가 아메리카 식민지인들에게 과중한(?) 납세의 짐을 지우려한 게 전쟁의 도화선이 되었다면, 남북전쟁은 노예제를 비롯한 경제 주도권이 첨예한 갈등으로 확산되었다. 즉, 북부 산업자본가와 남부 대농장주로 대변되는 두 세력의 이해관계가 노예제와 밀접히 연관되었다.

게다가 서부로 영토를 확장하면서 새롭게 편입되는 지역에 노예제를 허용할지에 대한 문제가 심각한 지역갈등을 일으켰다. 앞서 다룬 영화 〈알라모 전투〉에서 미국 정부가 텍사스를 연방으로 편입시키기를 주저한 것도 노예제 확대 여부를 둘러싼 남북 간의 충돌 때문이었다.

097

사실과 다른 관점

영화 속 대사들 중 가장 납득하기 어려운 게, 남부인들도 노예제 폐지를 지지하고 있다는 대목이다. 예를 들어, 주인공 남군 소령 토마스 잭슨은 로버트 리 사령관을 비롯한 남군 장교들도 노예제 폐지를 지지하고 있다고 주장한다. 심지어 흑인 노예들도 전쟁에 참여하는 남부 백인들을 지지하고 성심껏 자신의 주인 재산을 지킨다.

영화 속 남부 흑인과 백인은 자유민과 노예가 아닌, 가까운 이웃이나 인척처럼 느껴진다. 결코 이 지역이 노예제를 유지하고 있다는 생각이 들지 않는다. 만일 영화대로라면, 남부에서 노예제는 이미 폐지됐어야 했다.

주목할 건 링컨의 노예해방 선언 이후 많은 노예가 북으로 탈출해서 북군으로 참전했다는 것이다. 수십만 북군 흑인 병사 중 상당수가 남부에서 탈출한 노예

남북전쟁 당시 북군으로 참전한 흑인병사들

출신이며, 이들이 전쟁의 승패에 큰 역할을 했다. 또한, 덴젤 워싱턴이 주연한 〈영광의 깃발〉에도 나오듯이, 이 전쟁에서 유독 흑인 병사들이 많이 사망한 이유가 치열한 전투가 벌어지는 지역에 주로 투입되었기 때문이다.

양측 전사자

남북전쟁으로 인한 남북 양측 전사자 수는 60만 명 이상이다. 이 수치는 이후 벌어진 제1차 세계대전, 제2차 세계대전, 한국전쟁, 베트남전쟁, 걸프전, 아프가니스탄전쟁, 이라크전쟁 등에서 희생된 미군 전사자 수를 합친 것보다 많다. 더욱이 전사자 대다수가 소총으로 사망했다는 점을 고려해볼 때, 당시 남북전쟁이 얼마나 유혈이 낭자했는지를 짐작할 수 있다. 그리고 이런 엄청난 피해로 인해, 전쟁이 끝난 지 150여 년의 세월이 흘렀지만, 아직도 상처의 잔재가 남아 있다.

남북전쟁의 의의

남북전쟁은 미국 역사를 시대 구분하는 데 있어서 가장 중요한 분기점이다. 이 전쟁을 계기로 이전까지 해결하기 어려웠던 문제들이 한꺼번에 풀리고, 향후 미국 정책에 큰 변화가 일어났다.

이 전쟁을 통해서 연방권과 주권州權이 서로 대립할 경우에 어느 쪽이 우선하는지 결정되었다. 또한 미국이 신생국으로 탄생되었을 때부터 제기된 노예제 허용과 확대 여부를 둘러싼 첨예한 문제도 해결되었다. 노예제를 폐지함으로써 서부로의 영토확장에 주력하는 미 정부가 새로 편입될 지역이 노예주와 자유주 중 어느 쪽으로 해야 할지 고민할 필요가 없게 된 것이다.

남북전쟁 이전까지 농업 국가적인 색채가 짙던 상황도 달라졌다. 영화에서 토마스 잭슨이 언급한 대로 북부 산업자본가의 주도하에 공업 국가로 완전 탈바꿈했다. 이후 미국은 비약적으로 발전하여 1890년대에는 철강 생산에서 대영제국을 물리치고 세계 1위를 차지했다.

제작 & 에피소드

전작 〈게티스버그〉Gettysburg, 1993의 속편격인 〈신의 영웅들〉. 전쟁 초기부터 치열한 격전으로 유명한 게티스버그 전투1863. 7. 1.~7. 3.가 일어나기 전까지를 시대배경으로 한다.

이 작품은 전작의 느낌과 별 차이가 없다. 감독, 시나리오, 주요 등장인물이 거의 동일하다. 그러나 역사적인 관점에선 차이가 있다. 전작이 남북 양측 군대를 동등한 분량으로 다뤘다면, 이 영화는 남군의 토마스 잭슨을 주인공으로 남부 관점에서 극이 전개된다는 것.

영화 속 스톤 윌(좌)과 로버트 리(우)

그래서일까? 전쟁 발발 원인을 북부 탓으로 돌리고 미국 역사상 가장 존경받는 대통령인 링컨도 이 영화에선 탐탁치 않는 인물로 묘사된다. 피할 수 있는 전쟁을 발발하게 하고, 그로 인해 수십만 명이 희생된 책임을 벗어날 수 없다는 것이다. 링컨의 노예해방 선언도 지지를 받지 못한다. 영화 속 남부 흑인들은 노예 소유주의 인간적인 대우에 신뢰와 충성을 다하고, 북부에선 이 선언 이후 탈영병이 속출한다.

이 영화는 남북전쟁을 소재로 한 이느 작품보다 수준 높은 대사로 진행된다. 스크린에 등장하는 남부인과 북부인, 장교와 병사, 주인과 노예 등 모든 인물이 고매한 인격과 이성을 지니고 논리적으로 토론한다. 영화에는 악당이나 폭력적인 성향의 인물이 단 한 명도 없다. 장군과 장교들은 전투에서의 용맹함과는 별도로, 각기 모여 남북전쟁 원인과 문제점에 대해 열띤 토론을 벌인다. 마치 세미나실 속 역사논쟁을 보는 착각을 일으키게 하는 〈신의 영웅들〉.

이러한 배경에는 4시간이라는 긴 상영시간이 한몫한다. 전작 〈게티스버그〉4시간까지 합하면 무려 8시간 중 상당 부분을 진지한 토크로 일관해서, 감독 멕스웰의 작품 성향이 어떤지를 짐작할 수 있다. 격렬한 전투신이나 긴장감 넘치는 극 전개를 원한다면, 이 영화를 피하는 게 나을 듯.

CG 촬영을 좋아하지 않거나 역사학과 행정학에 관한 수준 높은 대사로 진행되는 영화를 원하는 이에게 〈신의 영웅들〉은 그야말로 탁월한 선택이 될 것 같다.

영화 VS. 영화 〈콜드 마운틴〉(Cold Mountain, 2003)

똑같이 남북전쟁 당시 남군을 주인공으로 한 〈신의 영웅들〉과 〈콜드 마운틴〉. 극의 전반적 분위기는 사뭇 대조적이다. 〈신의 영웅들〉에는 악인이 한 명도 없는 반면, 이 영화는 추악한 인간들로 넘쳐난다.

남군과 북군을 선악 구도로 구분하지 않는 것도 이 영화의 특색이다. 아녀자를 겁탈하려는 북군이 있는가 하면, 갓난아기가 추위로 병날까 봐 안절부절못하는 북군도 있다. 이러한 상황은 남부도 마찬가지다. 주인공 인만^{주드 로}을 비롯한 순정파 기질의 남군들이 있는가 하면, 민병대로 대변되는 악의 무리가 등장한다.

특히 남북전쟁을 소재로 한 여타 작품과 이 영화의 가장 큰 차이점이 민병대^{의용군}를 악의 축으로 설정했다는 것. 탈영병을 색출하고 체포하는 임무를 지닌 남부 민병대가 영화에서 묘사한 대로 횡포를 부렸는지를 알 순 없다. 그러나 전시^{戰時}, 그것도 전세가 불리해지는 상황에서 탈영병에게 엄격한 군율을 적용하는 건 당연하다.

이러한 점에서 연인 에이다^{니콜 키드먼}가 사는 게 힘들어 인만에게 돌아와 달라고 편지를 보내는 건 극히 이기주의적인 행동이다. 탈영해서라도 와달라는 말인데, 전시 중 탈영은 총살형에 처해질 수 있는 중죄다. 그러나 영화에는 인만이 얼마나 위험한 상황에 처했는지보단 목숨을 건 남녀 간의 사랑으로 분위기를 몰아가고 있다.

부정적으로 묘사된 민병대원들

한편 영화 초반에 흥미로운 장면이 나온다. 흑인과 인디언이 각기 북군과 남군 병사로 백병전을 벌이다가 상대를 보고 깜짝 놀란 것. 더욱이 인디언은 흑인과 혈투를 벌이고 다음 전투에는 특공대로 나서기도 한다. 그런데 그 원주민이 어째서 참전했는지 아무런 설명이 없다. 북부인, 남부인, 흑인이 연방제나 노예제 여부를 둘러싸고 전쟁에 나섰다면, 인디언이 목숨을 걸고 전선에 나갈 이유가 무엇일까?

만일 눈요깃거리로 나왔다면 허무한 기분이 들 것 같다. 판타지영화가 아닌 이상, 일정 수준의 개연성은 있어야 극적 긴장감이나 흥미를 유지할 수 있어서다.

니콜 키드만, 주드 로, 르네 젤위거, 나탈리 포트만, 필립 세이모어 호프만, 도널드 서덜랜드 등 호화 배역진의 〈콜드 마운틴〉. 그러나 이 영화를 보면 5% 부족한 느낌이다. 앞서 언급한 극적 개연성이 부족해 남녀 사랑과 전쟁의 상흔이 조화롭게 연결되지 않는다. 더욱이 남북전쟁을 배경으로 한 역사영화임에도 그 시대의 특성이 제대로 드러나지 않는 점도 진한 아쉬움으로 남는다.

02

비밀병기 잠수함

헌리호의 최후 The Hunley, 1999
감독: 존 그레이
출연: 아만드 아산테(딕슨)
도널드 서덜랜드(보러가드)

103

영화 속 역사

비밀병기 잠수함 헌리호를 통해, 남북전쟁 당시 해전을 실감나게 표현한
것이 특색이다.

1864년 사우스캐롤라이나 찰스턴. 북군 전함의 포격으로 도시가 폐허가 되는 상황에
서 개발 중인 헌리호. 해안 봉쇄를 뚫고 전세를 만회할 수 있는 비밀병기 잠수함이다. 시
험 가동 중 사고로 사상자가 발생하지만, 이에 굴하지 않고 첫 번째 작전에 나서게 된다.
공격 목표는 북군 전함 후사토닉호. 작살 촉이 달린 긴 장대에 수뢰를 달아 적함을 침몰
시키는 데 성공한다. 그러나 승리의 기쁨도 잠시. 헌리호에 이상징후가 나타난다.

잠수함 개발 이유

북부의 월등한 해군력에 맞서기 위해서였다. 당시 북부는 우수한 공업기술로 해군력을 강화해 유럽과 교역하려는 남부 해안을 봉쇄하고 육지전투를 측면 지원했다. 1863년 들어서 이 전략은 거의 완벽하게 해안을 봉쇄함으로써 남부에 큰 피해를 입혔다. 따라서 남부가 해안 봉쇄를 뚫기 위해선 북군에게 없는 비밀병기가 필요했고, 그 결실이 잠수함 헌리호였다.

영화에도 나오듯이 1864년 사우스캐롤라이나 찰스턴은 연일 계속되는 북군의 포격으로 성한 건물이 거의 없을 정도로 피폐화되었다. 게다가 해로를 통해 보급을 받던 찰스턴 해안이 북군에게 철저히 봉쇄되어 외부로부터 물자를 받을 수 없었다.

결국 극단적인 상황에 몰린 찰스턴 남군 수뇌부가 선택할 수 있는 유일한 방법은 하루빨리 헌리호를 출항시켜 해안 봉쇄를 뚫어야 했다. 그러나 영화에도 나오듯이 시험 가동 중 사고가 일어나 승무원이 사망하는 사태가 일어났다. _{1863. 8. 29. 1차 사고로 승무원 5명 사망, 1863. 10. 15. 2차 사고로 8명 사망} 영화에는 나오지 않지만, 두 번째 사고 사망자 중에는 이 잠수함을 발명한 '호레스 로슨 헌리'도 포함되었다. 대형사고로 헌리호가 침몰했음에도 재차 인양해서 출항시켰다는 건 그만큼 찰스턴의 상황이 급박했음을 의미한다.

헌리호의 특성

헌리호의 외양은 길이 12m, 높이 1.2m, 너비 1m 정도이며, 1개의 스크루 프로펠러가 장착되어 있다. 최대 13명이 탑승할 수 있고, 실전에는 영화처럼 8명이 승선한다. 운항 속도는 선체를 물 위로 드러냈을 때에 4노트_{시속 7.4km}이고 스파 어뢰로 무장했다. 운항 방식은 완전 수동으로, 승무원들이 핸들을 돌려 프로펠러를 작동시켰다. 잠수와 부상^{浮上}도 수동 방식으로, 잠수할 때는 배수구를 열어 물을 들어오게 하고 떠오를 때는 펌프를 작동해서 물을 밖으로 빼냈다.

침몰한 지 150년 만에 인양된 헌리호

헌리호의 문제점은 좁은 공간으로 인한 산소 부족과 열기로, 승무원들이 힘들어했다. 특히 함체가 가라앉으면 대처할 방법이 전혀 없다. 영화에도 나오듯이 함체가 가라앉으면 엄청난 수압으로 인해 해치를 열 수 없다. 결국 헌리호 승무원은 적과 전투를 벌이는 것과 상관없이 언제라도 목숨을 잃을 위험에 노출되어 있었다.

105

침몰 원인

1864년 2월 17일, 헌리호는 어뢰를 작살 촉에 꽂는 방식으로 적함 후사토닉호를 격침시키는 데 성공했다. 그러나 예상치 않은 일이 벌어졌다. 어찌된 영문인지 물이 새기 시작했으며, 후사토닉과 같은 운명을 맞았다.

그럼 헌리호가 침몰한 원인은?

어뢰의 폭발로 인한 충격이 헌리호에 전달되었을 것이라는 설이 유력하다. 어뢰를 적함에 꽂고 후진해서 안전핀이 빠지고 폭약이 폭발했을 때의 거리가 너무 가까웠고, 헌리호가 깊은 잠수가 아닌 물 표면 바로 밑에서 운항된다는 걸 고려하면 충분히 예상할 수 있다.

적함을 격침시키고 곧이어 침몰함으로써 전설의 잠수함이 된 헌리호.

2000년 8월 찰스턴 항구 근처 술리반 섬에서 이 잠수함이 침몰한 지 150년 만에 인양되었다. 놀라운 건 영화 속 내용과 거의 유사하게, 전문가들이 헌리호의 침몰 원인을 유추하고 있다는 것.

2004년에는 함장 존 딕슨을 비롯한 승무원 8명의 사체를 묻는 최후의 남부연합군 장례식을 거행했는데, 이 역시 엔딩장면과 유사한 분위기다. 그만큼 역사적 고증에 충실하고 가상의 극적 전개도 사실성이 느껴지는 작품이 〈헌리호의 최후〉다.

제작 & 에피소드

이 영화의 특색은 전투장면이다. 남북전쟁을 소재로 한 전투신은 포격전, 총격전, 백병전 중 하나인데, 이 영화 전투신은 참으로 이채롭다. 즉, 잠수함으로 적함에 몰래 접근해 직접 어뢰를 함체에 꽂아 격침시키는 장면은 참으로 기발했다. 그러나 어뢰의 충격 여파로 잠수함이 함께 침몰하는 상황이 벌어지자 황당하다는 느낌이 들었다.

영화에서 낯익은 배우는 주인공 딕슨 역의 아만드 아산테와 보러가드 장군 역의 도널드 서덜랜드 정도다. TV용 영화라서 캐스팅도 화려하지 않고 전투 장면 스케일도 크지 않다.

그러나 영화는 역사적 고증에 충실함으로써, 헌리호 모형이나 전투장면의 디테일에 있어서 상당히 사실적이다. 작살 촉에 어뢰를 꽂은 채 후사토닉호에 돌진하는 장면에선 여느 영화 못지않은 긴박감이 느껴진다. 군더더기 없는 스토리 전개도 극의 재미를 더했다. 영화 중반에 흑백 화면으로 아내가 준 동전 덕분에 딕슨이 목숨을 구하는 회상장면이 나오는데, 극의 흐름을 흐트러지게 한 것 같진 않다. 그 장면 역시 실제 사실을 반영해서다.

극 전개가 철저히 남부의 입장을 대변한 것도 이 영화의 특징.

북군은 찰스턴 시민을 향해 무자비하게 포격을 가하는 침략자에 지나지 않는다. 야외음악회 도중에 북군의 포격으로 목숨을 잃을지 모르는 상황에서 시민들이 꿋꿋하게 자리를 지키면서 남군가를 부르는 장면은 묘한 기분이 들게 한다. 감동적인 장면으로 볼 수도 있지만, 제3자적 관점에서는 한쪽으로 치우쳤다는 기분을 떨칠 수 없다.

그러나 영화는 어차피 만든 이의 관점을 반영하므로 상관할 필요 없다. 이 영화를 통해 감독과 제작자가 어떤 역사적 시각을 지향하는지 알게 됐을 뿐이다. 바로 이런 점이 감독이 역사영화를 만들 때 짜릿한 기분을 들게 하는 게 아닐까.

107

영화 VS. 영화 〈철갑선 매르맥크호〉(Ironclads, 1991)

남북전쟁 당시 실제 전함을 소재로 한 〈헌리호의 최후〉와 〈철갑선 매르맥크호〉. 두 영화 모두 해상 전투장면이 나오고 있지만, 영화적 특성이 아주 대조적이다.

극 전개의 디테일과 배우들의 연기력에서 〈헌리호의 최후〉가 앞섰다면, 이 영화는 전투장면 스케일에서 압도한다. 영화를 진행하는 관점도 다르다. 〈헌리호의 최후〉가 남부의 입장을 대변했다면, 이 영화는 제3자적 관점에서 남부와 북부를 다루고 있다. 영화에는 북부가 침략자, 남부가 피해자라는 선입관이 없다.

영화에서 당혹스러운 건 전반부와 후반부 극적 구성이 너무 차이난다는 것. 전반부는 남녀의 사랑이 나오는데 연기도 어색하고 등장인물의 내면 심리도 설득력이 없다. 그러나 후반부는 다르다. 해상 전투장면이 손에 땀

메리맥호(좌)와 모니터호(우)의 대결

이 날 정도로 긴박하다. 가히 용호상박이라고 할 만한 매리맥^{매로맥크}과 모니터의 대결이 펼쳐져서다.

그럼 매리맥과 모니터는 어떤 함선일까?

매리맥은 헌리호와 마찬가지로 북군의 해안 봉쇄를 뚫기 위해서 남군의 비밀병기로 개발한 함선이다. 목선이 주류를 이루던 당시 최초의 철갑선으로, 배의 표면을 쇄로 도금하고 그 당시 전함들보다 훨씬 중량이 나가는 포탄을 장착했다.

영화에 나온 것처럼, 실제로 매리맥은 무적함선이었다. 북부의 목선 봉쇄 부대를 공격하고 두 척을 격파했다. 이에 북군도 결사항전의 의지로 철갑선 모니터를 건조한다. 결국 두 함선이 맞짱을 뜨는데, 어느 쪽도 가라앉힐 수가 없었다. 그러나 결과적으로 모니터가 매리맥의 공격을 좌절시키고 해안봉쇄를 유지했다는 점에서 북군의 승리로 볼 수 있다.

그리고 두 철갑 전함 간의 전투는 미 해군 역사상 전환점 역할을 했다. 목선의 종말과 함께 이미 시작된 산업혁명 속에서 증기선과 철갑 전함이라는 현대적 해전이 개막됐다는 걸 의미한다.

108

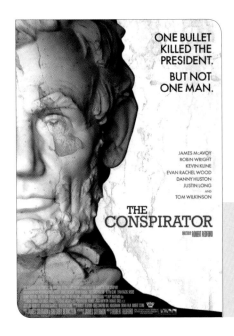

음모자 The Conspirator, 2010
감독: 로버트 레드포드
출연: 제임스 맥어보이(프레데릭 에이컨)
　　　로빈 라이트(매리 서랏)

03

법과 현실 사이

109

영화 속 역사

링컨 대통령 암살사건에 관한 비화를 소재로 한 작품. 전쟁에 패한 남부 소시민이 정치권력에 의해 어떻게 희생되는지를 생생하게 묘사하고 있다.

링컨 대통령을 암살한 부스가 사살되고, 공모 혐의자 8명이 체포된다. 암살 혐의자 중 유일한 여성인 메리 서랏에 대한 변론을 맡게 된 북군 출신 변호사 에이컨. 그녀를 변론 하면서 딜레마에 빠진다. 서랏이 아닌 그녀의 아들이 암살에 가담했던 것. 문제는 그 아들이 행방불명되어 누군가의 희생이 필요했다. 법과 현실 사이에서, 그는 세상에 맞서기로 한다.

법과 현실 사이

링컨 사망 소식으로 북부 전역은 광풍의 도가
니였다. 부스를 추격하여 링컨이 암살된 지 10여
일 만에 버지니아 어느 헛간에 숨어 있던 그를 사
살하였다. 그리고 암살 공모자를 찾아 나섰는데,
평소에 부스와 친하거나 왕래가 잦았다는 이유만
으로 체포된 사람도 있었다.

메리 서랏

주인공 매리 서랏이 바로 이 경우다. 그녀는 부
스와 함께 암살을 공모한 아들 존이 도망간 연유
로 대신 잡혀 왔다. 영화에는 존슨 의원이 정당한 법 집행 절차 없이 암살
혐의로 체포된 그녀를 두고서 '마녀사냥'이라고 표현하고 있다.

실제로 그가 법정에서 그런 주장을 했는지 확인하진 못했으나 공감은 간
다. 뚜렷한 유죄 혐의가 없는 서랏을 포함해 8명의 공모자들이 체포되고,
그중에서 4명이 교수형 당했기 때문이다. 그만큼 대통령을 잃은 데 대한
북부의 복수심이 강렬했으며, 전쟁부장관 스탠튼의 주장대로 누군가가 책
임을 져야 했다. 즉, 정당한 법 절차를 따지기보단, 암살 공모자를 신속히
엄벌에 처해야만 격앙된 분위기를 진정시킬 수 있었다.

이런 상황에서 가장 곤혹스러운 사람이 서랏의 변론을 맡은 에이컨이다.
애초부터 그는 이 변론을 맡기 부담스러워했다. 유죄가 되면 변론을 잘못
한다는 평을, 무죄판결 받으면 북부인으로부터 반역자 취급을 받을 거라는
판단에서다. 하지만 막상 서랏의 변론을 맡게 되자, 그는 그녀의 무죄입증
을 위해 최선을 다했다.

그러나 스탠튼이 재판부에 압력을 가하고, 에이컨이 내세운 증인들도 권
력층의 위협에 증언을 번복하는 지경에 이른다. 심지어 인신보호 영장을

110

받아 그녀의 목숨만큼은 구해 주려 했으나, 이번에는 존슨 대통령의 방해를 받는다. 결국 그녀는 다른 피고들과 함께 형장의 이슬로 사라지고, 그도 이 사건을 계기로 변호사를 그만둔다.

링컨이 존경받는 이유

영화는 링컨의 업적이나 정치 사상은 언급하지 않고, 서럿에 집중한다.

그러나 그의 암살 후, 북부의 반응을 보면 그의 위상이 얼마나 대단했는지 알 수 있다. 단순히 대통령을 잃어서가 아니라 존경하는 인물을 잃은 데 대한 슬픔과 분노가 컸다.

미국인들이 가장 존경하는 대통령으로 꼽히는 링컨. 분명한 건 그의 재임 시에 많은 난관이 있었던 것이 오히려 그의 역량을 발휘할 기회가 되었다.

첫째, 남북전쟁의 발발. 전쟁은 대통령의 위기대처 능력을 시험하는 가장 좋은 평가 수단이다. 실제로 미국에서 가장 존경받는 대통령 3인 모두 집권기에 전쟁이 일어났고 승리했다. 워싱턴은 미국 독립전쟁, 프랭클린 루스벨트는 제2차 세계대전, 링컨은 남북전쟁에서 승리했다

둘째, 미국 정치의 뜨거운 감자였던 '노예제 폐지'다. 〈패트리어트: 늪 속의 여우〉에도 언급했듯이, 미국 독립혁명을 불완전한 혁명으로 본 이유가 유럽에선 이미 폐지된 노예제를 지속했기 때문이다. 그러나 이젠 미국인 스스로 가장 민주적인 국가라고 자부하면서도 노

영화 속 서럿(좌)과 에이컨(우)

111

예제를 유지하는 모순으로부터 벗어날 수 있게 됐다.

셋째, 암살을 당함으로써 남부와의 화합을 위한 순교자가 되었다. 그의 죽음으로 남부인에게 침략자의 인상을 다소나마 지울 수 있었다.

죽음이 가져온 화합

전쟁에 패배한 남부인이 북부를 향해 적대감을 갖는 건 당연하다. 삶의 터전을 잃었고 자유와 권리도 상실했다. 남북전쟁이 일어나기 전, 연방을 탈퇴해 남부연합을 결성한 것도 노예제를 지속해야 남부의 기존 체제가 유지될 수 있다고 판단해서다.

대통령에 당선된 링컨이 현재의 남부 노예제를 유지시키고, 향후 편입될 새로운 영토는 자유주自由州로 한다고 선언한 것도 연방을 탈퇴한 요인으로 작용했다. 남부인의 입장에서 이런 주장은 당장은 노예제를 허용하지만, 나중에는 다수결의 힘으로 폐지할 것이라고 예측한 것이다. 결국 연방을 탈퇴하려는 남부와 이를 막으려는 북부 간에 전쟁이 일어났을 때, 남부인이 가장 증오할 대상은 링컨이다.

링컨은 전쟁에서 힘겹게 승리했으나 남부연합을 다시 연방에 편입시켜야 하는 어려운 문제가 생겼다. 그는 전쟁에 패한 남부를 강하게 밀어붙이면 격한 저항이 일어날 것을 우려해 관대한 정책을 취했다. 그러나 의회 내의 공화당 급진파는 행정부 단독의 이런 조치에 분개했다. 그래서 웨이드-데이비스 법안패배한 11개 남부주에 군정지사 임명, 노예제 폐지, 전직 남부연합 관리의 투표권과 공직 취임권 박탈을 내용으로 함을 의회에서 통과시켰으나, 대통령이 거부권을 행사했다. 즉, 링컨이 암살되기 전, 공화당은 남부 재건을 둘러싸고 심한 내분 양상을 겪고 있었다.

그러나 링컨이 암살되자, 오히려 그가 의도한 대로 재건정책이 실시되었다. 바꿔 말해서 링컨이 죽지 않았으면, 그는 공화당 급진파와 남부 저항 세력에 의해 재임 내내 시달렸을 것이다. 그가 남부에 아무리 관대한 정책을 펼친다 해도, 남부인에게 비쳐지는 그의 모습은 침략자다. 부스가 대통령을 저격하고 외친 대사가 이를 나타낸다. "이것이 폭군의 말로다. 이제야 남부의 한을 풀었다!"

링컨 살해 후, 남부 출신 부통령 앤드루 존슨이 대통령직을 계승했다. 존슨은 링컨의 재건 계획을 충실히 따름으로써, 전쟁의 후유증과 첨예한 지역갈등을 최소화할 수 있었다. 물론 이런 정책과정도 링컨의 탁월한 정치역량과 리더십에서 비롯되었다는 건 부인할 수 없다.

제작 & 에피소드

미국의 역사적 사건을 정확하게 그려 내자는 취지로 설립된 '아메리칸 필름 컴퍼니'의 첫 번째 작품.

연출을 맡은 로버트 레드포드는 명배우이자 역사적 사건을 탁월한 감각으로 풀어 내는 감독겸 제작자다. 전작 〈모터사이클 다이어리〉와 〈로스트 라이언즈〉는 레드포드의 역사관이 잘 묻어나는 작품. 두 전작 모두 권력에 희생된 소외된 민중이 등장한다. 이 영화 역시 유죄 혐의가 없으면서도 권력에 의해 목숨을 잃은 평범한 남부 여성, 서랏이 주인공이다.

영화는 타이틀처럼 '음모자'에 초점이 맞추어져 있다. 우선 존 부스를 중심으로 대통령을 살해하려는 음모를 꾸민 자들이고, 다음으로 유죄 여부와 상관없이 서랏을 사형시키려는 권력층의 음모다. 영화는 도입부에 잠깐 부스를 등장시킬 뿐, 음모자의 대부분은 전쟁의 승리자인 북부 권력층이다.

여기에는 이 재판을 실질적으로 주도하는 전쟁부장관 스탠튼을 필두로

하여 법정에 참석한 군사재판위원들이지만, 영화에 등장하지 않은 또 다른 인물이 있다. 바로 에이컨이 힘들게 마련한 인신보호 영장을 보류시킨 대통령 앤드류 존슨이다. 그 역시 링컨의 암살로 고조된 북부인의 분노를 가라앉히고 남부를 효율적으로 통치하기 위해서 스탠튼 같은 정치적 선택을 했다. 즉, 역사적으로는 남부 재건을 위해 온건한 정책을 펼쳤지만, 영화 속 대통령 존슨의 모습은 음모를 방관 내지 허락한 인물로 비쳐진다.

영화제작에 큰 역할을 한 것이 이 사건과 관련된 실제 재판기록부다. 각본을 맡은 제임스 D. 솔로몬은 당시 재판기록에 나오는 법정 증언이나 대화할 때 썼던 어휘를 그대로 영화에 재연했다. 그리고 감독은 서랏이 실제로 수감된 교도소의 크기와 그녀가 입었던 의상도 조사했다. 당시 모습이 담겨진 사진들도 제작에 큰 도움이 되었다.

촬영은 주로 조지아의 사바나에서 했다. 이러한 배경은 남북전쟁 기간 동안 북군의 셔먼 장군이 애틀랜타를 불태웠지만 사바나는 그대로 둠으로써, 당시 연방제 건축물들이 그대로 보존되었기 때문이다.

영화 VS. 영화 〈링컨〉(Lincoln, 2012)

링컨 대통령을 소재로 한 레드포드의 〈음모자〉와 스필버그의 〈링컨〉.

〈음모자〉가 링컨 암살 혐의자 서랏을 중심으로 극이 전개된다면, 이 영화는 링컨이 자신의 이상理想을 실현하는 과정을 다루고 있다.

극을 이끌어 가는 중심 소재는 「수정헌법 제13조」.

링컨의 노예해방선언1863. 1. 1.으로 대내외적으로 이 전쟁의 성격이 규정되었다. 그러나 노예해방이 연방을 탈퇴한 지역의 노예주에 초점을 둠으로써, 연방에 잔류한 노예주는 해방의 대상이 아니다. 그래서 이 선언이 자칫 미국 전체에 적용되지 않는다는 한계가 있을 수 있으며, 링컨도 이 점을 우려하였다. 전쟁이 끝나고 노예해방선언이 효력을 상실할 수 있다고 판단한 것이다.

이러한 배경에는 법원이 위헌 판결할 수도 있고, 의회가 불법을 규정할 수도 있다. 더욱이 전쟁이 끝난 마당에 전시권한을 사용할 수도 없다.

링컨이 전선을 시찰하는 장면

결국 "모든 주에서 노예를 해방한다"는 「수정헌법 제13조」를 전쟁이 끝나기 전에 의회를 통과해야 하는데, 영화는 바로 이런 수정헌법의 입법과정을 흥미진진하게 다루고 있다. 특히 영화의 뜨거운 감자는 남부 민주당으로부터 찬성 20표를 얻어야 한다는 것. 법안이 통과되려면 하원의원 2/3가 찬성표를 던져야 하는데, 여당인 공화당이 전원 찬성표를 던져도 20표가 모자라기 때문이다.

영화에는 링컨의 측근과 선거꾼들이 민주당으로부터 표를 끌어들이기 위해 온갖 방법을 동원한다. 물론 그들을 뒤에서 전격적으로 지원하는 이가 대통령 링컨이다. 영화 속 그의 모습은 사람들에게 알려진 헌법을 준수하는 곧은 인격자가 아닌, 능란한 정치인이다. 거리낌없이 탈법도 저지르고, 선거꾼들을 동원해서 의원들에게 일자리와 보직을 제안하고, 돈으로 매수도 한다. 그리고 이러한 행동의 이면에는 오직 하나, 노예제 폐지가 목적이다.

한편 링컨은 노예제를 반대한 건 맞지만, 엄밀히 따지자면 연방주의자다. 그의 의도가 잘 드러난 주장이 있다. "연방을 유지하기 위해 노예제를

115

폐지해야 한다면, 그렇게 하겠습니다. 연방을 유지하기 위해 노예제를 허용해야 한다면 그렇게 할 겁니다."

더욱이 노예해방선언도 전쟁이 발발한 1861년이 아닌, 전쟁이 한창 격해진 1863년에 나왔다. 그러나 영화에도 나오듯이, 링컨은「수정헌법 제13조」가 통과될 때까지 진정으로 노예제 폐지를 위해 헌신했다.

영화를 이끌어가는 두 연기자는 링컨 역의 다니엘 데이 루이스와 공화당 급진파 스티븐스 역의 토미 리 존스. 현역 배우 중 최고의 연기파인 루이스의 연기는 논할 필요가 없다. 이 영화로 세 번째 아카데미남우주연상을 수상했으니 말이다. 존스도 마찬가지. 다혈질에 직설적인 성격의 정치인 캐릭터와 딱 어울린다.

흥미로운 건 영화에서 스티븐스가 막무가내로 노예제 폐지를 추진한 이유가 궁금했는데, 엔딩 장면에서 답이 나온다. 스포일러라 언급할 수 없다

HISTORY
IN
FILM

Theme 06

서부시대와 인디언 저항

전설은 없다

/

최후의 인디언 전사

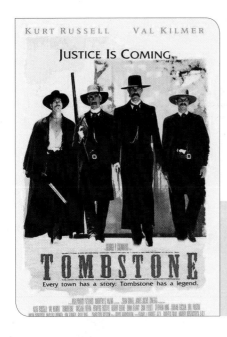

톰스톤 Tombstone, 1993
감독: 조지 P. 코스마토스
출연: 커트 러셀(와이엇 업)
　　　발 킬머(닥 할리데이)
　　　데이나 딜레이니(조세핀 마커스)

영화 속 역사

전설적인 보안관 와이엇 업을 소재로 한 작품. 서부시대의 신화와 실상을 알아보기 위해 이 영화를 선택했다.

은광 개발로 급부상한 톰스톤을 지배하는 무법자 빌. 보안관도 그의 눈치를 보는 상황에서, 와이엇 업이 이주해 온다. 전설적인 보안관으로 유명한 그가 온 목적은 사업으로 큰돈을 버는 것. 공교롭게 친구 할리데이와 유랑극단 여배우 조세핀도 이곳으로 온다. 빌이 보안관을 살해하고도 무죄로 풀려나자, 분노하는 와이엇. 이곳이 무법천지라는 걸 확인하고, 직접 심판하러 나선다.

툼스톤

타이틀 툼스톤은 복잡한 양상을 띤 신흥도시다. 프롤로그에 나오듯이, 은광 개발로 활기를 띤 지역이자, 공화당과 민주당이 첨예하게 대립한 갈등의 장^場이다. 즉, 공화당을 지지하는 사업가와 민주당을 지지하는 농장주 간에 반목이 심했다. 영화 속 'OK 목장의 결투'를 벌인 와이엇 대^對 클랜튼과 맥러리 두 집안도 유사한 상황이다. 와이엇이 공화당 지지자로서 광산업과

OK 목장으로 향하는 닥과 버질,
와이엇, 모건 3형제(왼쪽부터)

119

부동산 사업가라면, 클랜튼과 맥러리는 민주당을 지지하는 목장주다.

와이엇의 전력

일리노이 몬마우스에서 태어난 그는 '우릴라 서틸랜드'와 결혼했으나, 몇 개월만에 신부가 급사한다. 영화에는 이 장면이 빠졌으나, 와이엇을 소재로 한 또 다른 영화 〈와이어트 어프〉¹⁹⁹⁴에선 신부가 장티푸스로 사망하는 걸로 각색했다.

와이엇과 그의 형이 오클라호마 인디언 보호구역에서 말을 훔치다가 체포되었으나, 보석 중에 텍사스로 달아났다. 와이엇은 몇 년 간 버팔로 사냥을 하면서 총 다루는 법을 완벽하게 익히고 거친 성격으로 변한다. 소방목업 경기를 타고 급부상한 캔자스 위치토에 나타난 그는 시 경찰관으로 고용된다.

그는 매티^{본명은 실리어 엔 블레이록}라는 매춘부와 동거하는데, 영화 속 매티와 동일인물이다. 얼마 지나지 않아 그녀와 함께 도쥐시^市로 간다. 일부 역사가는 주장하기를, 그는 위치토에서 매춘부들로부터 많은 돈을 강탈한 혐의로 추방되었다. 그리고 이곳에서 경찰이 된 그는 평생의 친구 '닥 할리데이'를 만난다.

영화에서 와이엇이 최초의 살인을 언급하는 장면이 잠깐 나오는데, 이는 '조지 호이'라는 카우보이다. 사실 총상 자체는 경미했으나 상처가 악화되어 3주 후에 죽었다.

실제 결투 원인

영화에는 무법자 빌이 보안관을 살해하고도 증거불충분으로 소송이 기각되자, 와이엇이 직접 응징하는 걸로 나온다. 그러나 실제는 다르다.

와이엇이 카운티 보안관 자리를 놓고서 민주당 지지자인 현직 보안관 존 버핸과 선거전을 벌였는데, 상황이 불리했다. 클랜튼과 맥러리라는 두 목장 집안으로부터 비호를 받던 일명 '카우보이'로 불리던 건달들이 버핸을 지지했기 때문이다. 그래서 그는 이를 만회하기 위해 버핸이 역마차 강도 사건 용의자 클랜튼 집안사람들을 비호하고 있다고 비난했다. 그런데 오히려 그 범죄에 그가 연루되어 있다고 역공당했으며, 선거에 패했다.

이렇듯 진흙탕싸움으로 감정이 상한 상태에서 또 다른 사건이 벌어진다.

와이엇이 버핸의 정부^{情婦} 조세핀 마커스를 가로챈 것이다. 영화에는 정적의 동거녀가 여배우로 바뀌었다. 이 일로 인해 와이엇과 버핸은 앙숙관계로 치달았으며, 그전의 동거녀 매티는 매춘부로 돌아가서 몇 년 후에 자살했다.

OK 목장 결투 실상

그 유명한 'OK 목장의 결투'[1881. 10. 26]는 공정한 대결이 아니다.

와이엇 업 삼형제와 친구 할리데이, 이 네 명이 아무런 통고도 없이 목장을 찾아가 싸울 준비가 미처 돼 있지 않던 맥러리 집안의 두 명과 빌리 클랜튼을 사살했다.

당시 민주당원들은 저항능력이 없는 무고한 사람들을 쐈다며, 와이엇 형제들과 할리데이를 살인죄로 고발했다. 그러나 와이엇이 공화당원이라서 그랬는지, 공화당 출신 치안판사가 기소를 거부했다. 결국 앙심을 품은 두 목장 집안이 와이엇의 동생 모건을 살해하고 형 버질을 절름발이로 만든다. 이후 상황은 영화에서처럼 와이엇의 철저한 복수극으로 전개된다.

121

와이엇과 할리데이의 민낯

와이엇은 법을 수호하는 보안관이 아니다. 과격하고 무자비한 총잡이에 지나지 않는다. 영화와는 달리, 매 티를 매정하게 버리고 그녀를 죽음으로 몰아넣은 장본인이다.

할리데이가 와이엇의 둘도 없는 친구인 건 맞지만, 정의의 편과는 거리가 멀다. 영화에서처럼 전직 치과의사이자 도박사인 그는 가는 곳곳마다 살인을 저지른다.

와이엇(좌)과 할리데이(우)

잔혹하게 사람을 죽여서 '잔인한 닥'이라는 별명을 지닐 정도로 평판이 나쁘다.

살인자로 명성이 자자해진 와이엇은 아이다호, 알래스카, 네바다 주의 금광 사업에 뛰어들고 말년에는 자신의 일화를 영화화하는 사업에 참여했다. 자신을 영화화한 판권을 적극 나서서 판매할 정도면, 경영 마인드가 뛰어난 총잡이다.

이후 스튜어트 레이크의 『와이엇 업: 서부 보안관』[1931]으로 와이엇은 전설적인 인물로 미화되고 허구적인 이야기도 많이 첨가되었다. 〈툼스톤〉을 비롯해 와이엇을 소재로 한 영화 대부분이 레이크의 작품을 원작으로 했다는 점에서, 레이크야말로 역사를 왜곡한 신화 탄생의 공로자다.

제작 & 에피소드

조지 P. 코스마토스 작품 중 우리나라 관객에게 잘 알려진 건 〈람보 2〉와 〈코브라〉다. 공교롭게 두 영화 모두 실베스타 스탤론이 주연을 맡았고 큰 인기를 끌었다. 그러나 〈툼스톤〉은 두 전작에 비해 흥행과 비평에서 그리 주목받지 못했다. 이러한 배경에는 지금도 마찬가지 현상이지만, 당시 서부극이 관객의 관심을 거의 받지 못해서다.

그럼에도 이 영화는 '와이엇 업'을 소재로 한 여타 작품에 비해 두드러진 점이 있다. 우선 주인공 커트 러셀이 날카로운 눈매와 거친 성격을 지닌 실제 와이엇과 아주 닮았다. 이 영화와 자주 비교되는 〈와이어트 어프〉의 주인공 캐빈 코스트너는 사색적이고 핸섬한 이미지로서 실제 인물과 거리가 있다. 서부영화의 고전으로 불리는 〈황야의 결투〉와 〈OK 목장의 결투〉에서 와이엇 역을 맡은 헨리 폰다와 버트 랭카스터 두 배우 역시 각기 지성미와 젠틀한 이미지다.

OK 목장 결투장면도 사실적이다. 전작들이 와이엇과 할리데이 두 사람의 주도로 악당들을 물리치는 데 비해, 이 영화는 그렇지 않다. 와이엇 삼형제와 할리데이 네 사람이 나선 것도 그렇고, 결투가 아닌 거의 기습에 가까운 장면도 실제 사실과 같다.

영화에는 전작들과는 사뭇 달라진 여성의 위치도 확인할 수 있다. 예전 서부영화 속 여성은 남성에게 사랑받는 수동적인 존재인 데 비해, 〈툼스톤〉의 여주인공 조세핀은 참으로 당당하다. 와이엇에게 먼저 사랑을 고백하는가 하면, 빌 일당에게도 기죽지 않고 할 말 다하는 맹렬 여성이다.

그녀의 성향과 매치되는 장면이 잠깐 등장한다. 영화 중반에 마차에 탄 세 명의 여성이 "성차별적 임금을 철회하라"는 표어를 내걸고 시위하는 장면이다. 자칫 놓칠 수도 있는 아주 짧은 장면인데, 그 시대에도 여성인권운동이 벌어지고 있다는 걸 확인할 수 있다. 극 전개와는 상관없이 당시의 역사적 상황을 디테일하게 묘사하려는 코스마토스 연출력의 본보기다.

123

영화 VS. 영화 〈비겁한 로버트 포드의 제시 제임스 암살〉
(The Assassination of Jesse James by the Coward Robert Ford, 2007)

서부시대 실존인물을 다룬 〈툼스톤〉과 〈비겁한 로버트 포드의 제시 제임스 암살〉. 두 영화 모두 흥행 성적이 신통치 않다. 전자는 서부영화 장르가 대중의 관심에서 멀어졌으며, 후자는 브래드 피트라는 톱스타가 주연을 맡았지만 극장 개봉조차 못했다.

왜 그랬을까? 서부극 장르면서도 액션은 별로 없고 다큐멘터리 심리극 같은 인상이기 때문이다. 그럼에도 이 영화는 보는 이에게 짜릿한 여운을 남겨 준다. 사람들이 선망하는 대상이 얼마나 왜곡될 수 있는지 이토록 공감이 간 영화를 본 적이 없어서다.

제시 제임스(우)와 로버트 포드(좌)

영화는 제시 제임스^{브래드 피트}와 로버트 포드^{케이시 애플렉}, 두 인물을 중심으로 전개된다. 제시가 은행과 열차를 터는 갱으로 미 전역을 떠들썩하게 한 갱이라면, 로버트는 그를 우상시하는 인물. 그런데 로버트가 제시의 갱 일원이 되면서, 극은 묘한 분위기로 흘러간다. 제시처럼 되고 싶어 그에 관한 모든 기록을 훑어 보고 사소한 습관까지 흉내 냈지만, 직접 본 제시의 모습이 너무나 달랐던 것.

특히 로버트를 실망하게 한 건 주위 사람까지 의심하고 견딜 수 없는 모욕을 주는 제시의 섬뜩한 행동이다. 더욱이 갱 일원이 자수를 해 수사망이 좁혀 오자, 혹여 자신을 살해할지 모른다는 두려움마저 갖게 된다. 동경에서 실망 그리고 공포의 대상으로 바뀌는 제시의 모습에서 헤어나는 길은 오직 하나, 그를 살해하는 것뿐.

여기서 묘한 인간 심리가 드러난다. 만일 제시를 죽인다면, 이제껏 전설적인 갱으로 알려진 그의 명성을 자신이 그대로 물려받을 수도 있다는 기대감이다.

제시를 사살하는 로버트. 그러나 예상과는 달리 제시는 죽어서 더욱 인기를 얻은 반면, 자신은 비겁한 인간으로 낙인찍힌다. 보스를 배신했다는 점도 있지만, 무장하지 않은 제시를 등 뒤에서 쐈기 때문이다. 타이틀에 비겁자^{Coward}라는 명칭이 붙여진 것도 이러한 연유.

이후 로버트는 약혼녀에게 제시가 자신을 죽일까 봐 먼저 살해했고 보상금도 욕심났다고 고백한다. 제시를 죽인 죄책감이 드는 등 심경 변화도 일어났지만, 사람들의 인식은 바뀌지 않았다. 심지어 자신이 운영하는 술집

조차 마음 편히 출입하지 못하게 된 로버트. 그 후 제시의 동료에게 암살당하지만, 아무런 동정도 받지 못하는 걸로 영화는 끝을 맺는다.

　그럼 사람들이 제시 제임스에게 열광한 이유는?

　남북전쟁 때 남군으로 참전했던 그는 종전 후에는 은행과 열차를 턴 강도로 유명해졌다. 이런 배경에는 당시 은행과 철도가 대부분 북부 산업자본가의 수중에 있어서, 남부인들이 그의 행위를 범죄가 아닌 북부의 부자들을 골탕 먹인다고 갈채를 보냈다. '서부의 로빈 후드'로 불리기도 했던 제시 제임스. 그러나 그는 영화에 나오듯이 의적도 호방한 총잡이도 아닌, 다혈질에 의심 많은 갱에 지나지 않았다.

　서부시대는 많은 전설을 잉태했다. 전설적인 총잡이, 갱 그리고 보안관. 그러나 실상을 들여다보면 대개 실망스럽다. 낭만으로 가득 찬 서부도 알고 보면 과장과 왜곡으로 점철된 냉혹하고 삭막한 현실세계와 별반 다르지 않다.

125

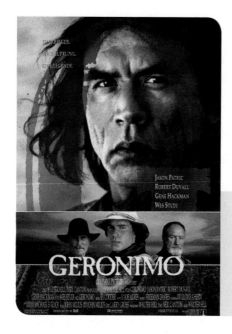

02

최후의 인디언 전사

제로니모
Geronimo: An American Legend, 1993
감독: 월터 힐
출연: 웨스 스투디(제로니모)
맷 데이먼(데이비드 소위/내레이터)
진 핵크만(조지 크룩)

영화 속 역사

아파치 추장 제로니모를 소재로 한 영화. 미국 정부에 최후까지 저항한 그의 모습을 통해, 비극적인 원주민 역사를 알아볼 수 있다.

조지 크룩 장군 휘하 제6기병대에 항복하는 아파치족 추장 제로니모. 하지만 농사도 지을 수 없는 황폐한 땅으로 몰아넣은 데 격분한 그는 인디언들을 이끌고 달아난다. 국경 근처 멕시코 정착민들을 살해하고 이 땅이 언제나 아파치 것이라고 일갈하는 제로니모. 이런 그의 행동이 오히려 인디언들을 불안하게 한다. 보호구역 내에선 목숨을 유지했는데, 이젠 백인과 멕시코인 양쪽과 목숨 걸고 싸워야 하기 때문이다.

이전 추장과 다른 특성

제로니모 이전의 추장 '망가스 콜로라도'는 남북전쟁 중에 항복을 권유한 미군에게 속아 살해되었다. 추장을 계승한 코치스는 자신들이 갖고 있던 토지 일부를 포함한 보호구역을 부여받기로 하고 평화에 동의했는데 쫓겨났다.

그러나 제로니모는 달랐다. 미국 정부에 굴복하지 않고 끈질기게 저항했다. 미국 정부를 상대로 10년 이상 투쟁했다. 흥미로운 건 그의 인디언 명칭이 전사의 이미지와는 대조적으로 '하품하는 사람'을 의미하는 '고야틀레이'. 어쨌든 이 '하품하는 사람'이 격하게 분노하게 된 계기는 약 4천여 명의 아파치족을 애리조나 중동부 사막지대 인디언보호구역으로 강제이주하게 한 것에 대한 반발이었다.

이후 전개되는 상황이 이 영화의 줄거리다.

127

저항의 한계

영화처럼 애리조나 군관구 사령관 조지 크룩에게 제로니모가 스스로 항복해서 평화가 자리 잡은 듯 했다. 그러나 애초 협상안과는 달리 할당된 거주지가 척박하고 비좁아서, 농사를 짓거나 사냥을 할 수 없었다. 그래서 원주민들이 이를 견디기 힘들어했는데, 처우가 개선되기는커녕 가혹하게 다루었다. 결국 제로니모는 다시 남성 30명과 여성 100여 명을 이끌고 보호구역을 탈출한다.

그는 애리조나와 멕시코 산간지역에 본부를 설치하고 백인 전초기지와 멕시코 정착민들을 습격했다. 이에 미국 정부가 군인 5천 명, 인디언정찰부대 5백 명을 동원해 제로니모 추적에 나섰다. 대대적인 작전에 나선 지 5개월 만에 제로니모를 발견했는데, 당시 그를 따르는 무리가 여자와 아이들을 포함해 30명 정도밖에 남아 있지 않았다.

더 이상의 저항이 무의미하다고 판단한 그는 애리조나 스켈리턴 캐니언에서 열린 역사적인 항복회담[1886. 9. 3]에 참석한다. 이로써 인디언과 백인 간의 공식적인 전쟁이 끝남과 동시에 제로니모에 관한 전설도 종지부를 찍었다.

침략보단 운명론

영화는 인디언의 입장을 옹호하고 있으나, 한계가 있다. 제로니모와 기병대 간의 전투장면은 나오지만, 그를 분노하게 한 인디언 학살 관련 내용은 이미지가 아닌 대사로 처리했다. 이런 점에서 '샌드크리크 학살사건'[항복한 사이엔족과 아라파호족 캠프를 기습해 수백 명을 학살한 사건]을 사실적으로 재연한 〈솔저 블루〉[1970]와 대조적이다. 즉, 이 영화는 백인의 잔학성이 적나라하게 드러나기보다는 거대한 미국 정부를 상대로, 제로니모 한 개인이 무력한 투쟁을 하는 것처럼 느껴진다.

제로니모의 대사에서 "어째서 신이 백인에게 인디언의 땅을 주는 건가?"라고 의문을 제기하는 것도 침략 행위가 아닌 운명론으로 간주하는 것 같다. 그리고 영화 속 백인의 입장은 인디언의 처지는 이해하지만 어쩔 수 없다는 식으로 변명하거나 마지못해 반성을 하는 정도에 그친다.

제로니모(중앙)가 항복하는 장면

예를 들어, 영화 속 직업군인 시버는 자신이 아파치였어도 제로니모처럼 싸웠을 거라면서 원주민 입장을 두둔하지만, 한편으로 "인디언이 여태껏 만났던 최상의 친구가 미군"이라고 주장한다. 이 대사는 참으로 황당하다. 인디언 영토를 모두 빼앗고 대량학살한 이가 미군인데, 이런 궤변을 늘어놓다니 말이다. 게다가 그는 예전에 아파치 머리가죽을 가져오면 보상해 주는 야만적인 지역법을 수행한 인물이다.

인디언을 향한 백인의 이런 모순된 행동은 〈늑대와 춤을〉^{1990}에도 나온다. 마지막 장면에서 주인공 존 던버$^{케빈 코스트너}$가 수족 전사로부터 자신을 친구로 생각하느냐는 질문에 아무런 답변을 못하는 대목이다. 즉, 던버가 아무리 인디언을 도와준다고 하더라도 그 역시 영토 팽창에 나서는 백인 사회의 일원으로부터 벗어날 수 없다.

129

말년의 제로니모

에필로그에는 미국 정부가 약속과 달리, 그를 집으로 보내 주지 않았다고 했다. 그러나 고향으로 돌아가지 못한 건 맞지만, 가족과 재회하고 오클라호마에서 함께 살았다. 또한 영화는 최후의 인디언 전사 이미지를 강조하면서 끝났으나, 노년의 그의 삶은 아주 달랐다.

토지를 구입해 농사를 짓고 네덜란드계 개혁교회에 나갔으며, 시어도어 루스벨트 대통령 취임식 퍼레이드에 참석했다. 자서전 『제로니모: 자신의 이야기』^{1907}를 쓸 정도로 만년에 명사로 이름을 날렸던 제로니모.

제로니모

그만큼 백인 사회에 적응을 잘했다는 의미인데, 그리 좋아보이진 않는다.

가장 늦게까지 백인에 저항한 인디언 전사라는 역사적 이미지가 퇴색된 것도 있지만, 대다수 인디언들이 백인 문명에 동화하지 못해 고통받았다는 점을 염두해서다.

미국 정부는 인디언이 단합된 행동을 하지 못하도록, 그들의 문화와 생활방식을 파괴하려 했다. 한 예가 도스법^{Dawes Act,1887}인데, 인디언보호구역 토지를 공동으로 소유하는 관행을 폐지하는 내용이다. 인디언들을 공동체에서 벗어나 백인 자영농처럼 살게 하고, 인디언 담당국이 인디언 아이들을 부모와 떨어져 백인이 운영하는 기숙학교에 보냈다. 어릴 때부터 원주민 전통 생활방식을 차단한 것이다.

그러나 이런 백인문화 동화정책은 실패했다. 오랜 기간 지속해 온 부족 생활을 짧은 시간 내에 서구 개인주의로 전환하는 게 그리 간단치 않았으며, 정책 집행과정이 서투르고 부패했기 때문이다.

제작 & 에피소드

미국사를 전공한 월터 힐 감독이 만든 서부영화 중 가장 인상적인 두 작품을 꼽으라면, 〈롱 라이더스〉와 〈제로니모〉다.

전자가 남북전쟁 종전 후에 야기되는 지역 갈등을 다루었다면, 후자는 미국의 영토 팽창정책에 맞선 인디언의 저항을 그리고 있다. 두 작품 모두 사실적인 폭력장면이 나오는데, 느낌이 다르다. 〈롱 라이더스〉는 언제 그런 장면이 나올까 긴장감이 도는 반면, 이 영화는 폭력의 결과로 인한 슬픔이 더 크다.

제로니모 역을 맡은 웨스 스투디는 끈질기게 저항하고 사람들을 잔혹하게 살해하면서도, 모든 현상을 달관하고 미래를 예측하는 사색적인 인물로 나타내고 있다. 비무장한 정착민들을 살해할 때, 그의 표정에 분노보단 착잡함과 안타까운 감정이 서려 있어서다.

이런 인물 캐릭터는 개연성이 떨어진다. 전작 〈라스트 모히칸〉의 휴런족 출신 마구아 역과 비교해 보면 더욱 그렇다. 두 영화 모두 일가족을 잃은 데 대한 복수로 살인을 저지르는데, 가공인물 마구아가 실존인물 제로니모보다 훨씬 냉혹하고 잔인한 캐릭터다. 하지만 오히려 마구아가 제로니모보다 더욱 생생한 인물처럼 다가온다.

그 이유는? 극적 개연성이다. 가족을 잃고서도 이성을 유지할 수 있으면, 오히려 그게 더 이상하지 않을까. 이런 아쉬움에도 스투디의 인디언 연기는 그의 필모그래피에서 주요한 부분을 차지한다. 체로키족 출신인 그는 1990년대 이후 제작된 인디언 관련 유명 영화에 모두 출연했다고 해도 과언이 아니다.

예를 들어, 〈늑대와 춤을〉의 포니어족, 〈라스트 모히칸〉의 마구아, 〈뉴월드〉의 오펜칸카누, TV용 영화 〈내 심장을 운디드 니에 묻어다오〉의 워보카 역을 들 수 있다. 심지어 미래세계를 그린 〈아바타〉에 나오는 나비족이 인디언을 연상케 하는 이미지인데, 이 작품에도 추장 에이투칸 역을 맡아 목소리 연기를 했다.

영화 VS. 영화 〈히달고〉(Hidalgo, 2004)

똑같이 실존인물 인디언을 소재로 한 〈제로니모〉와 〈히달고〉. 전자가 인디언의 저항에 초점을 맞추었다면, 이 영화는 인디언의 백인사회 성공담을 다루고 있다.

주인공 프랭크 홉킨스는 라코타족 어머니와 유럽계 아버지 사이에서 태어난 혼혈아다. 영화 속 이미지와 실제 사진을 보면, 영락없는 백인이다. 그래서 체로키족 출신 '웨스 스투디'가 제로니모 역을 연기한 것과 '비고 모텐슨'이 홉킨스 역을 연기한 건 큰 차이가 있다.

모텐슨이 〈반지의 제왕〉 시리즈에서 카리스마 넘치는 아라곤 역을 연기한 배우라는 걸 상기한다면, 홉킨스가 얼마나 멋진 인물로 나오는지 짐작이 갈 것이다. 〈제로니모〉 무대가 인디언의 비극적인 역사를 담은 미국 서부라면, 이 영화는 극의 초반과 엔딩 부분만 서부가 나올 뿐 주요 무대가 미국이 아닌 아라비아 사막이다.

홉킨스가 애마 히달고를 타고 아라비아 사막으로 간 이유는?

장장 4,800km에 날하는 목숨을 건 경주에 출전하기 위해서다. 서부에서 장거리경마로 명성이 자자했던 그가 미국인으로는 최초로 1890년 무렵 아랍 최고의 권위를 자랑하는 장거리경주 '불의 대양'에 출전할 기회를 얻은 것.

이후 내용은 아랍 출신 기수들이 그의 우승을 저지하기 위해 온갖 음모를 꾸미지만 이를 극복하고 극적인 승리를 쟁취한다. 상금으로 받은 돈으로 예전 자신이 살았던 드넓은 초원지대를 매입해 금의환향한다. 결국 영화는 주인공이 원주민과 백인의 혼혈이라는 정체성 혼란을 담고 있지만, 개인의 성공에 초점을 맞추었다.

그런데 프랭크 홉킨스의 영화 속 활약을 두고 논쟁이 많았다. 미국 출신 기수 중 장거리경주 종목 최고라고 격찬하는가 하

프랭크 홉킨스(좌)와 그를 연기한 비고 모르텐슨(우)

면, 허풍과 거짓말로 가득 찬 사기꾼이라고 비난한 것이다.

그럼 홉킨스를 부정적으로 평가한 이유는? 단적으로 그의 이야기가 믿기 어렵고, 그의 주장을 입증할 자료도 없다. 그는 400번 이상의 경마대회 우승과 한때 버팔로 빌 ^{와일드웨스트쇼를 창단해 국제적인 명성을 얻은 윌리엄 코디의 별명}의 '와일드웨스트쇼' 기수로 활동했다고 밝혔으나, 이를 입증할 근거가 없다. 특히 세계적으로 유명한 버팔로 빌의 쇼와 관련된 어느 문서에도 그가 기수로 참여했다는 기록이 없다는 건 홉킨스가 거짓말했다는 증거가 된다.

영화 속 '불의 대양' 경주도 홉킨스가 우승했다는 증거가 없다. 그래서 어느 역사가는 이 영화를 제작한 디즈니사에게 비난하는 편지를 보냈다. 무려 8천만 달러를 들여서 홉킨스의 거짓말을 진실처럼 호도했다는 것인데, 이에 대해 디즈니사는 아무런 답장을 하지 않았다.

133

Theme 07

산업주의 시대와
제1차 세계대전

상처뿐인 성공

/

미국인 최초 전투비행단

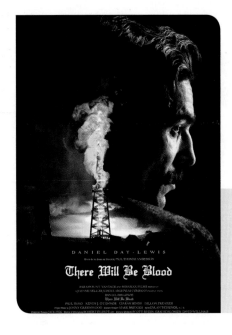

01

상처뿐인 성공

데어 윌 비 블러드
There will be Blood, 2007

감독: 폴 토마스 앤더슨
출연: 다니엘 데이 루이스(다니엘 플레인뷰)
　　　폴 다노(폴 선데이/엘리 선데이)

영화 속 역사

　　1900년대 초 미국의 석유사업을 배경으로 한 작품. 당시 록펠러가 어떤 방식으로 석유사업을 독점했는지 알 수 있다는 점이 영화의 특색이다.

　　뉴멕시코에서 금을 캐다가 1902년부터 석유 시추사업으로 전환한 다니엘. 죽은 동료를 대신해 그의 아기를 아들처럼 키운다. 아버지 소유의 토지를 사라고 제의하는 폴. 그 지역에 석유가 나온다는 정보를 알려 주고 대가를 요구한 것이다. 다니엘이 토지 매입에 나서지만, 폴의 쌍둥이 형제이자 사이비 교주 엘리가 걸림돌이다. 그도 석유가 나온다는 걸 알고 땅 팔기를 반대하고 나섰다.

시대배경

영화에선 주인공이 1902년에 이 사업에 뛰어 드는 걸로 나오지만, 실제로 석유산업이 각광을 받게 된 건 1859년 에드윈 드레이크가 펜실베이니아 타이터스빌에서 미국 최초의 유정油井을 판 것이 계기가 되었다. 이후 수많은 회사들이 치열한 경쟁을 벌였는데, 그때 등장한 사람이 '존 D. 록펠러'다. 석유왕으로 불린 그는 자신이 설립한 스탠다드석유회사를 통해 1878년 당시 미국 정유 물량의 90% 이상을 차지했다.

록펠러 경영방식

록펠러는 어떻게 석유사업을 독점했을까? 우선 단 10센트라도 경쟁사보다 싸게 판매하였다. 이 방식으로 상대적 우위를 점한 후에는 원유 적재에 필요한 유조 차량과 컨테이너를 독점했다. 철도회사에게 제안한 '리베이트'도 경쟁사를 따돌리는 좋은 수단이었다. 리베이트는 운송 대금 일부를 돌려받는 불법 행위지만, 안정적인 운송 물량이 절실한 철도회사는 그의 요구를 거절할 수 없었다. 결국 대량 물량으로 할인받고 리베이트까지 추가되는 상황에서, 경쟁 업체가 버틸 수 없었다.

특히 스탠다드사가 결성한 '석유트러스트'를 통해 확고한 독점체제를 구축하려 했다. 동종업

스탠다드사가 경쟁사를 잠식하는 모습을 풍자하는 만화

137

체 간의 지나친 경쟁으로 인한 손해를 막기 위한 이 방법은 스탠다드사를 중심으로 석유 제품 가격과 공급량을 통제한 것이다.

만일 이러한 대자본과 물량공세에도 불구하고 맞서려는 경쟁업체가 있다면, 또 다른 방법이 동원되었다. 석유 운송을 못하게 하는 것이다. 그러기 위해선 경쟁업체가 철도를 이용할 때에 스탠다드사보다 비싼 요금이 적용되도록 했다. 그리고 경쟁업체가 철도운송이 아닌 송유관을 사용한다면, 주변 토지를 매입하였다.

예를 들어 타이드워터사가 무려 176km에 달하는 송유관을 건설¹⁸⁷⁹해 록펠러의 운송수단 독점을 피하려 했지만 실패로 끝났다. 송유관이 지나는 토지를 사들여 공사를 방해하고 타이드워터사의 경영진을 매수해서, 결국 회사를 매각하게 했다.

138

압박과 버티기

영화에는 록펠러 측이 회사를 매각하라고 주인공을 압박한다. 석유시추에 성공한 다니엘이 스탠다드사 간부에게 철도운송 요금이 인상된다는 얘기를 하는 장면이 있다. 스탠다드사가 철도회사에게 모종의 압력을 넣은 데 대한 반발이다. 석유는 운송비용 절감이 사업의 성패를 결정하므로, 철도와 밀접한 관계가 있다. 영화에서 스탠다드사 간부가 다니엘에게 "석유를 운송할 철도를 어디에 놓을 겁니까?"라는 질문도 운송비용 문제를 지적한 것이다.

스탠다드사 간부가 송유관 얘기를 꺼낸 것도 회사를 매각하라는 협박이다. 그러나 다니엘은 송유관을 설치할 토지를 매입하고, 유니언오일사와 함께 송유관을 설치하여 스탠다드사의 야욕을 꺾어 버린다.

록펠러에 대한 평가

록펠러에 대한 평가는 주인공과 일반인으로 구분된다. 주인공 다니엘은 석유왕 록펠러에게 적개심이 있으며, 그 배경에는 사업가 치관이 다르기 때문이다. 그는 '맨땅에 헤딩'으로 직접 몸으로 부딪히면서 역경을 헤쳐 나가는 석유시추업자다. 예전에 금을 캐다가 한쪽 다리를 다치고, 이제는 차가운 땅속으로 들어가 기름범벅이 된 채 석유를 뽑아 올렸다.

다니엘이 유정(油井) 속에서 작업하는 장면

139

그래서 그는 자신처럼 힘들게 석유탐사를 하지 않고, 밀실에서 리베이트와 트러스트를 주도해 중소 석유업자를 위협하는 록펠러를 경멸한다. 영화에서 다니엘에게 회사를 팔라며 압력을 넣던 스탠다드사 간부를 록펠러와 동일시해도 무방하다.

이와는 달리, 다니엘은 심성이 좋다고 볼 순 없으나 사기꾼이나 전형적인 악인은 아니다. 비록 두 명의 사기꾼을 살해했지만, 그는 죽은 동료의 아들을 친자식처럼 키우는 끈끈한 부성애도 있고 지역사회를 위해 수익의 일부를 내놓기도 했다.

그럼 일반인의 평가는? 주인공보다 나쁘게 본 것 같다. 이러한 배경에는 추문 폭로 작가 muckraker 아이다 타벨이 록펠러가 석유를 독점하게 된 과정을 일간지에 연재한 것이 결정적 계기가 되었다. 사람들은 록펠러의 경영방식을 비난했으며, 당시 일간지 시사만화에는 그를 미국인의 피를 빨아먹는

흡혈귀로 묘사할 정도였다.

이와 때를 맞추어 정부도 스탠다드사를 압박하였다. 당시 시어도어 루스 벨트 대통령은 '트러스트 파괴자'라는 별명이 붙을 정도로 기업합병이나 독 점과 같은 부당행위를 강력히 규제하였다. 결국 스탠다드사도 대법원 판결 에 의해 기업이 해체[1911]되는 운명을 맞았다.

제작 & 에피소드

업튼 싱클레어의 소설 『Oil』(1927)을 영상으로 재연한 영화.

가장 독특한 장면은 시작한 지 17분 동안 아무런 대사가 없다는 것. 금광과 유정油井에서 곡괭이질, 신음소리, 폭약 터지는 굉음만 나올 뿐, 사람의 말 은 들리지 않는다. 그러나 이 장면은 다양한 의미를 담고 있다. 인간의 삶 이 얼마나 치열하고 고독한지가 느껴지는가 하면, 금을 캐고 석유를 탐사 한다는 게 얼마나 중노동인지 실감난다. 그리고 다니엘이 어째서 록펠러에 게 적대감을 갖는지를 설명한다.

다니엘과 엘리의 대결구도도 이 영화의 매력 중 하나이다. 또한 두 인물 이 각기 다른 방식으로 '돈'을 추구하는 점도 흥미롭다. 다니엘은 석유시추 를 통해 수익을 얻으려 하는 반면, 엘리는 종교를 내세워 기부금이나 십일 조를 얻어 부자가 되려 한다. 엘리가 비굴한 표정으로 석유가 매장된 자기 땅을 사라고 할 때, 다니엘이 굵은 목소리로 "Drain!"그 석유 모두 빼냈어이라고 외 치는 대목에선 통쾌한 기분마저 들었다. 그러나 곧이어 엘리를 살해하고 "I am finished."다 끝났다라고 읊조리는 대목에선 소름이 돋았다.

다니엘이 엘리를 마음껏 조롱하는 걸로 끝날 줄 알았던 예상이 전혀 빗 나가는 장면이자, 어째서 타이틀이 'There will be blood'피를 부르리라.인지를

140

확인하는 대목이다.

주목할 만한 연기는 이 영화로 아카데미 남우주연상을 수상한 '다니엘 데이 루이스'보다 폴과 엘리라는 1인 2역을 열연한 '폴 다노'다. 대개 루이스가 나오는 영화는 그의 출중한 연기력으로 상대 역이 묻혀 버리곤 하는데, 이 영화는 결코 그렇지 않았다.

엘리의 캐릭터가 주인공 다니엘 못지않게 빛을 발한 것이다. 아마도 다니엘 데이 루이스가 오스카상을 수상하는 데 가장 일조한 이를 꼽으라면 폴 다노를 언급해야 할 것 같다. 마치 〈올드보이〉로 칸영화제에서 최민식이 남우주연상을 수상하는 데 일조한 유지태처럼.

영화 VS. 영화 〈모던 타임즈〉(Modern Times, 1936)

1900년대 초 미국 산업사회를 소재로 한 〈데어 윌비 블러드〉와 〈모던 타임즈〉. 전자가 잘 나가는 사업가 다니엘이 주인공이라면, 후자는 밑바닥 노동자 찰리의 생활을 다루고 있다. 두 사람을 보면 빈부격차가 확연히 느껴지지만, 공통점도 있다. 두 사람 모두 대기업가로부터 피해를 받았다는 것.

다니엘은 석유재벌 록펠러로부터 회사를 매각하라는 압박을 받았고, 찰리도 철강회사 사장으로부터 기계 부품 취급을 당했다. 오죽하면 컨베이어벨트에서 오랫동안 너트를 조이는 일만 해서 모든 게 너트로 보일 정도다.

이 영화에서 산업사회의 가장 부정적인 면을 상징적으로 드러낸 게 컨베이어벨트, 즉 일관작업이다. 한편, 일관작업은 산업사회의 가장 중요한 특징인 대량 생산방식으로, 특히 초창기 자동차 생산에서 큰 효과를 보았다. 예를 들어, 포드자동차는 컨베이어 벨트를 이용한 조립라인으로 단 2분 만에 자동차 1대를 생산했다.

기계부품으로 전락한 노동자를 상징적으로 표현한 장면

영화는 급속한 산업화에 따른 부작용을 채플린 특유의 풍자로 표현하는데, 어떤 비판적인 글보다 강한 메시지를 전달한다. 찰리가 거대한 컨베이어 톱니바퀴에 물려 들어가는 장면과 자동급식 기계를 시연하는 장면 등이 여기에 해당한다. 특히 사장이 노동자 작업 현황을 대형 모니터 화면으로 감시하는 장면은 이 영화가 제작된 1930년대에는 상상도 할 수 없는 것이다. 몇 십 년이 지난 정보화사회에서야 적용되는 이런 시스템을 스크린에 담은 채플린의 예지력에 경탄할 따름이다.

142

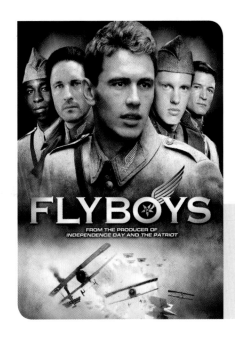

라파예트 Flyboys, 2006
감독: 토니 빌
출연: 제임스 프랭코(블레인 롤링스)
　　　제니퍼 덱커(루시앙)
　　　압델 셀리스(유진 스키너)

143

영화 속 역사

제1차 세계대전 당시 실존했던 전투비행단을 소재로 한 작품. 생생한 전투장면이 이 영화의 장점이다.

"독일군은 꺾일 기세가 안 보이며, 미국이 지켜만 보다간 프랑스도 함락될 겁니다."라는 내레이션. 롤링스를 비롯한 미국 청년들이 연합군에 지원한다. 인종과 출신이 다른 그들, 참전을 결정한 이유도 제각각이다. 부모의 강요로 지원했는가 하면, 스키너처럼 인종차별을 극복하러 온 경우도 있다. 그들의 목적지는 프랑스 라파예트 전투비행단. 첫 출격 직전 망치와 권총을 받는 롤링스. 망치는 기관총이 발사되지 않을 때 수리용으로 사용하고, 권총은 자살용이다.

'라파예트' 의미

영화의 소재 '라파예트 비행단' 명칭은 어떻게 나왔을까?

라파예트는 미국 독립전쟁에 참전해 프랑스인과 미국인 모두에게 존경을 받은 프랑스 장군의 이름^{marquis de Lafayette}이다. 이젠 미국인이 프랑스에 참전해서 독일의 침공을 막으려 한다는 점에서, 비행단 명칭이 잘 어울린다.

전투기 역할

라파예트 비행단의 활약이 컸지만, 전투기가 전쟁의 승패를 가를 정도의 역할을 하진 않았다. 전쟁 초기만 하더라도 비행기는 겨우 정찰용으로 사용되었으며, 영화에서처럼 비행기에 기관총을 장착하게 된 건 한참 지나서

144

였다. 그리고 영화에도 나오듯이 교전 중에 기관총이 작동하지 않아 싸우다 말고 망치로 기관총을 수리해야 하는 웃지 못할 상황도 벌어졌다. 영화에는 나오지 않았지만, 제1차 세계대전 때에는 비행기를 타고 손으로 폭탄을 던지기도 했다.

주인공 롤링스(중앙)를 비롯한 라파예트 비행단원들

따라서 비행기가 기술적으로 초보적인 수준에서, 적국에게 큰 타격을 줄 정도의 작전을 구사할 수 없었다. 단지 하늘에서 폭탄과 기관총 세례를 퍼붓는다는 심리적 효과가 실제적인 타격보다 큰 장점을 발휘했다.

주인공 롤링스를 비롯해 영화에 나오는 주요 조종사들은 프랭크 루크, 라울 루프베리, 유진 블라드 등의 실존인물을 각색한 것이다.

인종차별

"흑인 스키너가 라파예트 비행단에서 활약하고 미군에 들어가선 전투비행에서 제외되자, 미국 최초 항공우편 조종사로 전향했다."라는 에필로그. 이 자막을 통해서, 미국이 노예해방된 지 50여 년이 지났지만 여전히 인종차별이 심각하다는 게 드러난다.

당시 남부 정치가들이 흑인 징병을 반대하자, 흑인지도자 W. E. B. 듀보이스와 흑인지위향상협회^{NAACP}는 흑인도 제1차 세계대전에 참전할 기회를 주어야 한다고 강조했다. 많은 인력이 필요했던 군대는 흑인도 받아들였지만, 인종차별이 사라진 건 아니었다. 군대 내에서 백인과 흑인 시설을 분리하고, 흑인이 장교가 되는 길을 막았다.

간접 참전

영화 도입부에 "미국이 이 전쟁을 지켜만 보고 있다."라는 내레이션은 군인 파병이나 무기 조달과 같은 적극적인 전쟁 개입만 하지 않았을 뿐이라고 수정되어야 할 것 같다. 그 이유는?

미국은 이 전쟁에 처음부터 공정한 중립을 지키기 어려웠다. 윌슨 대통령이 주장했듯이, 독일계, 아일랜드계^{식민지배로 인한 반영 감정}, 스웨덴계^{반러 감정} 미국인은 독일 편에 서고 영국계와 프랑스계 미국인은 연합국을 지지했다. 그러나 이보다 중요한 문제는 교전 국가 간의 이해관계가 달랐다. 즉, 독일에 대한 수출액은 전쟁이 발발한 후에 예전의 1/10로 감소한 반면, 영국과

145

프랑스는 3배 이상 증가했다. 이러한 상황에서 독일이 '미국을 중립이 아닌 연합국 군수창 역할'을 한다고 비난하는 건 당연하다.

참전 이유

영화에는 미국이 참전했다는 말만 나올 뿐, 그 이상의 언급은 없다.

그럼 미국이 제1차 세계대전이 발발한 지 3년이 지나서야 참전한 이유는?

당시 윌슨 대통령은 참전하고 싶었지만, 명분이 없었다. 여기에는 미국 내 반전세력도 무시할 수 없고, 그들의 반대를 무릅쓰고 국민을 결집시키기가 만만치 않았다. 그렇다고 참전할 때를 마냥 기다릴 수도 없었다. 만일 독일이 승리하면, 이제껏 연합국과의 통상무역으로 큰 이익을 보던 미국이 타격을 입을 수 있다. 영화에서 "미국이 지켜보기만 하면 프랑스도 함락될 것"이라는 말도 미국의 경제적 손실을 의미한다.

그런데 미국이 참전을 결정할 두 사건이 일어났다. 잠수함 작전과 치머만 각서다. 잠수함 작전은 독일로서는 어쩔 수 없는 선택이었다. 연합국으로 향하는 해상 물자를 차단하기 위해서는 잠수함 공격 외에는 다른 방도가 없다. 그러나 영국 여객선 루시타니아호가 격침되면서 상황이 달라졌다. 이 사건으로 1,198명의 승객이 사망했는데, 미국인 128명이 포함되었다. 이를 계기로 미국인은 잠수함 작전에 분노하고 독일과의 충돌이 불가피할 것으로 예상했다.

라파예트 비행단원들. 중앙의 성조기가 인상적이다.

치머만 각서는 독일 외무장관 '아르투르 치머만'이 멕시코 주재 독일 공사에게 보낸 전문인데, 영국이 가로채 미국 정부에 전달했다. 각서 내용은 멕시코 정부가 미국에 대항해 독일과 군사동맹을 맺으면, 독일이 1848년에 미국에 빼앗긴 멕시코의 영토를 회복하는 데 도움준다는 것이었다. 이에 독일과 전쟁을 선포하라는 여론이 전국을 휩쓸고, 윌슨 대통령도 전쟁선포를 하게 된다.

미국이 참전하면서 전세는 급격하게 연합국으로 기울었다. 미국 함대가 U-보트를 공격하고 상선들을 호위하면서 독일 잠수함으로 인한 선박 피해가 한결 줄어들었다. 게다가 미국이 보낸 엄청난 물자가 소모전으로 지쳐 있던 연합국 측에 큰 활력을 준 반면, 독일에겐 더 이상 버틸 수 없게 했다.

147

제작 & 에피소드

할리우드에서 제작한 전쟁영화 중 미국이 개입한 제1차 세계대전을 소재로 한 작품은 그리 눈에 띄지 않는다. 그도 그럴 것이 미국이 이 전쟁에 참전했을 때가 종전 1년 전이었으며, 눈길을 끄는 격전도 없다. 그런 점에서 이 영화는 참신한 소재와 그럴듯한 전투장면이 돋보인다.

아쉽다면 공중전은 무승부가 없는 목숨을 건 전투인데, 긴박감보다는 흥미진진한 컴퓨터 게임을 보는 듯한 느낌이 든다는 것. 심지어 기체가 화염에 싸여 조종사가 권총으로 자살하거나 적기에 돌진해 폭사하는 장면이 나와도 비장한 분위기가 느껴지지 않는다. 안드레이 크라프추크의 〈제독의 연인〉에서 단 한 차례 나오는 발트 해전으로, 전쟁의 참상과 군인들의 공포심을 잘 묘사한 것과는 대조적이다.

이러한 극중 분위기는 롤리스와 프랑스 처녀 루시앙의 사랑에 영향을 끼친 것 같다. 전황^{戰況}이 한창 급박하게 돌아갈 때 전투기를 몰고 나가 연인을 만나고 그녀와 공중 데이트를 즐기는 걸 어떻게 해석해야 할까. 실제로 그랬는지^{가능성은 아주 희박하지만} 혹은 스릴 넘치는 전투와 대비되는 낭만적인 장면으로 볼 수도 있지만 공감은 가지 않는다.

그러나 이런 아쉬움에도 이 영화는 생생한 전투장면 때문에 추천할 만하다. 항공 기술이 형편없던 제1차 세계대전 당시의 공중전을 〈라파예트〉만큼 실감나게 묘사한 작품을 보지 못해서다. 그만큼 전투장면은 사실적이며 화려하다. 그러한 배경에는 감독 토니 빌의 뛰어난 역량을 꼽아야 할 듯.

14세 어린 나이에 고등비행술 자격증을 딴 비행기광이라서 그럴까. 속도감 있는 전투장면을 보면 이 영화를 제작할 당시 그의 나이가 66세라는 게 무색하다. 더욱이 감독이 직접 비행기를 타고 하늘에서 일일이 지시를 내렸다고 전하는데, 마치 마틴 스콜세지의 〈에비에이터〉에서 주인공 휴즈가 비행기를 몰고 〈지옥의 천사들〉을 촬영하는 장면을 연상하면 된다.

또한 주인공 제임스 프랭코가 에이스^{최고의 전투 조종사를 의미} 역할을 소화하기 위해 비행기 조종 자격증을 땄으며, 국제에어쇼에서 활동하는 실제 파일럿이 촬영에 나섰다. 그리하여 어느 영화 못지않은 멋진 공중 전투장면이 나올 수 있었다.

영화 VS. 영화 〈레드 바론〉(The Red Baron, 2008)

실화를 소재로 제1차 세계대전 공중전을 다룬 〈라파예트〉와 〈레드 바론〉. 전자가 미국 전투조종사들의 관점에서 극이 진행된다면, 이 영화는 독일의 '만프레트 폰 리히트호펜' 남작이 주인공이다. 타이틀 '레드 바론'은 말 그대로 '빨간 남작'을 지칭하는데, 그의 전투기 외양이 빨간색이라서 프랑

스인이 붙여 준 별명이다. 실
제로 제1차 세계대전 중 양쪽
진영을 통틀어 가장 많은 격
추 실력을 보였던 전설의 에
이스.

'만프레트 폰 리히트호펜'(좌)과
그를 연기한 '마티아스 슈바이그호퍼'(우)

영화의 가장 큰 특징은 전
쟁의 처절함이 느껴지지 않는
다는 것. 도입부에서 만프레
트가 전투기를 몰고 프랑스의 어느 장례식장을 찾아가 조화를 떨어뜨리고
갈 정도로 낭만적인 분위기가 충만하다. 또한 후배 조종사들에게 격추되는
비행기에 사격을 하지 말라고 가르친다. 그에게 공중전은 신사적인 스포츠
와 다름없다.

주목할 장면은 주인공이 차를 타고 가면서 창밖으로 행색이 초라한 보병
들을 보고 놀라는 대목이다. 그는 일반 보병들이 겪는 참호전의 실상을 경
험하지 못했다. 유통기한이 지난 썩은 통조림을 먹고, 씻지 못해 피부병이
생기고 발이 썩어 가는 병사들의 모습을 본 적이 없다.

그래서 그는 유능한 군인임에 틀림없지만, 군인 같은 느낌이 들지 않는
다. 또한 주인공을 비롯한 양국의 조종사들은 자기들끼린 신사적이어도,
지상의 민간인과 보병에겐 무자비하게 공격했다. 왜 그랬을까?

그 이유는 공습하는 자와 공습당하는 자 사이에 엄청난 괴리감이 존재했
기 때문이다. 조종사는 자신의 행동으로 인해 도시가 잿더미가 되고 지상
의 사람들이 몰살을 당했다는 의식이 쉽게 와 닿지 않는다. 단지 폭탄을 투
하하는 단추만 누르거나 기관총을 발사하는 방아쇠만 당기고, 곧장 자신의
기지로 돌아가기 때문이다.

이 영화를 보면서, 걸프전 당시 미군 조종사 인터뷰가 떠올랐다. 오전에

149

이라크 진지를 폭격하고 그날 저녁 자기 집에서 가족과 식사를 하면서, 과연 자신이 전투를 벌이고 있는 군인인지 헷갈린다는 얘기였다.

그렇다. 영화 속 시대배경인 제1차 세계대전 때나 현재 시점이나 일반 보병과 조종사들의 위치나 입장은 변한 게 없는 것 같다.

Theme 08

대중시대와 금주법

밤의 제왕

/

침묵은 금이 아니다

밤의 제왕

언터처블 Untouchable, 1987
감독: 브라이언 드 팔마
출연: 케빈 코스트너(엘리엇 네스)
로버트 드 니로(알 카포네)
숀 코네리(짐 말론)

영화 속 역사

미국의 금주법을 소재로 한 액션영화. 실존인물 알 카포네와 엘리엇 네스를 통해, 금주법의 실상을 알아볼 수 있다는 점이 이 영화를 선택한 이유다.

알 카포네가 일련의 폭력사건을 지시하고도 무관하다고 인터뷰하는 그 시각, 상점이 폭파되고 어린 소녀가 희생된다. 이 사건을 계기로 수사관 네스가 파견된다. 외국산 위스키가 들어왔다는 정보를 듣고 창고를 기습하나 허탕만 치는 네스. 거짓 정보에 속은 것이다. 의기소침한 그를 위로하는 순경 말론은 이렇게 말한다. "놈이 칼을 뽑으면 총을 뽑게! 그게 시카고 스타일이고, 카포네를 잡는 길이야!"

금주법이 나온 배경

영화 속 소재인 금주법이 제정된 배경은 1813년에 결성된 금주운동단체로부터 시작한다. 이후 주 정부 차원에서 금주법이 시행되고 금주당이 창당되기에 이른다. 주류 양조와 판매를 금지하는 금주법 제정을 위해 설립된 이 정당은 1888년과 1892년의 대통령 선거에서 일반 유권자의 2.2% 지지를 얻었다.

당시 이 정당을 지지한 이가 교회와 여성단체다. 교회는 금욕과 절제를 강조하는 청교도적 윤리에 의거해, 술을 모든 악의 원천으로 간주했다. 여성단체도 술을 가정폭력, 실직, 살인으로 이끄는 촉매제로 보았다. 그래서 여성들은 19세기 전반기부터 금주운동을 벌였고, '기독교여성금주연합'을 결성[1873]해 조직적인 운동을 펼쳤다.

153

20세기 들어서 금주운동은 더욱 확산하여 1906년부터 1913년까지 여러 주에서 금주법이 제정되고, 드디어 미국 전체 인구 63%를 차지하는 33개 주에서 전국금주법이 시행[1920]되었다. 당시 이 금주법은 하원 사법위원장 앤드류 볼스테드가 입안했다고 해서 '볼스테드법'으로 불렸다.

흥미로운 건 금주법이 이민배척운동과도 관련이 있다. 양조업자 중 독일계 이민이 많아서, 제1차 세계대전 때에는 금주운동이 반[反]독일적인 성격을 띠기도 했다. 그리고 이민배척과 금주운동의 연관성은 당시 농민과 혁신주의자 입장에서도 나타난다. 농민들은 도시의 외국인과 술이 도덕적이고 순수한 미국 사회

드림팀 수사대(왼쪽부터 월러스, 스톤, 네스, 말론)

를 타락시킨다고 믿었다. 당시 사회정화운동을 벌이던 혁신주의자들도 급속한 산업화로 인한 부작용과 음주문제를 지적했다.

어쨌든 여러 세력과 단체가 정치권에 압력을 가한 끝에 나온 금주법은 가히 놀랄 만했다. 술의 폐해로 인해 금주법이 실시된 경우는 우리나라를 비롯해 여러 나라가 있다. 그러나 1920년대 미국처럼 장기간 강력하게 추진한 전례는 없다.

금주법의 폐단

역사상 가장 강력한 이 금주법이 온갖 부작용과 사회문제만 일으킨 악법으로 판명났다. 왜 그랬을까?

무엇보다도 준수할 수 없는 법을 제정한 것이다. 교회와 여성단체가 술의 폐해를 지적한 건 맞지만, 그렇다고 인간과 가장 가까운 음식 중 하나인 술을 없앤다는 발상이 말이 안 된다.

미국 내 양조장과 주류밀매점 그리고 밀주를 만들지도 모를 2천만이나 되는 가정집을 감시하고 외국에서 들어오는 술을 막기 위해 1만 8,000마일 해안선과 수천 마일 국경선을 순찰해야 한다는 게 사실상 불가능하다. 게다가 정부가 이 감시 활동을 위해 고용한 인원이 1,500명에 불과해서, 법 시행이 제대로 될 리 없었다.

따라서 이 법을 시행한 바로 다음날부터 밀주가 판을 치고 범죄단체가 기승을 부리기 시작했다. 프롤로그에 갱단들이 수류탄과 기관총으로 무장했다는 자막이 나오는데, 그 무기를 구입한 출처도 불법 주류 제조와 유통에서 나온 검은 돈이다.

이제 범죄단체는 예전과는 비교할 수 없을 정도로 대형화하고, 시카고에선 알 카포네를 '밤의 제왕'으로 불렀다. 그리고 이런 거대 범죄단체가 탄생

토록 갱들의 재력 기반을 마련해 준 것이 바로 금주법이다.

결국 금주법은 폐지되었다.

처음부터 지킬 수 없는 법을 제정한 면도 있고, 범죄조직 대형화를 초래했다는 부작용도 거론할 수 있다. 그러나 그보다 직접적인 요인은 1929년부터 밀어닥친 대공황으로, 미국경제가 위기에 처했다.

그러한 상황에서 금주법을 지속시킨다는 건 경기회복이 절실한 정부시책과 맞지 않았다. 금주법을 폐지하면, 양조와 술의 판매로 거두는 세수입이 엄청나고 경기 부응에도 큰 도움이 된다고 판단한 것이다. 그래서 프랭클린 루스벨트는 대통령 선거 공약으로 금주법을 반드시 폐지해야 한다고 강조했으며, 수정헌법 21조[1933]에 의해 말 많고 탈 많던 이 제도가 사라지게 되었다.

155

알 카포네가 유명한 이유

이 영화를 비롯해 금주법시대를 배경으로 한 작품에 유독 '알 카포네'가 조명받는 이유는?

사람들에게 나서기 좋아하는 그의 성격이 한몫했다. 프랜시스 포드 코폴라의 〈대부〉와 마틴 스콜세지의 〈카지노〉에 나오듯이, 대개 마피아 보스들은 자신이 대중에게 노출되는 걸 경계한다. 언론의 주목을 받아서 좋을게 없다는 거다.

그러나 알 카포네는 정반대다. 그는 유달리 나서기 좋아하고 언론 플레이와 여론을 조종하는 데 능란했다. 고위 공직자부터 말단 하급 공무원까지 가리지 않고 매수하고, 빈민을 위한 무료급식소도 설치했다. 야구장이나 음식점에 갈 때 언제나 부드러운 미소를 짓고, 하찮은 서비스에도 지나칠 정도로 많은 팁을 주었다. 그리고 영화에도 나오듯이, 카포네가 오페라를 관람할 땐 눈물 흘리는 감성적인 모습을 보였다. 물론 그 눈물은 철저하게 위장된 '악어의 눈물'이지만 말이다.

알 카포네 전력

알 카포네(중앙)

나폴리로부터 미국으로 이주한 부모의 9자녀 중 4번째로, 유년기를 빈민가에서 보냈다. 13세 때 이미 학교에서 포악하기로 소문났고, 담임 교사와 교장을 폭행해 퇴학당했다. 범죄자의 자질을 타고난 것이다.

156

결국 학업을 중단하고 소년 갱단에 가입했으며, 청년기에 싸움을 하던 중 상대방이 왼쪽 뺨에 칼을 휘둘렀다. 이 상처로 '스카페이스'scarface, 흉터난 얼굴라는 별명이 붙었고, 브라이언 드 팔마의 〈스카페이스〉라는 타이틀도 여기서 따왔다. 그는 보스 '조니 토리오'가 은퇴한 후에 시카고에서 밀주, 도박, 매춘을 운영했다.

특히 밀주사업으로 연간 6천만 달러 이상의 수입을 올렸다. 따라서 엄청난 수익이 나오는 이 사업을 독점하기 위해, 약 1천 명되는 킬러를 고용해 경쟁 갱단을 철저히 제거하였다.

영화에는 나오지 않았지만, 경쟁자 '벅스 모런' 휘하의 갱 단원 7명을 기관총으로 사살한 '성 발렌타인 대학살'을 비롯해 무려 250여 명을 살해하였다. 마릴린 먼로 주연의 〈뜨거운 것이 좋아〉에 '스페치'라는 이름의 보스가 갱 단원들을 사살하는 장면이 나오는데, 바로 카포네의 '성 발렌타인 대학살'을 의미한다.

금주법시대에 일어난 갱단 보복살인 중 가장 유명한 이 사건으로 그의 이미지는 완전히 추락했다. 흉포한 그의 민낯이 만천하에 드러난 것이다. 이후 대중으로부터 외면당하고 정의감에 불타는 앨리엇 네스를 비롯한 소수의 연방경찰에게 연방소득세법 위반이라는 기상천외한 죄목으로 기소된다. 살인교사가 아닌 탈세 혐의로 구속되었으니, 탈세가 정말로 무서운 범죄다

11년 징역형과 8만 달러 벌금 및 소송비용이 과해지고, 애틀랜타 주립교도소에 수감된 카포네. 이후 "한 사람도 탈출한 이가 없다."라고 소문난 앨커트래즈 교도소로 이감되었다가 출감했다. 말년에는 플로리다에 있는 자신의 농장에서 은둔생활하고, 극도의 두려움 속에 살았다고 전한다. 보복살인을 당할지 모른다는 공포심이었는데, 정작 그의 사인이 매독이라는 게 아이러니다.

밤의 제왕 알 카포네를 잡아서 명성을 얻은 네스는 후일 정치가가 되려는 야망을 가졌으나 낙선했으며, 이 영화의 원작인 동명의 자서전^{1957}을 집필하였다.

157

제작 & 에피소드

할리우드는 여러 갱단 보스를 소재로 영화를 제작했다. 더스틴 호프만이 주연한 〈빌리 배스게이트〉는 덧치 슐츠를, 워렌 비티가 주연한 〈벅시〉는 벅시 시겔을, 아서 펜 감독의 〈우리에게 내일은 없다〉는 보니 파커와 클라이드 배로를, 조니 뎁이 주연한 〈퍼블릭 에너미〉는 신출귀몰한 갱인 존 딜린저를 다루고 있다.

이 밖에도 숱한 범죄자를 주인공으로 내세웠지만, 알 카포네를 능가할 정도의 포스를 지닌 범죄자는 보지 못했다. 그의 별명 '스카페이스'를 타이틀로 해 1932년과 1982년에 각기 제작한 하워드 혹스와 브라이언 드 팔마

의 작품은 갱스터 영화의 수작으로 꼽힌다. 미국 CBS에서 제작하고 MBC에서 수입해 〈시카고특별수사대〉[1993]라는 제목으로 인기리에 방영한 TV 시리즈물은 카포네의 범죄 행각과 그의 성장배경까지 에피소드로 담고 있다.

브라이언 드 팔마의 작품 중 대중에게 사랑받는 장르는 사이코스릴러와 폭력물이다. 이에 대해 그는 인터뷰에서 케네디 암살사건과 베트남전쟁이 자신의 영화 스타일을 결정하는 데 큰 영향을 끼쳤다고 밝혔다. 그의 작품에 나오는 거짓된 사랑, 폭력과 배신, 기존 제도의 모순과 비판이 이 두 사건과 무관치 않다는 것이다.

이 영화는 주인공 역을 맡은 케빈 코스트너보다 동료 수사관 연기자들의 개성이 돋보인다. 노련한 말론 역의 숀 코네리, 냉철한 스톤 역의 앤디 가르시아, 얼핏 봐도 두뇌가 명석한 월러스 역의 찰스 마틴 스미스.

특히 숀 코네리와 앤디 가르시아는 이 영화 덕을 톡톡히 봤다. 코네리는 아카데미 남우조연상을 수상하고, 가르시아는 영화에서 보여 준 캐릭터가 아주 강해서 이후 스톤의 이미지와 유사한 배역을 많이 맡았다.

158

영화 VS. 영화 〈벅시〉(Bugsy, 1991)

참으로 개성있는 마피아를 소재로 한 〈언터처블〉과 〈벅시〉.

전자가 밤의 제왕이라 불리는 알 카포네라면, 후자는 잘생긴 마피아로 유명한 벅시 시걸이다. 두 사람 모두 나서길 좋아했는데, 차이점이 있다. 알 카포네는 자신의 범죄를 감추기 위해 언론 플레이를 활용한 현실주의자인 반면, 벅시는 몽상가다. 영화에도 그런 대사가 몇 차례 나오는데, 돈의 가치와 중요성을 잘 모르고 자신의 꿈을 이루는 데만 집착한다. 잘생긴 외모로 스크린 테스트도 받았으며, 마피아 보스 출신 할리우드 스타가 나올 뻔 했다.

본명은 벤자민 시걸인데, 별명
인 벅시 시걸로 더 알려졌다. 아
주 잔인한 행동을 많이 해서 벅
시로 불렸으며, 벅시는 '벌레
같은 놈'이란 의미다. 자신을 벌
레라고 부르는데, 좋아할 사람은
없다. 문제는 그의 대응방식. 혹

벅시 시걸(좌)과 그의 연인 버지니아 힐(우)

여라도 별명을 불렀다가는 발등에 총을 맞았다. 그의 성격과 별명이 참 잘
어울린다.

벅시는 일반 마피아와 달랐다. 마틴 스콜세지의 〈좋은 친구들〉에도 나
오듯이, 마피아 단원이 되기 위해선 이탈리아 출신이어야 한다. 지금은 그
런 경향이 퇴색됐지만, 벅시가 활동하던 당시는 그렇지 않았다. 주목할 건
벅시가 이탈리아계가 아닌, 유대인이란 것. 그런 점에서 그가 마피아 단원
이 되고 보스의 위치까지 올랐다는 건 그만큼 능력이 있었다는 의미다.

또 하나는 지금의 라스베이거스를 만든 장본인. 미국 자본주의 상징이자
환락의 도시를 구상한 인물이 벅시다. 영화에서 그가 사막을 지나가다 차
를 세우고 이곳에 호텔이 있으면 큰돈을 벌수 있겠다는 상상을 하는 장면
이 있다. 아무도 생각할 수 없는 '사막 한 가운데 호텔을 짓겠다.'라는 엉뚱
한 발상. 엄청난 돈을 들여 플라밍고 호텔을 짓고 개장할 때 할리우드 스타
들을 초청했다. 그게 가능했던 건 가까이 로스앤젤레스가 있고, 그곳에 할
리우드가 있어서다. 그래서 당시 최고 스타였던 클라크 게이블이나 게리
쿠퍼 등을 초대할 수 있었다.

그의 죽음도 참혹하고 극적이다. 영화에는 그의 연인 버지니아가 마피아
조직의 돈을 훔쳐서, 대신 벅시가 살해된 걸로 나온다. 실제는 벅시가 사업

가 자질이 없음에도, 그 자리를 계속 지키려 했기 때문이다. 그는 돈 관리가 엉성했고 물 쓰듯이 돈을 썼다. 이에 뉴욕 마피아 보스들은 애간장이 닳았고, 벅시를 경영 일선에서 끌어내려 투자자로만 머물게 하려 했다.

그런데 벅시의 불같은 성격으로 볼 때 제안을 받아들이지 않을 거라고 판단하고, 살해한 것이다. 마지막 장면에서 그가 편히 술을 마시다가 저격을 당하는 걸로 나오는데, 실제로도 그랬다. 참고로 프란시스 포드 코폴라의 〈대부〉에서 눈을 관통당하고 죽음을 당하는 라스베이거스 사업가 모 그린 역이 바로 벅시를 모델로 했다.

160

02

침묵은 금이 아니다

아티스트 The Artist, 2011
감독: 미셸 하자나비시우스
출연: 장 뒤자르댕(조지)
　　　베레니스 베조(페피)

161

영화 속 역사

　무성영화에 사운드가 도입되는 영화산업 변환기를 소재로 한 작품. 그 시대의 진정한 분위기를 느끼고자 무성영화 스타일로 제작했다는 점이 특색이다.

　　출연하는 영화마다 흥행을 이어가는 할리우드 최고 스타 조지. 항상 낙관적인 그에게 위기가 닥쳤다. 유성영화가 등장하면서 일자리를 잃게 된 것. 자비로 제작에 나섰으나, 흥행에 실패해 빚더미에 오른다. 이와 달리 그의 영화에 잠깐 출연한 신인 여배우 페피는 유성영화 스타로 떠오른다.

유성영화의 등장

최초의 유성영화는 앨런 크로슬랜드의 〈재즈 싱어〉.

1927년 10월 6일 개봉된 이 영화는 당시 주인공 역의 알 존슨 노래가 나

오는 순간 객석에서 탄성이 나

왔다. 주목할 건 이 영화에서 배

우가 말을 하는 장면은 두 대목

에 불과했고, 나머지 장면은 다

른 무성영화처럼 자막으로 처

리됐다. 100% 토키영화는 브라

이언 포이의 〈뉴욕의 불빛〉[1928]

이다. 워너브러더스사가 웨스

턴일렉트릭이 개발한 바이타폰

Vitaphone 이라는 '사운드 온 시스

〈재즈싱어〉에서 알 존슨이 노래 부르는 장면

템'을 통해 디스크 위에서 이미지와 소리를 동기화하는 데 성공했는데, 이

시스템으로 앞서 언급한 두 영화를 제작했다.

유성영화가 등장한 이유는?

1920년대 당시 영화산업은 위기에 몰려 있었다. 변사의 해설이나 생음

악 연주로 무성영화의 한계를 보완하던 영화는 라디오의 등장으로 대중에

게 서서히 외면당하고 있었다. 그래서 스크린에 사운드를 삽입하는 기술

개발에 전력을 기울였으며, 그 결과물이 〈재즈 싱어〉다.

경제 효과

뤼미에르 형제가 〈기차의 도착〉[1895]을 최초로 상영한 이후, 영화산업은

162

무수한 기술 발전을 이루었다. 다양한 촬영과 편집 기술을 비롯해 흑백영화에서 컬러영화로, 일반영화[2D: 2차원]에서 입체영화[3D: 3차원], 심지어 4D로 불리는 체험형 실감영화까지 등장했다. 이러한 기술 발전에는 그에 상응하는 영화산업의 변화가 뒤따랐다. 특히 일련의 제작 기술 중에서 영화산업에 가장 큰 변화를 가져오게 한 것이 '사운드 도입'이다.

사운드가 삽입되자, 촬영 장면과 배우의 수를 줄이고 대사의 길이를 늘렸다. 영화촬영 일수도 줄고 그에 따라 인건비도 감소했다. 즉, 제작비가 절감됨으로써, 그만큼 영화사 수익이 늘어난 것이다.

미학의 변화

163

사운드 도입으로 영화미학의 변화가 나타났다. 무성영화에선 배우의 움직임, 조명, 미장센에 주목했던 반면, 유성영화에선 배우의 발성을 통한 캐릭터와 스토리 전개에 중점을 두었다. 특히 무성영화에선 자막이 극 전개의 연결을 방해했으나, 유성영화에선 사운드, 즉 배우의 대사를 통해 스크린과 관객이 정서적으로 동일시하게 되었다.

그렇다면 사운드가 처음 도입됐을 때 감독과 배우의 반응은 어땠을까? 무성영화 시대의 많은 유명 감독과 스타 배우가 반대했다. 그도 그럴 것이 그들은 무성영화 스타일에 너무 익숙해져 있었다. 예를 들어, 몽타주기법의 대가 '세르게이 에이젠슈테인'도 사운드가 이미지의 편집을 방해한다고 보았으며, 알프레드 히치콕도 대사나 음향보다는 이미지의 편집이 더욱 효과적이라고 판단했다. 무성영화 대스타 찰리 채플린도 사운드 도입을 반대했다. 그의 필모그래피에서 수작들은 거의 모두 무성영화다.

〈아티스트〉에서 주인공 조지도 채플린과 비슷한 반응이다. 그는 제작사 사장이 보여 준 사운드가 삽입된 필름을 보고 웃음을 터뜨린다. 그에겐 사운드가 없는 영화만이 예술이었으며, 그런 작품만 출연해서 편견이 생긴 것이다.

스타 물갈이

무성영화는 배우의 동작과 표정만으로 감정을 전달하므로, 과장되게 표현하는 경우가 많았다. 그러나 사운드가 도입되자, 제작 환경이 확연히 달라졌다. '대사'라는 감정표현 수단이 있으므로 과장된 몸짓이나 표정을 지을 필요가 없었다.

〈아티스트〉에서 신세대 스타로 떠오른 페피도 그 점을 지적한다. 무성영화 스타일의 과장된 표현과 실제 목소리를 내지 않고 금붕어처럼 뻐끔거리는 배우들은 한물갔다고 비꼰 것이다. 이러한 상황은 〈사랑은 비를 타고〉에서 무명배우 캐시^{데비 레이놀즈}가 대스타 돈^{진 켈리}에게 과장된 몸짓연기의 부자연스러움을 지적하는 장면과 유사하다.

이젠 표정연기 못지않게 목소리 연기가 중요하게 되었다. 영화에서 페피가 기자와의 인터뷰에서 관객들이 자신의 목소리를 듣고 싶어 한다고 당당히 말하는 장면이 한 예다. 실제로 당시 많은 배우들이 음성 관련 학원을 찾아가 발성과 음색 교정 훈련을 받기도 했다. 〈사랑은 비를 타고〉에서 무성영화 스타 리나가 찢어지는 음색과 불안한 발음을 교정하려고 애쓰는 장면은 코믹하면서도 서글픈 현실을 드러낸다.

사운드 도입으로 당시 미국에서

신세대 스타의 끼를 한껏 발산하는 페피

활동하던 유럽 출신 배우들도 희비가 엇갈렸다. 영어 발음이 좋은 배우들은 연기 활동에 상관이 없지만, 발음이 좋지 않으면 캐스팅되기 어려웠다. 제1회 아카데미 남우주연상을 수상한 독일 출신의 '에밀 야닝스'가 대표적인 경우다. 영어 발음 문제로 할리우드를 떠나 독일로 돌아간 것이다.

제작 & 에피소드

3D 영화들이 범람하는 21세기에 느닷없이 등장한 무성영화. 더욱이 흑백영화로 제작해, 아카데미 작품상과 감독상 등 무려 5개 부문을 수상한 영화.

시대착오적인 선택으로 보이기도 했던 이런 스타일의 작품이 관객과 평단의 폭발적인 호응을 이끌어 내기까지 곡절도 많았으리라. 그리고 이러한 성공 뒤에는 감독 미셸 하자나비시우스의 치밀한 연출력과 제작자 토마 랑그만의 전폭적인 지원이 있어서 가능했다.

부산국제영화제에서 이 영화를 보고 느낀 건 흑백 무성영화에 관한 선입견이 사라졌다는 것. 구닥다리 스타일이라 지루할 거라는 예상은 보기 좋게 깨졌다. 배우들의 연기도 좋았고, 편집도 깔끔했고, 배경음악도 안성맞춤이었다. 단 하나, 우려한 게 있었다. 이 영화를 보기 전까진 선입관을 벗어나기 어려울 것 같다는 예감이었다.

관객이 영화관을 갈 땐, 사전지식으로 감독이나 배우 혹은 장르나 개략적인 줄거리 정도는 알고 선택한다. 그런데 이 영화는 국내 관객들이 알만한 유명감독이나 배우가 등장하지 않고, 스타일도 흑백 무성영화다. 물론 부산국제영화제에선 4천여 명의 관객이 몰려들어 성황을 이루었으나, 이들은 일반 관객이 아닌, 시네필(영화광)이다.

우려는 현실로 드러났다. 개봉 직전까지 뜨거운 호응이 있었지만, 막상 개봉하자 그리 주목받지 못한 것이다. 일반 관객의 관심을 끌기 위해선 티켓 파워가 입증된 감독이나 배우, 그리고 화려한 볼거리가 우선한다는 걸 다시금 확인하게 되었다.

영화 VS. 영화 〈휴고〉(Hugo, 2011)

영화 역사의 중요한 한 페이지를 소재로 한 〈아티스트〉와 〈휴고〉.

전자가 무성영화에서 유성영화로의 전환기를 다루었다면, 이 영화는 한 인물을 통해 초창기 영화기술의 역사를 묘사했다. 흥미로운 건 두 영화가 같은 해에 개봉되고, 아카데미시상식에서 작품상 수상 여부를 놓고 경쟁했다는 사실.

영화는 고아소년 휴고가 망가진 로봇인형을 고치려고 인형가게 부품을 훔치려다 주인에게 잡히면서 시작된다. 극 전개는 로봇인형에 관한 숨겨진 비밀이 밝혀지는 것인데, 그 해답은 바로 인형가게 주인이다. 그가 예전에 로봇인형을 만든 장본인이자 영화기술 발전에 큰 공헌을 한 조르주 멜리에스다. 영화에는 로봇인형이 그리는 〈달나라여행〉 스틸을 비롯해 장면 곳곳에 멜리에스를 향한 존경심이 드러난다. 특히 그에게 무한한 존경심을 표하는 타바드 교수_{마이클 스틸바그}는 감독 마틴 스콜세지로 간주해도 좋을 듯.

조르주 멜리에스(좌)와 그를 연기한 벤 킹슬리(우)

멜리에스는 영화기술 역사에서 가장 중요한 인물이다. 〈휴고〉에도 나오듯이, 그는 영화를 보는 관점에서 뤼미에르 형제와 큰 차이가 있다. 뤼미에르 형제는 영화를 '현실을 기록하는 수단'으로만 파악한 반면, 멜리에스는 영화에 연출을 시도했다. 그의 상상력과 열정에 의해 소위 '영화언어'라는 개념이 등장한 것이다. 즉, 이중노출, 페이드인, 페이드아웃, 커팅 등의 카메라 기술을 영화의 편집과 트릭 기법으로 활용하였다.

후반부에는 노년의 멜리에스로 분한 '벤 킹슬리'가 제1차 세계대전의 발발로 인해, 관객들이 자신의 영화를 외면하고 파산하게 되었다고 술회하고 있다. 일견 그의 대사가 맞는 것 같으나, 그렇지 않다. 유럽 전체가 전쟁의 참화로 관객들이 영화를 볼 여유가 없어진 건 사실이지만, 멜리에스는 다른 경우다. 그의 영화가 변해 버린 관객의 눈높이와 관심을 따라가지 못해 흥행에 실패하고 스튜디오 문을 닫았다.

167

〈휴고〉는 두 가지 점에서 추천할 만하다. 영화제작의 매력이 뭔지를 보여 줬다는 것과 초창기 영화 역사를 개괄적으로 알아볼 수 있다는 것이다.

Theme 09

대공황과 뉴딜

대중 스타 VS. 공공의 적

/

영웅이 된 경주마

01

대중 스타 VS.
공공의 적

퍼블릭 에너미 Public Enemies, 2009

감독: 마이클 만

출연: 조니 뎁(존 딜린저)

크리스찬 베일(멜빈 퍼비스)

마리옹 꼬띠아르(빌리 프리쳇)

영화 속 역사

전설적인 은행강도 존 딜린저를 소재로 한 작품. 그의 범죄 행각을 통해서 당시의 사회상을 유추해 볼 수 있다.

대공황에 접어든 지 4년째인 1933년. 주립교도소에 들어가 죄수들을 탈출시키고 은행털이에 나서는 딜린저. 그가 내건 원칙은 고객의 돈은 손대지 않는다는 것. 인질로 잡은 여직원에게 자기 코트를 입혀 주는 등 신사도도 발휘한다. 이러니 강도임에도 인기가 높지만, 경찰은 이런 망신이 없다. 국회에서 조롱당한 FBI 후버 국장이 멜빈에게 딜린저 체포를 위한 전권을 맡긴다.

서민에겐 대중 스타

대중 스타 같은 인기를 누린 존 딜린저. 이러한 배경은 영화 속 내용으로 설명이 가능하다. 그는 은행을 털 때 고객의 돈엔 손을 대지 않았으며, 훔치고 나서 고객의 돈이라는 게 확인되면 돌려주었다고 전한다. 하지만 은행에 예치된 돈도 고객의 돈이다. 은행의 손해는 고객에게 미치게 마련이다 심지어 강탈한 돈의 일부를 빈민구제에 썼다고 하니, 마치 그가 의적처럼 보일 수도 있다.

FBI 후버 국장을 격분하게 한 문제의 사진. 인디애나 교도소에서 존 딜린저가 에스틸 검사 어깨에 오른팔을 걸치고 있다.

영화에는 딜린저가 범죄를 저지를 때 이미지 관리에 무척 신경 쓰는 걸로 나오는데, 이는 사실이다. 그리고 실제로 그는 자신을 체포한 로버트 에스틸 검사의 어깨에 팔을 걸치는 여유만만한 포즈로 사진까지 찍었다. 영화에는 이 장면이 잠깐 등장하지만, 이 사진이 신문 1면 톱기사로 실린 걸 본 후버 국장은 노발대발했다. 그리고 이 사진으로 인해 당시 최고의 검사로 불린 에스틸의 명성도 곤두박질치고 현직에서 물러나는 수모를 겪었다.

경찰에겐 공공의 적

딜린저는 경찰에겐 반드시 잡아야 할 '공공의 적'이었다. 두 번의 탈출, 그것도 두 번째 탈출은 나무를 깎아 구두약으로 검게 칠해 만든 가짜 권총으로 무려 12명의 교도관들을 한 명씩 차례차례 위협해서 탈출했다. 허황

된 만화 같은 일이 실제 일어났으니, 시민에겐 두고두고 화젯거리가 되겠지만, 경찰의 입장은 다르다. 사법체계를 향한 조롱이자 능멸처럼 느껴질 수 있다.

1933년 6월부터 1934년 7월까지 단 13개월 만에 무려 십여 곳의 은행을 털어, 경찰에서 사살해도 무방하다는 특단의 조치가 내려졌다. 이젠 그를 굳이 위험을 무릅쓰고 생포할 필요 없게 된 것이다.

그의 운명이 결정되는 사건이 벌어진다. 그와 가까웠던 여인 에나 세이지가 경찰에 신고한 것이다. 영화에는 멜빈이 그녀를 협박한 걸로 나오지만, 실제로는 그녀가 먼저 경찰에 제의를 했다. 그녀는 루마니아 이민자로 인디애나에서 사창가 포주를 했으며, 추방당할 위기에 몰리자 도움을 청한 것이다. 그녀는 딜린저가 '폴리 해밀턴'이라는 매춘부와 주로 시간을 보내며, 셋이 함께 영화를 보러 가기로 했다는 정보를 준다.

이후 상황은 영화 속 장면과 거의 같다. 세 명의 수사관이 극장을 나서는 딜린저의 뒤에서 쐈으며, 무려 다섯 발을 맞은 그는 아무런 저항도 못하고 절명했다. 영화에서 딜린저의 연인인 빌리를 면회하는 윈스테드도 실존인물로, 그가 쏜 총알이 딜린저에게 치명상이 되었다.

에필로그에선 빌리에게 딜린저의 유언을 알려 주고 떠나는 걸로 나오지만, 실제로는 딜린저를 사살한 공로로 후버 국장에게 특별표창을 받았다고 전한다.

죽을 운명

그는 죽을 운명이었다.

경찰에게 모멸감을 주었기 때문이다. 영화에도 나오듯이 수사관은 애초부터 그를 체포할 마음이 없었다. 딜린저는 대중을 향한 이미지 관리에만

신경썼지, 정작 자신의 목숨을 결정할 경찰은 얕보았다. 그의 죽음을 보고 떠오르는 또 다른 은행강도가 있다. 〈우리에게 내일은 없다〉의 두 주인공 보니 파커와 클라이드 배로다.

실존인물인 두 남녀는 존 딜린저처럼 행동했다. 은행을 털고 딜린저처럼 훔친 돈의 일부를 빈민에게 주었으며, 대중에게 인기도 높았다. 그리고 자신들이 사로잡은 경찰관과 사진을 찍어 신문사에 보내 기사화되었다. '강도에게 사로잡힌 경찰'이란 타이틀로 말이다.

결코 하지 말았어야 할 행동이다. 경찰관 전체에게 모멸감을 준 이상, 이미 그들의 목숨은 경각에 달렸다. 그리고 얼마 지나지 않아 백여 발의 총알세례를 받고 참혹하게 죽음을 당했다.

1933년 의미

도입부에 나오는 1933년은 「금주법」이 폐지된 해다.

또한 프랭클린 루스벨트가 대통령으로 집권한 해로서, 뉴딜정책이 가시적인 효과가 나오기 전이다. 따라서 이 해에는 빈부격차가 극심해져 빈민이 부자에게 극도의 증오심을 갖기 쉽고, 은행도 표적이 되었다. 일반 서민이 은행에서 대출받기 어려웠고, 높은 이자도 부담이었기 때문이다.

존 포드의 〈분노의 포도〉에서는 많은 농민들이 은행에서 돈을 빌렸다가 갚지 못해서 농장과 토지를 잃고 떠돌이가 되는 경우가 허다한 것으로 묘사됐다. 더욱이 장기간의 불황으로 절망한 시민들은 사회를 뒤엎어 버리고 싶었으며, 그들의 이런 갈증과 분노를 대신 표출해 줄 범법자에게 열광했다.

그런 범죄자가 보니 파커와 클라이드 배로 그리고 존 딜린저다.

제작 & 에피소드

조니 뎁과 크리스찬 베일이 주연을 맡았다는 사실만으로 화제가 된 영화.

사실 이 영화가 나오기 전부터 딜린저 역으로 가장 적합한 배우로 조니 뎁이 떠올랐다.

왜 그랬을까? 그건 두 사람 간에 어떤 공통분모가 느껴져서다.

외모도 비슷하지만, 두 사람 모두 시류에 타협하지 않는 개성과 낭만적 기질이 있다. 은행은 털어도 고객의 돈은 빼앗지 않겠다는 범죄자와 흥행 여부에 개의치 않고 개성이 묻어나는 작품에 매달리는 배우. 두 사람의 이러한 인식이 유사하다고나 할까.

조니 뎁의 인터뷰 내용도 주목할 만하다. "존 딜린저에 관한 여러 자료 없이도 그를 느끼고 이해할 수 있다. 그가 나의 핏줄인 것 같다. 남의 시선에 신경 쓰지 않고 자신이 원하는 삶을 살아가는 그런 사람으로 보였다."

멜빈 역의 크리스찬 베일은 고증에 철저했다. 감독 마이클 만과 함께 버지니아주 콴티코에 있는 FBI 본부를 방문했고, 멜빈 퍼비스의 아들 앨스톤 퍼비스와 직접 만나기도 했다. 멜빈의 음성 기록이 남아 있지 않아서, 아들의 말투를 따라하며 남부 특유의 느린 억양을 연습했다. 당시 이 영화를 관람한 앨스톤은 세상에서 자신의 아버지를 똑같이 재현해 낼 수 있는 유일한 배우라고 크리스찬 베일을 극찬했다.

참고로 딜린저가 바이오그래피 극장에서 관람한 영화가 실제로 〈맨하탄 멜로드라마〉인지 확인하지 못했다. 주인공인

174

딜린저로 분한 조니 뎁

갱스터 블래키[클라크 게이블]가 사형을 당하는 내용인데, 딜린저의 비극적 운명과 잘 맞아 떨어진다. 만일 실제 사실이면 '놀라운 우연'이고, 각색이라면 탁월한 '영화적 장치'라는 찬사를 받을 만하다.

영화 VS. 영화 〈분노의 포도〉(The Grapes Of Wrath, 1940)

〈퍼블릭 에너미〉와 〈분노의 포도〉는 대공황을 시대배경으로 하고 있지만, 느낌이 다르다. 전작이 대도시를 배경으로 한 낭만적인 액션이라면, 후자는 모래먼지 풀풀 나는 농촌을 배경으로 처절한 인간의 삶이 그려진다.

특히 〈분노의 포도〉는 대공황을 소재로 한 영화 중에서 최고의 작품이자 생생한 역사자료로 평가받는다. 원작자 '존 스타인 벡'이나 고전 서부극 감독으로 잘 알려진 '존 포드' 모두 이 작품을 통해 거장의 입지를 탄탄히 하게 되었다.

영화는 어느 농촌의 가족이 고향에서 쫓겨나 캘리포니아로 이주하는 여정을 담고 있는데, 실상 무려 백만 명에 이르는 농민들이 그런 처지에 있었다. 그 이유는? 모래폭풍으로 가뭄이 심해져 농사가 안 되거나 토지를 소유한 회사가 수지타산을 맞추려 소작인을 내쫓고 기계로 대체했다는 장면으로 설명하지만, 또 다른 요인이 있다.

제1차 세계대전으로 유럽의 농촌이 황폐화해서 미국 농업이 유례없는 호황을 누렸다가 갑자기 상황이 바뀐 것이다. 전후戰後 복구를 통해 유럽의 농업이 재기하자, 미국 농산물이 생산과잉으로 가격이 급락했다. 게다가 자영농이 자기 땅을 담보로 은행에서 융자받고 갚지 못해, 땅이 넘어가고 소작인으로 전락했다.

영화에는 토지가 사막으로 변하는 기상이변만 나오고 그 원인을 설명하

175

지 않는데, 자연초 때문이다. 영
화의 무대인 오클라호마를 비롯
해 텍사스, 콜로라도, 뉴멕시코
가 가뭄과 황진^{黃塵}으로 황폐화
된 이유가 경작지로 개발하기
위해 그 지역에 자생하던 자연
초를 뽑아버려서다. 자연초가
가뭄으로부터 그 지역의 토양을
보호하는 역할을 해 왔는데, 이

오키들. 1930년대 서부 황진지대의 황폐한 땅에서
생활기반을 잃고 캘리포니아 지역으로 이주한 농민을 지칭.

것이 제거되자 한파와 바람에 그대로 노출되었다. 결국 먼지폭풍이 태양을
뒤덮고 가축을 질식시켜 도저히 농사를 지을 수가 없었다.

영화는 원작의 내용을 충실하게 담고 있지만, 한 가지 큰 차이가 있다.
아기를 사산한 '로즈 샤론'이 극도로 굶주려 음식을 모두 토하는 어느 남성
에게 젖을 물리는 원작의 마지막 장면을 영화는 삭제했다. 사실 이 장면은
예상치 못한 극적 반전으로 오랫동안 여운을 느끼게 한다.

그러나 이 중요한 장면을 영화에서 삭제한 데에는 그럴 만한 이유가 있
다. 보수적인 성향이 강한 존 포드가 원작 내용을 그대로 영상으로 담아내
면 불필요한 오해나 논란을 야기할 것으로 판단한 것이다. 소설에선 숭고
한 인간애로 보일 수 있는 그녀의 행위가, 영화에선 자칫 선정적인 모습으
로 비쳐질 수 있어서다.

같은 내용이라 할지라도 문자와 영상 매체는 수용하는 사람들에게 다른
느낌을 줄 수 있다. 이에 감독은 톰이 가족을 떠나기 전에 모자간에 나누는
대사로 마지막 장면을 대신했다. 영화에서 톰이 어머니에게 전하는 대사는
원작보다 훨씬 절박하고 비장하다. 라스트신이라는 영화장치의 영향과 '톰
조드' 역을 맡은 헨리 폰다의 순수한 캐릭터가 맞물려서 그런 것 같다.

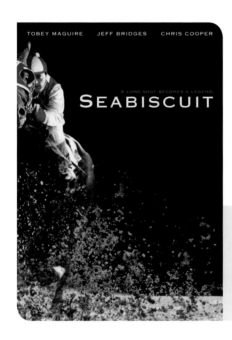

TOBEY MAGUIRE   JEFF BRIDGES   CHRIS COOPER

A LONG SHOT BECOMES A LEGEND.

SEABISCUIT

02

영웅이 된 경주마

씨비스킷 Seabiscuit, 2003
감독: 게리 로스
출연: 토비 맥과이어(레드 폴라드)
　　　제프 브리지스(찰스 하워드)

177

영화 속 역사

　영웅이 된 실제 경주마를 소재로 한 영화. 대공황 한파로 미국 전체가 실의에 빠졌을 당시, 희망을 주었다는 점이 이 영화의 매력이다.

　대공황으로 전 국민이 시름에 빠져있던 시기, 기수 레드와 경주마 씨비스킷이 한 팀이 된다. 공교롭게 기수와 말 모두 심적으로 깊은 상처가 있다. 레드는 식구들과 헤어져 온갖 고생을 했고, 씨비스킷도 마주들에게 버림받았던 것. 그러나 이젠 다르다. 동병상련의 기수와 경주마가 의기투합해 승승장구한다.

대공황 여파

1929년 10월 24일 이른바 '암흑의 목요일'에 뉴욕 증권시장 대붕괴를 계기로 시작된 대공황. 그로부터 3년이 지난 후, 경제는 더욱 심각해져 전체 노동력의 약 1/3이 실직 상태였고, 50% 이상의 실업률을 보인 지역도 적지 않았다. 특히 공업지대인 북동부와 중서부의 여러 도시는 실업문제로 마비 상태에 이르렀는데, 일리노이주의 톨레도는 무려 80%의 실업률을 기록했다.

대공황 한파는 영화 속 등장인물에게도 미쳤다. 기수 레드는 가족이 뿔뿔이 흩어졌고, 그를 고용한 사장 하워드도 손해를 많이 봤다. 자신이 운영하는 자동차 판매영업이 신통치 않은데다가 이를 계기로 어린 아들까지 잃었기 때문이다.

178

낙관적 분위기

러셀 크로우 주연의 〈신데렐라맨〉과 로버트 알드리치 감독의 〈지옥의 라이벌〉은 미국이 몇 년 전까지 '번영의 시대'¹⁹²⁰년대 미국의 급속한 경제발전을 의미를 구가했는지 의문이 들 정도로 극심한 경제불황의 단면이 드러난다. 일반 사람이 어떻게 부랑자로 전락할 수 있는가를 보여 주는 대공황. 특히 〈지옥의 라이벌〉은 사회에서 소외된 부랑자들의 기차 무임승차 행위를 소재로, 긴장감 넘치는 대결이 펼쳐지기도 한다.

그러나 〈씨비스킷〉은 앞선 영화들과는 다르다. 대공황 여파로 인한 서민의 고통과 애환보다는 온갖 역경에도 불구하고 성공을 거둔다는 낙관적인 분위기가 지배적이다. 영화 중반부에 프랭클린 루스벨트 대통령의 빈민구제정책에 관한 다큐필름이 잠깐 등장하는데, 희망적인 얘기로 가득 차 있다.

그러나 뉴딜정책에 관한 효과는 영화처럼 크지 않았다. 장기간의 경제불황을 불식시키기 위해 다양한 시도를 벌였지만 결국 땜질 처방에 그쳤다. 미국이 진정으로 대공황을 벗어나게 된 계기는 제2차 세계대전의 발발이다.

사실적인 묘사

타이틀이자 경주마 씨비스킷, 기수 레드, 경주마주 찰스 하워드, 조련사 톰 스미스, 모두 실존인물이다. 찰스 하워드가 자동차 판매회사로 큰돈을 벌고 어린 아들을 자동차사고로 잃는다는 내용, 그리고 씨비스킷과 레드가 심각한 부상으로 은퇴 직전까지 간 것도 실제 사실이다. 이 밖에도 가급적 각색을 배제하고 세세한 부분까지 있는 그대로 묘사하려 애썼다.

1910년대 자동차 산업 호황기부터 1930년대 뉴딜정책에 이르는 중요한 역사적 사실을 다큐필름으로 표현한 것이 한 예다.

179

각색

영화에는 씨비스킷이 레드를 만나기 전까지 빨리 달리지 않아 싼 값에 하워드에게 팔린 것으로 나오지만, 결코 그렇지 않다. 하워드가 소유하기 전에 이미 몇 차례 우승한 경주마다. 영화에는 하워드가 2천 달러에 구입한 걸로 나오지만, 실제로는 무려 4배인 8천 달러에 사들였다.

이러한 예는 레드도 적용된다. 후반부에 뜬금없이 그가 예전에 오른쪽 눈을 실명했다는 장면이 나오고 그 원인에 대한 언급이 없다. 다만 하워드에게 고용되기 전에 수입이 별로 없어 권투시합에 나가 눈을 맞아 시퍼렇게 멍이 드는 장면이 나오는데, 그로 인한 부상으로 예상할 수 있다.

그러나 실제로는 경마장에서 연습 도중에 다른 말이 찬 돌멩이에 머리를 맞았는데, 뇌의 시신경 중앙이 손상되었다. 당시 기수들은 이러한 사고를 예방하기 위해 헬멧을 쓰는 경우가 거의 없었다.

감독 개리 로스가 씨비스킷과 레드의 성공 신화를 좀 더 극적으로 하기 위해 기수와 경주마가 만나기 전까지 각기 슬럼프에 빠졌다는 걸로 각색한 것이다.

우승 경력

씨비스킷과 레드가 한 팀이 된 후, 첫 우승은 디트로이트 주지사 핸디캡 경마대회다. 이후 거침없는 우승 행진이 이어지는데, 사람들에게 가장 큰 인상을 남긴 경기는 공교롭게도 씨비스킷이 준우승을 한 경기였다. 영화에도 나오는 산타아니타대회[1937]에서 간발의 차이로 우승을 놓쳤는데, 이 시합이야말로 미국 베스트 경주마 대결 중의 하나로 손꼽힌다. 그리고 최고 권위의 경마대회에서 3관왕을 차지한 제독과의 1대1 대결에서 승리한 후에는 그 해 최고 경주마로 선정되었다. 레드는 씨비스킷을 총 30번 탔으며, 그 중에서 18차례 우승했다. 그리고 산타아니타대회에서 아깝게 놓쳤던 우승의 꿈을 1940년에 열린 그 대회에서 성취했는데, 씨비스킷의 마지막 우승이자 은퇴 경주였다.

씨비스킷과 레드 폴라드

영화에는 나오지 않았으나 레드가 부상에서 회복하는 동안 간호사와 사랑에 빠져 결혼해 두 아이의 아빠가 된다. '캐나다 경마 명예의 전당'에 가입[1982]되는 영광까지 얻은 걸 보면, 새삼 주인공의 독백이 떠오른다.

"내가 씨비스킷을 치료한 게 아니라, 그 말이 우리를 치료하고 자신감을 심어 주었다."

제작 & 에피소드

한쪽 눈이 실명한 기수와 체격이 왜소한 경주마가 우승 퍼레이드를 펼친다는 감동의 드라마.

영화의 장점 하나는 자극적인 장면이 없어 가족과 부담없이 볼 수 있다는 것. 그런 내용이 있으면 생략하거나 대사로 처리했다. 하워드의 어린 아들이 자동차 사고로 사망하는 장면, 레드가 매춘부와 단 둘이 있는 장면, 다리가 11군데나 골절되는 장면이 이렇게 처리됐다.

주인공 레드 역의 토비 맥과이어, 하워드 역의 제프 브리지스, 톰 역의 크리스 쿠퍼 연기 모두 좋다. 맥과이어는 전작 〈스파이더맨〉의 대성공으로 세계적인 아이콘으로 부상했음에도 흥행 여부가 불확실한 이 작품을 선택했다는 점에서, 그가 영화를 고르는 기준을 짐작케 한다. 즉, 흥행 이상으로 작품성을 중시한다는 것. 그는 이 영화의 제작에도 참여했으며, 기대 이상으로 흥행도 성공했다.

연기파 제프 브리지스는 성공한 사업가로서의 캐릭터가 잘 어울린다. 아쉽다면 전작 〈터커〉의 주인공 캐릭터와 너무 유사하다는 것. 똑같이 실존 인물에다가 자동차라는 동종 사업에 종사한다는 점에서 두 작품의 연기가 겹쳐 보인다.

톰 역의 크리스 쿠퍼는 실제 말 조련사 같았다. 맥과이어가 아마추어 기수 같은 인상을 지울 수 없던 걸 보완해 준 이가 프로 조련사 같은 연기를

181

펼친 쿠퍼다. 그러나 앞서 언급한 배우들보다 훨씬 뛰어난 연기력을 보여준 이가 있으니, 씨비스킷 역의 핀더스키다. 실제로 3류 경주마였던 이 말은 경주보다는 연기에서 탁월한 능력을 발휘해, 이 영화 촬영 이후 본격적인 연기자의 삶을 살았다.

한편 우리나라에 개봉된 영화 중에서 외화와 방화 구분 없이 경주마를 소재로 한 작품이 흥행에 성공한 전례가 없다. 우리나라 사람들이 경주마를 소재로 한 영화에 관심이 없는 건지 인기를 끌 만한 작품이 여태껏 나오지 않은 건지 확인할 수 없지만 말이다.

영화 VS. 영화 〈신데렐라 맨〉(Cinderella Man, 2005)

〈씨비스킷〉과 〈신데렐라 맨〉은 공통점이 많다.

대공황 당시 스포츠를 소재로 하고 실제 성공 신화를 다룬 것도 같다. 두 주인공에 닥친 시련도 유사하다. 〈씨비스킷〉의 기수 레드가 한쪽 눈을 실명하고 다리가 복합골절되는 중상을 입었다면, 〈신데렐라 맨〉의 제임스 브래독은 오른손이 부러져 권투선수 생활을 포기했다.

그런데 이런 공통점에도 불구하고, 두 영화의 느낌이 아주 다르다. 〈씨비스킷〉에선 주인공에게 시련이 닥쳐도 왠지 잘 풀릴 것 같은 희망이 보이는 반면, 이 영화는 마지막까지 가슴을 졸였다. 왜 그럴까?

두 주인공이 처한 환경이 유사하면서도 큰 차이가 있어서다. 레드는 미혼의 청년인 데 비하여, 브래독은 아내와 어린 자식들을 거느린 가장이다. 더욱이 그는 나이도 많고 권투 외에는 배운 것도 없다. 그래서 항구에서 무거운 짐을 나르는 막일도 하고 빈민구제소도 찾아간다. 심지어 복싱 관계

182

자들을 찾아가 적선을 호소하기도 했다. 전기세를 못내 자식들을 친척집에 보낸 상황에서, 더 이상 유명 권투선수로서의 자존심은 의미가 없다.

이처럼 절박한 그에게 현 세계 헤비급 랭킹 2위와의 재시합은 어차피 뻔한 승부다. 훈련도 별로 안한 상태라 대전료에 의미를 둘 뿐이다. 그러나 KO승을 거두고 이어지는 두 번의 경기에도 이겨서 세계 타이틀 도전권을 획득한다. 그에게는 간절했던 경기지만, 오히려 그의 아내가 반대하고 나섰다. 현 챔피언 맥스 베어가 링에서 두 명의 선수를 죽인 강펀치의 소유자라서, 남편이 목숨을 잃을까 염려한 것이다.

그럼에도 그는 경기에 나선다. "권투보다 3교대 노동이나 밤샘 노동이 더 위험해요"라는 그의 대사가 절절하게 다가온다.

매디슨스퀘어가든 경기장에서 열린 세계 헤비급 타이틀전.

모든 이의 예상을 뒤엎고 브래독이 심판 전원 일치 판정승으로 새 챔피언에 등극한다. 그 경기를 지켜보던 관중과 라디오 청취자도 가족이 승리한 듯 기뻐한다. 그의 승리가 힘겹게 사는 서민에게 희망을 주었기 때문이다.

한편 '신데렐라 맨'이라는 타이틀이 영화 내용과 맞지 않는 느낌이다. 신데렐라는 마법사와 왕자가 자신의 운명을 바꿔 준 반면, 브래독은 자신의 노력과 의지로 챔피언에 올랐기 때문이다. 특히 가족을 먹여 살려야 한다는 가장의 책임감이 극한 상황에서도 그를 버티게 해 준 기반이다.

영화관에서 흥미로운 장면을 목격했다. 100명쯤 되는 40대 초반 넥타이부대가 관람을 했는데, 브래독이 승리하는 장면에서 박수를 치고 환호성을 질렀다.

183

맥스 베어의 펀치를 방어하는 제임스 브래독.
실제 경기 장면

1970년대에 있을 법한 낯선 풍경인데, 그 관객들에게도 희망의 끈으로 작용한 것 같다. 기대만큼 국내흥행이 되지 않았지만, 경제적으로 힘든 시기에 가족의 소중함을 깨닫게 하는 영화, 바로 〈신데렐라 맨〉의 첫인상이다.

HISTORY
IN
FILM

Theme 10

제2차 세계대전

국방부 홍보영화

/

매스컴이 만든 영웅

/

동화 같은 구출 작전

01

국방부 홍보영화

진주만 Pearl Harbor, 2001
감독: 마이클 베이
출연: 벤 애플렉(레이프 맥컬리)
      조쉬 하트넷(대니 워커)
      케이트 베킨세일(에블린 존슨)

186

영화 속 역사

일본의 진주만 공격을 소재로 한 작품. 이제껏 본 영화 중에서 가장 실감 나는 폭격장면과 함께 둘리틀 공습^{도쿄 공격작전}이 나온다는 점이 이 영화를 선택한 이유다.

파일럿이 된 레이프와 대니는 각기 영국과 진주만으로 향한다. 레이프는 독일군과 싸우러, 대니는 군부의 명령이다. 레이프의 전사통지를 받고 충격받는 대니. 그 소식을 레이프의 애인 에블린에게 전해야 하니 이만저만 고통이 아니다. 서로를 위로하다가 연인이 되는 에블린과 대니. 그러나 세상사 알 수 없다고, 레이프는 살아 돌아오고 에블린은 대니의 아기를 임신한다.

진주만 공격

일본의 진주만 공격^{1941. 12. 7.}은 대성공이었다.

전함 8척, 순양함 3척, 구축함 3척, 보조 함정 8척이 격침 혹은 파괴되고 비행장에 있던 항공기 231대 중 96대가 격파되었다. 이에 비해 일본 전투기는 단 29대만 잃는 손실을 입었다. 분명한 건 진주만 공격 이후 일본은 동남아시아로 침략할 발판을 마련했고, 미드웨이해전에서 패하기 전까지, 해상권을 오랫동안 장악했다.

영화에는 레이프와 대니가 적기 7대를 격추시켜 미군의 사기를 드높이지만, 그건 주인공의 용맹함을 부각시키기 위한 영화장치일 뿐이다. 특히 일본이 진주만의 얕은 수심을 고려해 특수 제작한 폭탄이 함정에서 폭발하는 장면은 탄성을 자아내게 한다. 이렇듯 진주만 공격은 성공했으나, 결과적으로 일본이 패망하는 계기가 된다. 전술은 성공했지만 전략이 실패했다고나 할까.

187

우선 당시 진주만에 항공모함이 단 한 척도 정박하지 않았다. 원래 3척의 항공모함이 있었는데, 엔터프라이즈는 웨이크섬으로, 렉싱턴은 미드웨이에 각각 비행기를 수송하러 나갔고, 사라토가는 샌디에이고의 도크에 들어가 있었다. 따라서 진주만 공격 후, 천황과 일본 국민이 환호성을 지를 때, 유독 한 사람이 불안해했다.

이 기습 작전을 지휘한 야마모토다. 그는 진주만에 항공모함이 없고 일본군이 파괴한 전함이 모두 낡은 것이라는 점에 우

진주만 공격으로 침몰된 미 전함

려했다. 더욱이 그는 미국의 군사력이 얼마나 강한지를 일본인 중에서 누구보다 잘 알고 있었다.

한편 일본인 못지않게 진주만 공격을 반겼던 영국인이 처칠 수상이다. 미국의 참전을 학수고대하던 그에겐 너무나 기쁜 소식이었으며, 이 보고를 받고 처칠은 말했다. "이제야 우리가 이겼군!"

어색한 장면

진주만 공격을 당하기 전, 루스벨트 대통령이 참전 문제와 일본의 침공을 우려하는 장면은 어색하다. 마치 진주만을 공격할 걸 미리 예측한 것 같아, 짜맞추기 인상이 짙다.

188 　　당시 미국이 전면적인 군사 개입만 하지 않았지, 영국에 막대한 물자를 원조하고 있었다. 이런 행위는 호전적인 히틀러에게 미국을 적국으로 규정할 충분한 명분이 된다. 그럼에도 독일이 미국을 향해 비난 한 번 제대로 하지 않은 건 제1차 세계대전의 악몽 때문이다. 제1차 세계대전에서 패전한 결정적 원인이 '미국의 참전'이라는 걸 알고 있는 이상, 군이 미국을 자극할 필요가 없었다.

이런 상황을 고려해 볼 때, 영화에서 루스벨트가 각료들과 심각하게 일본의 침공설을 토론하는 장면은 개연성이 약하다. 그보다는 일본 제독이 "미국의 석유 수출 중단으로 미국과의 전쟁이 불가피하다"라는 대사가 설득력이 있다. 미국이 당시 일본의 숙원인 만주지역을 차지하는 걸 방해하는 숙적宿敵이며, 반드시 넘어야 할 '절대 과제'였기 때문이다.

음모론

루스벨트가 일본의 진주만 기습을 미리 알고도 참전의 명분을 얻기 위해 수수방관 내지 공격을 유도했다는 설^說이다.

공격 9개월 전에 하와이 해군기지 지휘관 베린저 제독과 항공대 지휘관 마틴 장군은 일본의 공격을 예상했다. 선전포고를 하기 전, 이른 아침에 항공모함으로 공격할 거라고 예측했다. 그리고 1개월 후, 해군작전부에선 일본의 공격 시점이 주말이라고 했다. 이 밖에도 해군 출신 언론인 로버트 스틴넷은 『거짓의 날』²⁰⁰¹에서 루스벨트와 참모들이 하와이 주변 해상 정찰을 중지시켜 일본의 대규모 공격을 유도했다고 했다.

그러나 이 음모론은 설득력이 약하다. 참전의 명분으로 삼기에는 군사적·전략적 피해가 너무 크다. 더욱이 이 공격으로 무려 2,400여 명의 육해군 병사가 사망했다. 역사에는 어떤 사건이 일어날 조짐이 있어도, 이를 대비하는 사람이 방심하거나 간과해서 참혹한 결과를 초래하는 경우가 많다.

당시 미국 정부는 일본이 필리핀, 괌, 미드웨이는 침공해도 하와이만큼은 절대 그럴 수 없다고 판단한 것 같다. 그만큼 진주만에 정박한 태평양함대의 위용은 대단했으며, 그에 따라 군사적 피해도 엄청났다. 미국 정부의 지나친 자신감과 방심이 진주만의 비극과 음모론을 동시에 불러왔다고 볼 수 있다.

둘리틀 공습 _{도쿄 공격작전}

진주만 공격에 맞선 미국의 보복인데, 실패한 작전이다. 전과에 비해 희생이 훨씬 컸다.

굳이 이 작전의 효과를 꼽자면 미군 폭격기가 도쿄를 공격했다는 심리적

당시 도쿄 공격작전에 나선 둘리틀 편대

인 면이다.

당시 B-25 폭격기가 투입되었는데, 연료를 절감하기 위해 기관총을 들어내기까지 했다. 그러나 영화에도 나오듯이 연료 부족 문제를 해결하지 못했으며 안전판도 없는 최악의 비행 조건에서 공격이 감행되었다. 항공모함 호네트에 실린 16대의 폭격기가 도쿄를 공격1942. 4. 18.했으나 실제 효과는 별로 없었다.

이후 1대는 블리디보스톡에 착륙했다. 나머지 15대는 중국 대륙으로 날아갔으나, 악천후와 등화관제로 착륙 지점을 찾지 못했다. 결국 연료가 떨어져 11대의 탑승원은 낙하산으로 탈출하고 나머지 4대는 불시착했다. 3명의 비행사가 불시착하는 도중 목숨을 잃었고, 3명의 조종사가 일본군에 사로잡혀 처형되었다.

영화에는 레이프와 대니가 도쿄 공격을 마치고 중국으로 탈출하는 와중에, 대니가 레이프를 구하고 일본군에게 목숨을 잃는 걸로 나온다. 영화에도 이 작전이 처음부터 실패할 수밖에 없을 정도로 무모한 계획이었다는 내용이 나온다. 이 작전이 군 관계자의 만류에도 불구하고, 루스벨트의 고집으로 결행되었다는 대목을 두고 한 말이다.

제작 & 에피소드

이제껏 본 작품 중에서 가장 실감나는 진주만 공격 장면이 나오는 영화.

무려 30분 이상 나오는 진주만 폭격장면은 그야말로 압권이다. 다이너마이트 700개 가솔린통 4,000개를 투약하고, 10개월 이상 최첨단 컴퓨터그래픽을 통한 후반작업으로 탄생되었다고 전한다. 주인공들의 우정과 사랑에 관한 스토리가 부수적인 내용으로 보일 정도로, 오래도록 여운이 남는다.

영화 속 둘리틀 중령과 진주만 공격장면에 잠깐 나오는 밀러^{흑인 최초로 해군 수훈장 수상}가 실존했던 데 비해, 주인공인 레이프, 대니, 에블린은 가공인물이다. 이러한 배경은 각본을 쓴 랜달 월리스가 이 영화를 전투 장면을 배경으로 한 비극적인 '러브스토리'에 초점을 맞추어서다. 따라서 주인공의 가치관이나 행동을 역사적으로 평가하는 건 무의미하다.

영화 시사회는 세계적으로 화제가 되었다. 시사회 한 번 여는 데 5백만 달러를 투자했다고 전하지만, 실제로는 그 이상이다. 생각해 보라.

시사회가 일반 영화관이 아닌, 진주만에 정박해 있는 세계 최대 규모 핵항공모함 스테타니호 안에서 야외 상영으로 펼쳐졌을 때의 광경. 여기에 미 해군합창단의 합창과 폭죽놀이, 심지어 시사회 기념 축하비행까지 하는 부대 행사도 열렸다. 그리고 여느 시사회와는 달리, 출연배우들은 물론이고 군 고위관계자와 당시 진주만 생존자와 둘리틀 편대원 가족이 시사회에 참석했다.

따라서 시사회는 단순한 영화홍보 차원이 아닌, 미 국방부 기념행사 같은 느낌마저 든다. 왜 그랬을까?

그건 이 영화가 미 국방부 홍보영화이기 때문이다. 즉, 미 국방부는 이 영화를 통해서 많은 젊은이들이 자원 입대하기를 기대했다. 현재 징병제가 아닌 모병제 시스템으로 입대자가 점점 줄어드는 추세에서, 〈진주만〉과 같은 전쟁영화는 군인 모집 광고로 아주 효과적이다.

한 예로, 톰 크루즈 주연의 〈탑건〉은 그해 미국 최고 흥행작이었으며, 그해 파일럿 지망자가 예년의 무려 5배에 달했다. 그래서 〈탑건〉은 국방부의 엄청난 물량 지원 속에서 영화사가 제작비를 대폭 절감할 수 있었다.

그런 상황이 〈진주만〉에도 재연되었으며, 어안이 벙벙할 정도의 대규모 시사회도 연관이 있다. 영화가 문화 상품인 동시에 국방부 홍보 도구로 전락할 수 있다는 걸, 이 영화는 생생하게 입증하고 있다.

영화 VS. 영화 〈폭풍의 나날〉(Come See The Paradise, 1990)

진주만 공격을 소재로 한 〈진주만〉과 〈폭풍의 나날〉. 전자에 진주만 공격과 보복 대응인 둘리틀 공습이 나온다면, 이 영화는 진주만공격이 끼친 미국 내 영향을 다루고 있다.

일본의 진주만 공격은 미국 전체를 충격에 빠뜨렸다. 여기에는 미국에 거주하는 일본인도 포함되는데, 특히 미국인도 일본인도 아닌 어중간한 위치에 있던 재미 일본인 2세들은 패닉 상태에 빠졌다. 그리고 두려움은 현실로 나타났다.

1942년 2월 루스벨트 대통령은 일본계 미국인을 캘리포니아 산악지대와 애리조나 사막에 있는 수용소로 보내기로 결정한 것이다. 영화에는 사막에 있는 재정착수용소만 등장 게다가 10만 명이 넘는 일본계 이민 1세대와 2세대가 48시간 이내에 모든 재산을 처분하라는 명령을 받고 강제이주됨으로써, 재산이 몰수되다시피 했다. 당시 이들의 재산 손실은 5억 달러이며, 철조망에 둘러싸인 감옥이나 다름없는 수용소에서 지냈다.

영화에는 반* 포로 신세로 전락한 일본인들이 극도로 흥분하거나 공포에 질린 모습으로 나온다. 포로처럼 대하는 미국 정부에 적대감을 갖는가 하면, 진주만 공격을 감행한 모국 일본을 성토하는 일본계 미국인들.

이러한 상황에서 미국인과 일본인 사이를 오가며 이성적인 판단을 하는

192

일본인 강제수용소

이가 주인공이자 일본 여성의 남편 미국인 잭데니스 퀘이드이다. 그는 동분서주하며 침략국 일본을 향한 미국인의 분노는 공감하면서도 죄 없는 일본인을 수용소에 몰아넣는 건 지나친 행위라고 맞선다. 일본인 아내와 자식만이라도 수용소에서 빼내려고 애쓰는 잭. 그러나 그의 행동이 오히려 미국인들의 분노만 커지게 할 뿐 소용이 없다.

일본인들이 수용소를 빠져 나올 수 있는 유일한 방법은 미군에 입대하는 것. 영화처럼 실제로 수용소를 벗어나려고 미군에 입대한 일본인 젊은이도 적지 않다. 결국 수용소에 갇힌 일본인들은 전쟁이 끝날 때까지 꼬박 3년을 갇혀 있다가 풀려나며, 잭도 가족과 감동적인 재회를 한다.

전쟁의 소용돌이에서 일반 사람이 얼마나 무기력한 존재가 될 수 있는가를 잘 보여 주는 〈폭풍의 나날〉. 선전포고없이 진주만을 공격한 일본의 행위는 비난받아 마땅하지만, 일본인들을 사막 한가운데로 강제이주하게 하는 미국의 행위가 정당화될 순 없다. 그럼에도 힘든 수용소 생활을 하는 일본인들의 모습에 동정심이 생기지 않는 이유는?

간단하다. 일제강점기를 겪고 아직도 위안부와 독도 문제 등 첨예한 외교 갈등으로 불편한 심기를 가눌 수 없는 우리나라 사람들에게 영화 속 일본계 미국인이 순전히 일본인으로 비쳐지기 때문이다.

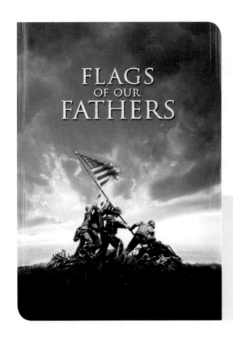

매스컴이 만든 영웅

아버지의 깃발
Flags of Our Fathers, 2006

감독: 클린트 이스트우드
출연: 라이언 필립(존 브래들리)
　　　제시 브래포드(레니 개그)
　　　아담 비치(아이라 헤이즈)

영화 속 역사

이오지마 전투를 소재로 한 영화. 조 로젠탈의 성조기 게양 사진에 얽힌 일화를 통해, 전쟁의 참혹함과 매스컴의 허상을 동시에 알아볼 수 있다.

이오지마에 상륙한 미 해병 6명이 성조기를 꽂는 사진이 신문 1면에 실린다. 인상적인 장면에 국민들이 감동하자, 이를 이용하려는 정부. 사진 속 병사 중 살아 있는 위생병 존, 인디언 출신 헤이즈, 통신병 레니를 불러 전쟁기금 모집에 나서게 한다. 매스컴의 조명으로 영웅으로 떠오르지만, 이들의 마음이 불편하다. 만찬장에서 와인을 마시는 그 시각, 전우들은 목숨 걸고 싸우기 때문이다.

가장 참혹한 전투

태평양전쟁에서 가장 참혹한 전투는? 아마도 미군과 일본군 모두에게 너무나 큰 희생을 치른 이오지마 섬의 전투일 것이다.

그렇다면 이 섬이 전략적으로 중요한 이유는? 일본의 입장에선 미군의 B-29호 폭격기가 일본 본토를 공격할 때 이 섬을 경유함으로써 일본 본토로 향하는 미군의 공격을 미리 알려 줄 수 있다. 그리고 이오지마를 경유해서 미군 기지가 있는 마리아나 제도를 급습할 수 있다.

미군측도 전략 거점으로 이오지마가 필요했다. 즉, 마리아나 제도로부터 일본 본토까지 거리가 멀어 공격 효과를 극대화할 수 없었다. 더욱이 연료 부족 문제로 호위전투기를 수반하지 못하므로 역습당할 위험성도 있었다. 따라서 미군은 장거리 폭격기의 중간 착륙장이자 호위 전투기 기지 확보를 위해, 그리고 보다 효과적인 일본 본토 공격을 위해 이오지마를 차지하려 했다.

이 전투는 1946년 2월 19일 오전에 미 해병대가 이 섬에 상륙하고 근 40일 동안이나 전개되었다. 5일이면 충분히 함락할 수 있다는 지휘부의 호언과는 너무나 달랐다. 6천여 명의 전사자와 2만여 명이 부상한 이오지마 전투는 생지옥이 따로 없었다.

아쉬운 건 영화에 장대한 스케일의 전투신이 나오지만 〈라이언 일병 구하기〉처럼 길지 않고 다소 성급하게 끝난 느낌이다. 그럼에도 이 전투가 얼마나 처절했는지는 병사 헤이즈의 모습에서 유추할 수 있다.

영화에선 모금행사에 나섰던 후유증을 벗어나지 못한 걸로 나오지만, 그의 증상은 목숨을 건 처절한 전투로 인한 '외상후 스트레스 장애'다. 그리고 이런 증상이 나오는 장면은 이 영화만이 아니다. 〈디어 헌터〉의 닉^{크리스토퍼 월}켄이나 〈하얀전쟁〉의 진수^{이경영}와 〈우리는 지금 제네바로 간다〉의 필운^{이영하}

도 모두 유혈이 낭자한 전투로 인한 극심한 스트레스로 정상적인 사회생활
을 하지 못한 경우다.

사진 한 장의 파괴력

영화는 이오지마 전투를 배경으로 하면서도, 전투 그 자체보다 성조기를
꽂는 사진을 둘러싼 이야기에 초점을 맞추고 있다. 굳이 이 영화를 거론하
지 않더라도 한 번쯤은 봤음직한 조 로젠탈의 사진.

로젠탈은 AP 통신 종군기자로서 '미국의 승리'를 상징하는 이 사진을 수
리바치산에서 찍었다.^{1945. 2. 23.} 이후 영화에 나오는 3명의 주인공과 마찬가
지로 대통령을 만났고, 퓰리처상을 수상했다. 그가 찍은 이 사진은 신문과
잡지의 표지를 장식하고 우표와 포스터로 제작되고, 버지니아주 알링턴
국립묘지에 위치한 해병대
전쟁기념관 추모비로도 세워
졌다.

그러나 사진에 대한 관심
이 증폭되면서, 그는 사진을
조작했다는 비난에 시달렸
다. 영화의 내용처럼 그의 사
진은 최초로 성조기를 꽂을
때 찍은 게 아니며, 우연이 아
닌 연출용이었다. 그럼에도
이 사진만큼 당시 미 국민에

이오지마 성조기 계양 사진

게 승리에 대한 확신과 결집력을 심어 준 것도 없다. 이처럼 사진 한 장이
역사를 결정하는 경우가 종종 있다.

영화에 나오는 AP 통신기자 에디 애덤스가 찍은 길거리 처형 사진도 여기에 해당한다. 베트남 경찰 책임자였던 '구웬 곡 로안'이 베트콩 '구웬 반 렘'을 권총으로 처형하는 장면[1968. 2. 1.]인데, 이 사진 한 장이 세계적으로 반전운동이 벌어지는 촉매제가 되었다.

에디 애덤스가 찍은 길거리 처형사진
(권총을 든 이가 구웬 곡 로안)

그러나 퓰리처상까지 받은 이 사진은 후일 현실을 왜곡한 사진으로 판명되었다. 처형당한 '구웬 반 렘'이 남베트남 경찰의 가족과 인척들을 34명이나 살해 교사케 한 베트콩 암살부대 대장이었기 때문이다.

물론 재판 없이 처형한 건 문제지만, 길거리에서 무고한 시민을 살해한 건 아니었다. 구웬 곡 로안은 영웅으로 추앙받는 영화 속 주인공들과는 정반대로 살인마라는 오명이 따라다녔다. 후일 애덤스는 로안과 그의 가족에게 사과했지만, 대중에게 각인된 사진의 이미지를 바꿀 수는 없었다. 그래서 애덤스는 인터뷰에 자신의 심정을 피력했다.

"사진은 이 세상에서 가장 강력한 무기다. 사진작가의 조작 여부와 상관없이 찍힌 이미지를 무조건 믿기 때문이다."

제작 & 에피소드

이제는 명배우보다는 거장감독이라는 표현이 어울리는 클린트 이스트우드. 영화는 영웅신화의 허상을 통렬하게 비판한다. 사진 한 장으로 영웅이 된 인디언 출신 해병은 그 일로 인해 나락으로 떨어졌다. 이 영화에서

197

감독이 전하는 메시지는 엔딩 부분에 나오는 존의 독백이다. 즉, 이 세상에 영웅은 존재하지 않으며, 단지 필요에 의해 만들어진다는 것.

존이 매스컴의 영웅 만들기 놀음에 희생되지 않은 점도 의미있다. 그는 레니와 달리 정치인과 언론의 가식적인 멘트에 현혹되지 않았으며, 자기 가족에게도 성조기 사진과 관련된 이야기를 꺼내지 않았다.

감독은 이 영화와 함께 같은 소재로 일본인의 관점에서 조명한 〈이오지마에서 온 편지〉를 제작했다. 그럼 두 영화 중 어느 쪽이 작품성과 흥미 면에서 뛰어날까?

재미라는 점은 관객의 기호도에 따라 다르겠지만, 작품성은 결론이 났다. 〈아버지의 깃발〉이 음향편집상 부문만 오스카상 후보에 오른 반면, 〈이오지마에서 온 편지〉는 주요 부문인 작품상, 감독상, 각본상 후보에 오르고, 음향편집상을 수상했다.

영화 VS. 영화 〈이오지마에서 온 편지〉
(Letters From Iwo Jima, 2006)

같은 감독, 같은 소재로 동시에 만든 〈아버지의 깃발〉과 〈이오지마에서 온 편지〉.

차이점이라면 전자는 미국 입장에서, 후자는 일본의 관점에서 극이 전개된다. 극의 전반적 분위기가 음울한 것도 비슷하다. 그도 그럴 것이 이오지마 전투로 미국과 일본 모두 엄청난 희생이 따랐다. 굳이 차이점이 있다면 일본 측 분위기가 더욱 비장하다. 어차피 패할 전투라는 걸 뻔히 알면서도 무작정 싸워야 하는 군인의 심정은 어떨까.

이런 기분을 절감하는 장면이 있다. 필요한 식량과 군수품은 오지 않고,

쿠리바야시 다다미치(좌)와 그를 연기한 와타나베 켄(우)

라디오에서 나가노현 어린이들의 동요가 흘러나온다. 이오지마 섬이 전략적으로 중요하다는 내용의 아이들 노래 소리는 소름이 끼친다. 목숨 걸고 사수하라는 건 그곳에서 죽으라는 의미다. 영화에도 나오듯이 이오지마에서 일본군 중 무려 2만여 명이 옥쇄를 결행했으며, '쿠리바야시 다다미치' 대장^{와타나베 켄}은 300명 가량의 부하들과 총공격을 감행하고 전멸했다. 과연 그런 죽음이 어떤 가치가 있을까?

옥쇄^{玉碎}는 옥처럼 부서진다는 뜻으로 명예나 충절을 위하여 죽는 건데, 영화를 보면 그렇지 않다. 옥쇄를 강요하던 장교가 정작 자신은 비굴하게 투항하는 것만 봐도 그렇다. 심지어 일본군은 주민들에게도 할복자살을 명했다. 정작 자살해야 할 사람은 천황을 비롯해 전쟁을 일으킨 군부세력인데, 엉뚱하게도 그 희생이 민간인을 향했다.

이 영화에서 아쉬운 건 주인공을 비롯한 일본군이 국가 권력에 의해 동원된 희생자처럼 묘사했다는 것. 이 전쟁과 무관한 관객이라면 모를까, 일제강점기를 겪은 우리나라나 수백만 명이 희생된 동남아시아 사람들의 관점에선 극이 진행되는 동안 불편한 감정을 숨길 수 없다.

그래서일까. 〈이오지마에서 온 편지〉는 극장 개봉 없이 DVD로만 출시했다. 재언컨대 이런 영화는 아무리 작품성이 뛰어나도 우리나라에서 극장 개봉은 어려울 것 같다.

199

이오지마 전투 전후

이오지마 전투를 전후로 하여 역사적으로 중요한 전투로는 우선 미드웨이해전 (1942. 6. 5.)을 들 수 있다. 이 해전에서 미국은 일본의 항공모함 4척을 격침시켜서 태평양의 제해권을 장악하고 반격으로 나설 수 있는 발판을 마련했다.

다음으로 남솔로몬 제도의 과달카날섬 근처에서 벌어진 과달카날전투(1942. 8.7.~1943. 2. 9.)다. 이 전투가 중요한 이유는 미군이 방어에서 공세적 작전으로 전환했다는 것. 당시 미군은 일본 해군이 이곳에 거대한 비행장 건설을 시작했다는 정보를 입수하고 공격하기로 결정했다. 이런 대규모 기지가 건설되면 연합군의 보급과 연락망이 차단되기 때문이다. 반대로 미군이 점령하면 주위의 일본군 기지들을 고립시키고 향후 필리핀을 재탈환할 수 있는 발판을 마련할 수 있었다.

끝으로 사이판과 오키나와 전투를 들 수 있는데, 이 영화의 무대인 이오지마와 밀접한 관련이 있다. 즉, 세 전투 모두 일본을 직접 공격하는 전략적 효과가 있으며, 특히 사이판은 일본 본토를 폭격하는데 가장 가까운 위치였다.

사이판전투(1944. 6. 11.~7. 9.)는 치열하다는 표현을 넘어 소름끼치는 전투다. 일본군이 이 전투에서 최초로 전원 옥쇄를 감행하고 그곳에 살던 민간인들까지 자살했기 때문이다. 그리고 사이판 함락으로, 홋카이도를 제외한 일본 본토가 B-29호의 공격을 받게 되고 이어서 도쿄 대공격으로 이어지게 된다.

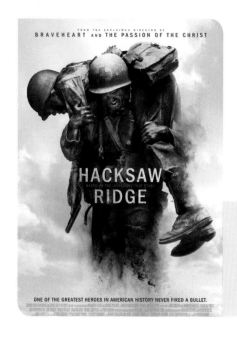

03

동화 같은 구출 작전

핵소 고지 Hacksaw Ridge, 2016
감독: 멜 깁슨
출연: 앤드류 가필드(데즈몬드 도스)
　　　테레사 팔머(도로시 쉬테)
　　　샘 워싱턴(글로버)

영화 속 역사

　오키나와 전투를 소재로 한 영화. 한 인물의 기적 같은 전쟁실화를 통해, 전쟁의 참상과 인간애를 동시에 살펴볼 수 있다는 점이 특색이다.

　전쟁이 격화되는 와중에 의무병으로 자진 입대한 도스. 훈련은 받지만 종교적 신념으로 집총을 거부한다. 강제 전역시키려는 군부와 겁쟁이라고 놀리는 동료들. 군사재판에도 서지만, 그의 고집을 꺾지 못한다. 결국 그는 치열한 전투가 벌어지는 오키나와로 무기 없이 참여하게 된다.

색다른 영웅

전쟁영웅이란 호칭은 주로 전투에서 많은 적을 무찔렀을 때 불린다.

그런데 주인공 '데즈먼드 T. 도스'는 색다른 경우다. 오키나와 전투 중에서 가장 치열했던 핵소 고지 전투에 무기 없이 참여해 무려 75명의 죽어 가는 전우들을 구해 낸 것이다.

아수라처럼 여기저기 살점과 피가 튀어 오르는 전투의 현장. 바로 그곳에서 아무런 무기 없이 홀로 남아 적들의 경계를 피해 밤새도록 부상병들을 구해 내는 그의 모습을 보며 느낀 건, 과연 이게 가능할까라는 의구심이었다.

그만큼 놀라웠고, 영화 속 등장인물들도 마찬가지 반응이다. 절벽 아래로 부상당한 미군들이 한 명씩 내려지는 걸 보고 기막혀 했다. 영화에서 글로버 대위가 그에게 사과하는 장면에선 울컥하는 느낌도 들었다. 도스를 강제 전역시키려 한 그는 자신이 사람을 정말로 잘못 봤다며, 이제껏 자신이 만나 본 가장 용맹한 군인이라고 찬사를 보냈다.

참영웅의 면모

도스의 진정한 면모는 그가 유명해진 이후의 행동이다.

총을 들지 않은 군인 최초로 미군 최고의 영예로 불리는 '명예 훈장'을 받았지만, 그는 그런 명예를 어색해했다. 진정한 영웅은 자

트루먼 대통령으로부터 훈장을 받는 도스

202

신보단, 전투 중에 목숨을 잃은 전우라고 말하는 도스. 분명한 건 그가 병사들을 구하러 나섰을 때, 그 자신도 몸이 만신창이였다는 사실. 팔이 골절되고 다리에 수류탄 파편이 박히는 등의 심각한 부상을 당한 상태였다.

그는 자신의 전쟁실화를 영화화하려는 숱한 제안을 수십 년 동안 거절했다. 평생을 조용하고 겸손하게 살기 원해서였다. 그럼에도 그의 이야기를 후세에 전해야 한다는 끈질긴 설득 끝에, 87세의 나이로 생을 마감하기 몇 년 전에야 자신의 삶을 영화로 이야기해도 좋다고 허락했다.

오키나와 전투

영화 속 핵소 고지를 비롯한 일련의 전투를 오키나와 전투[1945. 4. 1.~6. 23.]라 칭한다. 오키나와 전투는 이오지마 전투에 이어서 최초로 일본 영토 내에서 벌어진 미군과 일본군의 전면전이다. 이곳의 함락은 일본의 패망이 눈앞에 왔다는 걸 상징한다. 그래서 이마무라 쇼헤이의 〈간장선생〉의 도입부에는, 미군 조종사들이 오키나와가 함락되었는데 어째서 일본인들이 계속 저항하는지 알 수 없다는 대사도 있다.

미군은 오키나와에 1개월 동안 3만 발에 달하는 포탄을 퍼붓고 상륙했다. 일본군의 대응 사격을 피하기 위한 조치였다. 아무런 저항 없이 상륙하고 오키나와 북부를 장악했으나, 문제는 그다음 발생했다. 방심한 틈에 미군이 큰 피해를 입은 것이다. 영화에는 공격과 포격을 당하는 동안 일본군이 동굴에 숨어 있다가 게릴라 전술로 미군을 괴롭히고 심지어 주인공 도스도 일본군의 사격을 피해 동굴로 숨는 장면이 나온다.

미군은 수류탄으로 동굴 진지를 하나씩 제거했다. 오타 미노루 사령관, 우시지마 미츠루 중장 등 거의 모든 군인들이 자결함으로써 전투는 끝이 난다. 영화에는 사령관으로 보이는 일본군 장교가 패배를 절감하고 할복자

203

살하고, 거짓 항복한 후 수류탄 공격을 하려는 일본군들이 사살당하는 장면으로 처리했다.

이 영화는 도스의 영웅적 행위에 초점을 맞추어서, 일본군의 피해는 그리 나오지 않는다. 특히 오키나와 주민들의 피해는 언급조차 없다. 그러나 당시 일본군이 주민들에게 자결을 명령해 수많은 주민이 수류탄으로 죽거나 가족끼리 목을 졸라 죽이는 비극이 일어났다.

미군도 이 섬을 완전히 장악하는 데 큰 피해^{전사자 1만 2천 명, 부상자 3만 6천 명}를 입었다. 그럼에도 피해 이상으로 전략적 목표를 달성했다.

즉, 오키나와를 일본 본토를 공격하는 B-29호 폭격기 기지로 사용하게 됐다. 기존의 4,800km에 달하는 마리나스 섬이 아닌, 오키나와에서 출격해 시간과 연료를 상당히 줄일 수 있어서다. 즉, 일본의 패망을 앞당기는 계기가 되었다.

204

제작 & 에피소드

〈아포칼립토〉 이후 10년 만의 멜 깁슨 복귀작으로 화제가 된 영화.

멜 깁슨은 사실을 소재로 한 영화연출에 탁월한 감각이 있다. 전작 〈브레이브 하트〉〈패션 오브 크라이스트〉〈아포칼립토〉의 명성이 이 영화에도 유감없이 발휘되었다.

영화는 두 관점으로 극이 전개된다. 전반부는 도스의 신념을 둘러싼 갈등이다. 그를 제외한 부대 어느 누구도 그의 행동을 이해할 수 없었다. 심지어 관객도 저렇게 능멸을 당하면서 어째서 군대에 있으려 하는지 이해되지 않았다. 그러나 그의 신념은 후반부 처절한 전투 현장에서 빛을 발한다. 그에게 정말로 두려운 건 목숨을 잃는 게 아닌, 신념이 꺾이는 것이다.

그런 점에서, 주인공 도스 역의 앤
드류 가필드는 최상의 캐스팅이다.
이 배우에게 느껴지는 타고난 이미지
와 주인공 캐릭터가 잘 어울려서다.
영화에서 연인과의 순정파식 연애, 동
기들에게 구타당하고 참는 모습, 살려
줘서 고맙다는 말에 쑥스러워하는 표
정이 연기가 아닌 실존인물 도스의 참
모습을 보는 것 같다.

집총을 거부하는 도스

영화의 또 다른 특색은 핵소 고지 전투장면이 실제 전투 같다는 것. 〈라
이언 일병 구하기〉의 오마하 해변 전투장면 못지않게 생생하고 탄사가 나
올 정도다. 이러한 배경에는 감독이 전투의 사실감을 살리기 위해 CG를 거
의 사용하지 않았기 때문이다. 대신 오키나와 전투 당시 악명 높은 발광탄
을 재현하기 위해, 특수효과팀이 '박스폭탄'을 만든 것이 큰 효과가 있었다.

이 장비는 원하는 만큼 가까운 거리에서 촬영할 수 있고, 강력한 빛과 폭
발력까지 갖추고 있어 CG에 의존하지 않고도 실용적인 특수효과를 구현
할 수 있었다.

205

영화 VS. 영화 〈라이언 일병 구하기〉
(Saving Private Ryan, 1998)

동화 같은 구출 작전을 소재로 한 〈핵소 고지〉와 〈라이언 일병 구하기〉.
두 영화 모두 전쟁의 참상과 인간애를 결합하여 극이 전개되고, 사실적
인 전투장면이 화제를 모았다. 〈핵소 고지〉가 오키나와에서 벌어진 전투

를 생생하게 담았다면, 이 영화는 노르망디상륙작전 당시 해안 고지를 탈환하는 과정을 묘사했다.

이 영화의 백미는 영화 초반 오마하 해변의 비바람 속에서 수천 명의 해병들이 싸우는 20여 분에 걸친 전투장면이다. 스필버그가 제작비 대부분을 이 장면에 썼다고 강조할 정도로, 이 전투신은 이제까지 본 그 어느 영화보다 실감났다. 포탄으로 날아간 자기 한쪽 팔을 들고 뛰는 병사, 항복을 표시했는데도 무시하고 적을 사살하는 모습에서 느껴지는 건 '이게 진짜 전투구나'였다.

그러나 영화에서 보여 준 진정한 전쟁장면은 거기까지고, 다음부턴 할리우드식 동화 이야기 '라이언 일병 구하기'가 전개된다. 물론 한 명의 병사를 구하기 위해 8명의 특공대가 나설 수 있다. 그러나 그런 경우는 특공대를 희생할 만한 군사적 혹은 전략적 가치가 있을 때 허용되며, 사사로운 개인이나 가족의 비극은 덮일 수밖에 없다.

그럼에도 이들은 일치단결一致團結해서 라이언 찾기에 나서는데, 그런 행동에 공감이 가지 않는다. 왜 그랬을까?

206

오마하 해변의 전투장면

그건 영화 속 전우애와 휴머니즘이 보편성을 띤 게 아닌, 감독 스필버그식 관점이기 때문이다. 미국적인 가치관과 교훈적인 역사가 곁들여진 그만의 독특한 휴머니즘이라고나 할까. 적진에 있는 병사를 구하는 명분으로 링컨 대통령 일화를 인용하거나 독일군 포로의 생사를 놓고 논쟁을 벌이는 장면도 여기에 포함된다. 밀러 역을 맡은 톰 행크스가 인터뷰에도 밝혔듯이, 이 영화의 진정한 주인공은 감독 스필버그다.

그럼 그가 이런 시나리오를 선택한 이유는 무엇일까? 전작 〈아미스타드〉가 아카데미 수상과 흥행에서 모두 실패했기 때문이다. 따라서 구겨진 자존심을 살리기 위해서도 오스카상을 의식할 수밖에 없으며, 아카데미 심사위원이 선호하는 휴머니즘과 대작 스타일의 〈라이언 일병 구하기〉 제작에 나섰다. 그리고 이런 열정이 결실을 빚어 아카데미 감독상을 수상했다.

207

Theme 11

전후시대와 냉전

꿈을 현실로 만든 자

/

굿바이! 마녀사냥

/

가는 말이 고와야 오는 말이 곱다

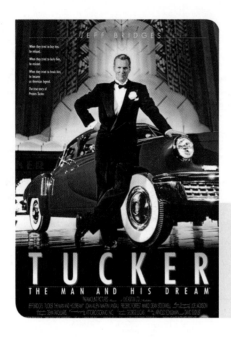

01

꿈을 현실로 만든 자

터커 Tucker: The Man and His Dream, 1988
감독: 프란시스 포드 코폴라
출연: 제프 브리지스(프레스턴 토마스 터커)
　　　조앤 알렌(베라 터커)

영화 속 역사

미국의 실제 기업가를 소재로 한 작품. 대기업과 정치권의 음모로, 천재 기업가가 어떻게 무너지는가를 유쾌하게(?) 묘사하고 있다.

자신이 개발한 신형차가 기존 자동차 3사를 압도할 거라고 확신하는 터커. 운전자 생명을 위한 안전벨트, 야간 운전에 도움주는 헤드라이트, 후면 엔진과 디스크브레이크 등 신기술을 도입했다. 그러나 난관은 이제부터다. 기존 3사의 사주를 받은 방송과 언론이 이 신차를 왜곡 보도하고 터커를 법정에 서게 했다.

터커를 선택한 이유

감독은 혁신적인 기업가 중에서 하필이면 실패자 터커를 주인공으로 했을까? 왜냐하면 감독과 제작자 모두 자동차광이고 예전부터 터커를 흠모했기 때문이다. 특히 감독 '프랜시스 포드 코폴라'는 터커를 '불행한(?) 시대의 완벽한 인간'으로 간주한다.

'프레스턴 토마스 터커'는 오늘날에는 거의 알려지지 않은 자동차업계 기업인이다. 대공황기에 캐딜락 자동차의 사환으로 시작해 포드사의 단순 조립 업무부터 판매에 이르기까지 자동차와 관련된 모든 부서에서 일을 했다. 그리고 이런 경험이 당시 '꿈의 자동차'라 불리는 '터커차'를 제작하는 기초가 된다.

영화처럼 그는 자신이 직접 설계한 터커차 모형을 내놓았는데, 기능과 안전도 면에서 당시로선 상상할 수 없는 수준이었다. 자동식 안전벨트를 비롯하여 바퀴마다 디스크브레이크와 쿠션을 장착해 안전도와 승차감이 뛰어났다.

영화에는 신차 시연회에서 후진도 안 되는 고철덩어리가 나오지만, 그건 극적인 분위기를 연출하려고 각색한 것이다. 실제 시연회[1947. 6. 19.]에선 영화 초반에 터커가 언급한 기능이 모두 설치된 차를 선보였다.

이 차는 배기량 5,500cc에 170마력을 낼 수 있는 알루미늄 엔진을 앞이 아닌 뒤에 장착했는데, 당시

터커차. 헤드라이트 3개가 이채롭다.

211

시판 중인 자동차 중에서 최고 속도인 시속 196km를 낼 수 있었다. 시속 130km를 내는 데 걸리는 시간이 단 15초 밖에 걸리지 않아 웬만한 스포츠카를 운전하는 기분까지 만끽할 수 있었다. 당시 가장 우수한 차종인 캐딜락이 이 속도를 내는 데 1분이 걸렸다는 걸 비교하면, 터커차의 성능이 얼마나 뛰어난지를 짐작할 수 있다.

시연회는 대성공이었으며, 언론은 "터커차 20년을 앞서다!"라는 제목의 홍보기사를 게재하였다. 뒤이어 공장 부지와 자금을 확보하고 합자회사를 설립하여 주식 공모도 하는 등, 자동차 생산이 초읽기에 들어갔다.

방해공작

시연회 성공부터, 기존 자동차 3사의 집요하고도 파상적인 방해공작이 시작된다. 언론의 왜곡 보도, 은행의 비협조, 거물 정치인 개입 등으로 터커는 빚에 몰리고 사기죄로 기소되었다. 물론 음모의 뒤에서 돈이 거래되는 건 자명한 일.

영화가 실제 사실과 다른 부분은 재판과정과 이후의 터커 경력이다. 영화에는 터커가 뛰어난 변론으로 무죄를 선고받고 배심원들에게 자신의 차를 시승케 하는 호방함을 보인다. 경쾌한 음악을 배경으로 50대의 터커차가 거리를 질주하는 장면은 그가 재기에 성공할 것이라는 믿음을 갖게 한다.

그러나 실제로는 1950년 여름에 재판을 받는 도중, 그가 졸도하는 사태가 발생했다. 기소장에 15만 달러의 벌금과 징역 115년이라는 문구를 보고 충격받은 것이다. 이후 무죄판결을 받긴 했지만, 이때 받은 충격과 좌절감이 47세의 나이로 요절하는 원인으로 작용한 것 같다.

그리고 이 재판으로 미국에서 사업할 수 없어 브라질로 건너가 재기하려 했는데, 그곳에서도 실패한다. 자동차 3사가 터커차를 미국 시장에서 판매하지 못하도록 로비를 한 게 치명타였다.

터커의 성격

영화에는 터커가 낙천적이고 호방하며 진취적인 인물로 나오지만, 이는 설득력이 없다. 생각해 보라. 영화에는 회사가 파산한 상태에서 배심원과 시민들에게 호탕하게 웃으며 자신의 차를 타라고 권유한다. 이게 과연 가능한가! 그런 상황에서 차를 타라고 권유하는 기업가나 그 차를 시승하는 배심원과 방청객을 이해할 수 없다.

그런 점에서 마지막 장면이 참으로 아쉽다. 즉, 현실성이 결여된 해피엔딩이 아닌, 터커의 민낯을 그대로 보여 주는 것이다. 자신만만하고 낙천적인 천재 기업가가 대기업과 정치권의 결탁으로 처절하게 무너지는 모습을 사실적으로 보여 주는 게 개연성이 있다. 오히려 그러한 결말이 관객의 공감대도 얻고 감독이 원하는 메시지도 더 잘 전달됐을 것 같다.

영화는 터커를 지나치게 미화해서 실존하는 사람 같지 않다. 그보다는 고집불통에다 비타협적이며 사기꾼 기질도 있다. 그는 영웅도 아니고 악인도 아니고 순수한 사람도 아닌, 여러 기질이 뒤엉킨 일반 기업가와 다를 바가 없다.

'프레스턴 토마스 터커'(좌)와 그를 연기한 제프 브리지스(우)

213

1988년의 의미

영화가 제작된 1988년은 세계 스포츠 축제인 올림픽이 서울에서 열린 뜻 깊은 해다. 그러나 바로 그 시기, 미국은 경제가 극도로 악화되었다. 그래서 88올림픽을 계기로 미국 정부가 우리나라에 대해 이전보다 훨씬 강도 높은 '무역 압력'을 가했다.

따라서 이런 경제 침체 속에서 패기만만한 천재 기업가 '터커'를 소재로 한 영화가 나왔다는 건, 당시 미국 사회의 분위기를 반영한 것이다. 특히 법정에 선 그의 변론에서 잘 드러난다.

"우리는 원자탄을 만들었다고 자부합니다. 그 걸로 일본군과 나치를 물리쳤거든요. …… 언젠가 예전의 적으로부터 전자제품을 살지도 모르죠." 주목할 건 터커가 재판 중이던 당시 미국 경제는 역사상 가장 '풍요한 시기'였다.

즉, 전화戰禍로 잿더미가 된 일본과 독일이 미래의 경제전쟁에서 가장 강력한 적이 될 거라고 예견한 영화 속 터커의 대사는 제2차 세계대전이 끝난 지 얼마 되지 않은 시점과 맞지 않는다. 극 전개는 1940년대 후반을 다루는데, 터커의 법정 진술만 1980년대 후반의 미국 경제를 거론하고 있다.

결국 감독은 미국의 경제 위기를 극복하기 위해선 정치권과 언론계가 아이디어가 충만한 젊은 기업가들이 마음껏 경제활동을 할 수 있는 분위기를 조성해야 한다는 걸 내비치고 있다.

제작 & 에피소드

오늘날 남아 있는 40여 대의 터커차 중 1대를 소유할 정도로 터커라는 인물에 애정이 남달랐던 감독 코폴라. "처음 터커차를 보고 충격받던 1940년대부터 터커에게 매력을 느꼈고, 그가 기업가로서 이루지 못한 꿈을 영화로 실현하고 싶었다." 이 영화 제작자 조지 루카스도 터커차를 2대나 소유하고 있으니, 영화는 말 그대로 주인공을 우상으로 떠받드는 감독과 제작자에 의해 기획되었다.

개봉 후 주인공을 지나치게 미화한 걸 두고 평단의 비판이 있었지만, 감독으로선 어쩔 수 없는 일. 영화 속 터커가 코폴라가 그리는 이상적인 모습이자 감독 자신이 터커로 투영되었기 때문이다.

결코 밉지 않은 돈키호테 기질의 터커 모습을 연기한 제프 브리지스. 이 영화가 개봉될 때만 해도 우리나라에선 그리 알려지지 않은 배우였다. 그는 영화의 프롤로그부터 끝날 때까지 재치있는 유머와 기발한 발상을 연이어 내놓는다.

흥미로운 건 영화 속 캐릭터가 이후에 출연하는 〈씨비스킷〉[2003]의 찰스하워드 역과 너무 비슷하다.

215

영화 VS. 영화 〈에비에이터〉(The Aviator, 2004)

동시대에 기발한 발상을 지닌 기업가를 소재로 한 〈터커〉와 〈에비에이터〉.

거물 정치인의 개입으로 사업 위기에 몰리고 남들이 상상조차 못한 걸 만들어 낸 것도 비슷하다. 차이점은 터커가 실패한 반면, 이 영화의 주인공 하워드 휴즈는 성공했다. 또한 터커는 빈손에서 시작해 산전수전 다 겪은 인물이고, 휴즈는 막대한 유산을 물려받아 거침없이 사업을 벌인 사람이다.

그런 점에서 두 사람 모두 '꿈을 현실로 만든 자'이지만, 출발부터 달랐다.

터커는 은행의 비협조로 인한 자금 부족으로 사업 추진에서 심신이 소진된 반면, 휴즈는 〈지옥의 천사들〉 제작 장면에도 나왔듯이, 엄청난 자금력으로 흥행 대박의 대작을 만들 수 있었다. 즉, 영화 속 휴즈를 보면, 자본주의 사회에서 돈이 얼마나 중요한지를 새삼 확인하게 한다.

거대한 위용을 자랑하는 헤라클레스

216

그렇다고 휴즈가 자본만 가진 그저 그런 기업가는 아니다. 그는 거대자본으로 자신의 꿈과 도전을 한껏 펼쳤다. 그는 찰스 린드버그가 세웠던 최단 시간 대륙횡단 비행 기록을 깨뜨린 조종사이자, 항공사 TWA를 인수한 항공 재벌이다. 새로 제작한 비행기를 손수 시험비행하고, 비행기가 추락해 목숨을 잃을 뻔 했고 몸에 화상도 입었다. 영화를 만들고 싶다는 이유만으로 할리우드 메인 제작사 RKO를 사들이고, 자신이 직접 〈지옥의 천사들〉의 감독으로 나섰다.

거대한 위용을 자랑하는 헤라클레스가 날아오르는 장면으로 대미를 장식한 것도 이 영화의 매력. 공교로운 건 시험비행에 나선 해가 1947년인데, 터커차도 같은 해에 신차 시연회를 열었다. 그리고 두 성취물의 결과가 좋지 않은 것도 동일하다. 터커차는 판매를 하기도 전에 파산했고, 헤라클레스는 시험비행 한 번으로 끝났으니 말이다. 동체가 너무 무거워 성능이 떨어지고 실효성이 없기 때문이다.

주인공 휴즈 역의 레오나르도 디카프리오는 〈레버넌트〉 이전까지의 작품들 중에서 가장 뛰어난 연기력을 보여 주었다. 병균이 옮길지도 모른다는 결벽증으로 눈살을 찌푸리고 신경질적인 표정을 짓는 것은 이제껏 그에게 따라 붙은 꽃미남 배우라는 선입견을 벗어나게 해 준 명연기로 아카데미 남우주연상 수상을 예견했을 정도다.

굿바이! 마녀사냥

굿나잇 앤 굿럭
Good Night, and Good Luck, 2005
감독: 조지 클루니
출연: 데이빗 스트라탄(에드워드 머로)
조지 클루니(프레드 프렌들리)

영화 속 역사

방송인 에드워드 머로를 소재로 한 영화. 그를 통해서 매카시즘의 실체가 적나라하게 드러났다는 점이 이 영화를 선택한 이유다.

빨갱이사냥이 기승을 부리던 시기. TV쇼 진행자 머로가 적색분자 혐의로 강제 제대당한 라둘로비치를 방송하자고 제안한다. 매카시와 군부를 상대로 싸우기 찜찜해하는 회사 간부들. 하지만 증거 없이 의심만으로 공산주의자 낙인을 찍은 사건을 용납해선 안 된다며 방송에 내보내는 머로. 이 방송을 본 매카시 측이 머로를 공산주의자로 몰자, 매카시의 위협에 정면대응으로 맞선다.

Good Night, and Good Luck

주인공 '에드워드 머로'의 트레이드 멘트다. 한때 국내에서 큰 인기를 끈 〈자니윤 쇼〉에서 진행자가 방송이 끝날 때 "이제 잠자리에 들 시간"이라는 멘트와 유사하다고나 할까.

방송 말미에 꼭 나오는 "굿 나잇 앤 굿 럭"은 "안녕히 계십시오, 행운을 빕니다."라는 단순한 멘트가 아니며, 머로가 지어낸 말도 아니다.

1940년 말 매일 밤낮으로 런던에 독일군의 폭탄이 비처럼 쏟아지던 어느 날, 엘리자베스 공주^{엘리자베스 2세}가 라디오 생중계 연설을 "굿 나잇 앤 굿 럭"으로 끝맺었다. 당시 머로는 CBS 유럽 지부 국장으로 런던에 있으면서 독일군의 공습 소식을 현장에서 전하면서, 공주처럼 멘트를 했다.

따라서 머로가 사용한 이 말은 단순한 인사가 아닌, 죽음의 공포에 시달리던 영국인에게 위로와 편안함을 선사하는 탁월한 방송 감각이 느껴지는 멘트다. 그리고 매일 런던이 폭탄 세례를 받던 그때^{런던대공습: 1940년 9월부터 1941년 5월까지 공습으로 4만 3천여명 사망. 그 중 절반이 런던 시민.}에도 어김없이 나오는 그의 라디오 방송은 당시 대서양 너머 런던의 소식을 궁금해하던 영국계 미국인에게 희망의 역할을 톡톡히 했다.

219

런던에서의 라디오 방송으로 대중에게 신뢰감을 심어 준 머로. 그러나 그를 더욱 유명하게 한 사건이 벌어졌다. 미국 사회를 레드콤플렉스에 빠뜨렸던 매카시 열풍의 장본인 조지프 매카시 상원의원과의

조지프 매카시

진검승부였다.

매카시즘: 현대판 마녀사냥

매카시즘이 일어난 계기는 위스콘신 출신 공화당 초선 상원의원 매카시가 웨스트버지니아 휠링에서 했던 연설[1950년 2월]이다. 그는 몇 장의 문서를 흔들면서 국무부에 암약하고 있는 공산주의자 205명의 명단이 자기 손안에 있다고 선언했다.

당시 그의 주장은 미국 사회 전체를 발칵 뒤집었다. 대외 정책을 담당하는 국무부에 그렇게 많은 수의 공산주의자가 있다는 말에 시민은 충격받았으며, 그때부터 빨갱이 색출운동이 본격화되었다. 상원은 진상조사위원회를 구성해 조사에 나섰으나 별다른 증거를 찾지 못했다. 그럼에도 매카시는 국무부를 비롯한 여러 기관에 공산주의자가 암약하고 있다고 맞섰다. 그리고 1952년에 공화당이 상원을 지배하게 되자, 특별소위원회 위원장이 되어 사회 각 분야에 걸쳐 대대적인 빨갱이 색출작업에 나섰다.

문제는 영화에도 나오듯이 증거 없이 혐의와 고발만으로 공산주의와 아무 상관없는 무고한 사람들까지 빨갱이로 몰리는 사태가 벌어졌다. 그럼에도 어느 누구도 이러한 불법 행위에 맞서기 어려웠다. 혹여 자신도 공산주의자 혐의를 받을지 모른다고 두려워했기 때문이다. 영화에도 나오듯이 매카시 측근이 머로를 빨갱이로 몰면서 내뱉는 말이 한 예다. "닭처럼 걸으면 닭인 거야." 저명한 방송인도 이럴진대, 일반 국민은 말할 것도 없다. 공산주의자로 고발되면 직장을 쫓겨나거나 심지어 교도소에 수감되었다.

매카시즘 배경

미국이 어째서 매카시즘 열풍에 빠져들었을까?

미국과 소련 사이의 냉전이 심화되면서, 미국인들이 공산주의 확산을 아주 두려워했다는 데서 비롯된다. 생각해 보라. 동유럽이 공산화하고, 소련이 원폭 실험에 성공하고, 중국에 공산 정권이 들어서고, 한국전쟁이 발발하는 상황에서 이런 두려움은 충분히 예상할 수 있다.

바로 이때 미국 전체를 흔들어놓은 사건이 벌어졌다. 공산당원 줄리어스와 이설 로젠버그 부부가 원폭에 관한 비밀을 소련의 정보 요원에게 넘겨준 혐의로 체포된 것이다. 다른 사람도 아닌 미국인이 이적 행위를 하자, 미국 사회 내부 구성원을 불신하는 상황에까지 이르렀다.

결국 이런 어수선하고 불안한 분위기에 편승해 매카시의 충격 선언이 나오자, 미국 사회는 일대 혼란에 빠졌다. 대대적인 현대판 마녀사냥이 벌어진 것이다. 사람들은 매카시를 철석같이 믿고 열렬히 지지했으나, 점차 그의 근거 없는 선동에 염증을 느꼈다. 그러나 아무도 그를 비난하거나 맞서기 두려워하는 상황에서, 용기있게 나선 이가 방송인 '에드워드 머로'다.

221

한판 승부

"고발이 증거가 아니며, 죄의 유무는 법정에서 가려져야 합니다." 머로가 뉴스방송 〈See It Now〉에서 매카시를 향해 던진 멘트다. 방송으론 처음으로 매카시의 공산주의 마녀사냥을 비판한 머로. 이 역사적인 방송[1954. 3. 9.]을 진행하면서, 그는 매카시에게 반론할 기회를 주었다.

이에 맞서 매카시의 요구로 반론 방송이 나가는데, 아무 증거 없이 머로에게 공산주의자 혐의를 씌운다. 더욱이 예전 머로가 자신을 향해 지적한

에드워드 머로를 연기한 데이빗 스트라탄

내용은 언급조차 없다. 반론 방송이 오히려 자신의 목을 죄는 꼴이 된 것이다. 이제 머로는 골리앗 매카시에 대항한 다윗이 되었다.

이 방송을 계기로 미국 시민은 매카시의 실체를 확인하게 된 동시에, 머로의 인기는 더욱 높이 치솟았다. 이후 매카시는 상원의원의 품위를 훼손시켰다는 혐의로 의원직을 상실했으며, 3년 후에는 알코올중독으로 인한 합병증으로 사망한다. 이와는 달리 머로는 〈See It Now〉 이후에도 TV 프로그램 〈Person to Person〉을 진행하고 아홉 차례나 에미상을 수상했다.

제작 & 에피소드

마치 1940~1950년대 영화를 보는 느낌이 드는 〈굿 나잇 앤 굿 럭〉.

흑백 스크린에 영화 중간 중간 나오는 다큐필름도 이채롭다. 그리고 이런 흑백 화면이 오히려 자연스럽고 사실적인 분위기를 이끈다. 여기에는 영화에 등장하는 매카시를 배우가 아닌 다큐필름으로 대신한 것도 한몫했다. 실제 청문회 현장이나 반론 방송을 극에 삽입함으로써, 관객에게 이 영화가 얼마나 사실적인지를 공감케 했다.

주인공 머로 역의 '데이빗 스트라탄'은 그의 필모그래피에 있어서 최고의 연기를 보여 주었다. 〈레이〉에서 레이 찰스 역으로 아카데미 남우주연상을 수상한 제이미 폭스의 연기와 비견될 듯.

연기는 물론이고 제작과 감독을 겸한 조지 클루니에게는 또 다른 '로버트 레드포드'를 접하는 것 같다. 연기자 겸 감독인 레드포드도 〈퀴즈쇼〉와 〈로스트 라이언즈〉 등 시사성 있는 이슈를 영화로 만들어서다.

군이 두 배우의 차이점을 꼽자면, 클루니는 자타가 공인하는 바람둥이라는 것. 그러나 그게 무슨 상관인가. 영화 속 캐릭터와 실제 성격은 엄연히 구분되는 법. 더욱이 아놀드 슈왈츠네거처럼 정치에 참여하라는 제의를 받은 클루니의 쿨한 인터뷰는 오랫동안 회자되었다.

"내가 정치 일선에 나선다면, 그 전에 여자 문제로 청문회부터 열릴 겁니다."

영화 VS. 영화 〈트럼보〉(Trumbo, 2015)

매카시즘을 소재로 한 〈굿나잇 앤 굿럭〉과 〈트럼보〉.

두 영화 모두 실존인물이 주인공으로, 공산주의 마녀사냥에 정면으로 맞섰다. 그러나 결과는 다르다. 에드워드 머로는 자신이 진행하는 TV 프로그램을 방패로 삼아 매카시 측 공격을 막을 수 있었으나, 돌턴 트럼보는 그러지 못했다.

왜 그랬을까? 그는 할리우드 최고의 개런티를 받는 극작가였지만, 자신을 방어할 방송이나 언론 매체가 없었다. 더욱이 프롤로그에도 나오듯이 그는 미국 공산당원이었다. 미국이 소련과의 냉전으로 위기의식을 느끼고 체제 유지를 위한 내부 단속을 벌이게 되었을 때, 그는 표적이 될 수밖에 없다.

물론 영화 속 반미활동위원회, 상원의원 조지프 매카시, 칼럼니스트 헤다 호퍼의 행위에 정당성을 부여하는 건 아니다. 다만 트럼보는 공식적인 공산

돌턴 트럼보(좌)와 그를 연기한 브라이언 크랜스턴(우)

주의자로서 이런 광풍 앞에서는 몸을 사렸어야 했다. 일단 소나기는 피하듯이 말이다.

그러나 그는 거침이 없었다. 영화에도 나오듯이 법정모독죄로 교도소에 수감될 줄 전혀 예상치 못했다. 그리고 그의 아내 클레오의 말처럼, 교도소를 다녀온 후 그는 변했다. 단지 생활고에 시달려 형편없이 싼 임금으로 시나리오를 쓰고, 자신의 이름을 내걸지 못해서가 아니다. 교도소 가기 이전의 어유로운 모습이 사라진 것이다.

224

영화 홍보 문구에는 "가짜 이름으로 두 번의 아카데미 각본상을 수상하며 할리우드 역사를 바꿔 놓았다."라는 찬사가 있지만, 지난한 세월을 보상받진 못한다. 그런 점에서 생활고로 어쩔 수 없이 자신을 배반한 동료 에드워드 로빈슨^{마이클 스틸버그}의 사과를 받아들였어야 했다. "작가는 가짜 이름으로 글을 쓸 수 있지만, 얼굴을 내밀어야 하는 배우는 방법이 없다"라는 로빈슨의 말에 공감이 가기 때문이다.

등장인물의 연기호흡도 좋다. 특히 주연을 맡은 브라이언 크랜스턴의 연기는 실제 트럼보를 보는 것 같다. 격동의 삶을 산 극작가의 모습을 섬세한 감정선으로 잘 살려냈다. 배우 출신 칼럼니스트 헤다 호퍼 역의 헬렌 미렌도 놀라운 연기 변신을 선보였으며, 킹브라더스 사장 프랭크 역의 존 굿맨은 대사를 할 때마다 웃음이 나올 정도다. 벌레 대가리 외계인과 소녀 얘기 장면은 지금도 눈에 선하다.

마치 미국 현대영화사를 보는 기분이 드는 〈트럼보〉. 당시 유명 배우, 감독, 제작사 사장이 연기자 혹은 다큐필름으로 등장하고, 고전 명화들에 관한 탄생 비화도 알 수 있어서다. 게다가 감독 제이 로치가 실제 뉴스 영상과 촬영장면을 합성하여 사실적인 느낌이 들게 한 것도 이 영화의 특색이다.

마녀사냥과 할리우드

매카시 상원의원 연설이 있기 3년 전인 1947년부터 공산주의자 색출운동이 벌어지고 있었다. 당시 하원 반미활동조사위원회가 이 역할을 했으며, 할리우드 영화계를 표적으로 삼았다.

이러한 배경은 영화라는 매체가 현실을 비판하는 내용을 많이 다루기 때문이다. 예를 들어, 부패한 정치인이나 기업가를 풍자하거나 자본주의 맹점을 소재로 한 영화들이 대중의 관심을 끌 수 있는데, 위원회는 이런 영화를 자본주의 체제를 거부하고 공산주의를 찬양하는 작품으로 간주했다. 더욱이 상당수 공산주의자들이 할리우드에 침투해 있으며, 이들로 인해 미국 영화가 공산주의에 물들었다고 판단했다. 그에 따라 많은 영화계 인사들이 의회 청문회에 소환되어 증언하도록 강요받았다.

분명한 건 사회 비판적인 소재로 영화를 만들었다고 해서 그 사람을 공산주의자로 매도해선 안 된다. 그럼에도 이 위원회는 다짜고짜 공산당원이라는 걸 인정할 것과 주변 사람 중에 공산당원인 자를 말하라고 강요했다. 여기서 고발을 하면 '우호적인 증인'으로 다니던 직장을 보장해 주는 대신, 고발하지 않으면 '비우호적인 증인'으로 분류되어 블랙리스트에 올라 할리우드 밖으로 추방했다.

만일 자신이 억울하게 빨갱이로 몰리고 친구나 동료를 고발하라는 협박을 받으면 어떻게 해야 할까? 바로 이런 곤혹스럽고 비인간적인 상황을 소재로 제작된 영화가 〈크루서블〉〈비공개〉〈마제스틱〉 그리고 〈트럼보〉다.

〈크루서블〉은 아서 밀러의 동명 희곡을 원작으로 한 작품으로 18세기 말 세일럼에서 실제 일어났던 마녀사냥을 통해 매카시즘을 비유적으로 비판했다. 영화에서 목숨을 잃는 극한 상황에 몰려도 끝내 자존심을 지킨 주인공 존 프록터(다니엘

225

데이 루이스)의 모습은 바로 원작자 '아서 밀러'를 상징한다. 밀러 역시 반미활동조사위원회에 소환되어 프록터처럼 자신과 연루된 공산주의자 이름을 대도록 종용당했다. 그는 외국으로의 도주 혐의가 있다는 평결로 여권 발급도 중지되어 연극 〈크루서블〉이 브뤼셀에서 초연되었을 때에도 참석하지 못했다.

〈비공개〉는 중견감독 데이비드(로버트 드니로)가 증언을 거부해 법정모독죄로 실형을 언도받고 생업을 잃게 되는 과정을 그리고 있으며, 코믹한 내용으로 진행되는 〈마제스틱〉 역시 시나리오작가 애플턴(짐 캐리)이 위원회의 위협에도 불구하고 끝내 증언을 거부해 방청객의 박수를 받는다는 내용을 담고 있다.

그러나 〈마제스틱〉의 감동적인 분위기는 단지 영화적 설정이지, 실제는 전혀 달랐다. 〈트럼보〉처럼 법정모독죄로 교도소에 수감되고 재산과 일자리를 잃는 상황이 초래되었다. 일단 '할리우드 블랙리스트'에 기재되면, 더 이상 미국 내에서 어떠한 사회생활도 할 수 없었다.

대표적인 인물로 수감생활도 겪은 일명 '할리우드 텐'이다. 앨바 베시, 새뮤얼 오니츠, 레스터 콜, 존 하워드 로슨, 링 라드너 주니어, 앨버트 맬츠, 돌턴 트럼보 등 7명의 시나리오 작가와 허버트 비버먼 감독과 제작자인 에이드리언 스콧이다. 이들은 공산주의자로 활동한 이력을 자백하라는 명령에 대해 「수정헌법 1조」 '표현의 자유'를 근거로 협조를 거부했다. 그러나 의회모독죄로 기소되었고, 결국 영화계를 떠나거나 활동을 중단할 수밖에 없었다.

할리우드 텐에 에드워드 드미트릭 감독도 속했으나, 수감 생활이 끝난 4년 뒤 마음을 바꾸어 26명의 동료를 고발해 그 대가로 할리우드에서 다시 작가와 영화학 교수로 활동했다. 이 밖에도 찰리 채플린, 오손 웰즈, 벤 바르즈만, 존 베리, 줄스 다신 등 수많은 영화인들이 유럽으로 망명하고, 감독 존 휴스턴은 선조의 고향인 아일랜드로 떠났다.

한편 협조한 영화인도 있는데, 대표적인 인물이 〈욕망이라는 이름의 전차〉 〈워터 프론트〉 〈에덴의 동쪽〉 〈초원의 빛〉 등 주옥같은 작품을 만든 엘리아 카잔이다. 그는 위원회에 회부되자, 8명의 동료 영화인을 공산주의자로 지목했다. 이후 그는 할리우드에서 영화를 계속해서 만들 수 있었지만, 그가 호명한 영화인들은 온갖 고초를 겪었다.

이러한 연유로 그가 제 71회 아카데미 시상식에서 평생공로상(1999)을 받았을 때, 예년과는 다른 분위기였다. 평생공로상은 미국 영화 발전에 삶을 바쳐 온 관록의 영화인에게 주어지는 상으로 객석에서 열광적인 환호를 보내는 게 의례적이다. 그러나 박수도 별로 없고 웅성거리는 소리가 들렸다. 식장 밖에서는 그의 수상을 반대하는 피켓 시위도 벌어졌다.

이와는 대조적으로 매카시즘 희생자로 영국으로 망명한 찰리 채플린이 평생공로상(1972)을 수상하러 20년 만에 귀환했을 때에는 정반대 현상이 벌어졌다. 열광적인 환호와 찬사를 받았으며, 아카데미 시상식은 축제 분위기로 들썩였다.

가는 말이 고와야 오는 말이 곱다

스파이 브릿지 Bridge of Spies, 2015
감독: 스티븐 스필버그
출연: 톰 행크스(제임스 도노반)
　　　마크 라이런스(루돌프 아벨)
　　　세바스티안 코치(울프강 보겔)

영화 속 역사

냉전시대 미국과 소련의 대결을 소재로 한 작품. 실제 있었던 미·소 간 스파이 교환과 베를린장벽을 둘러싼 갈등을 통해 냉전시대의 상황을 살펴볼 수 있다는 게 특색이다.

미국과 소련의 냉전이 최고조에 오른 1957년, 보험 전문 변호사 도노반이 소련 스파이 아벨의 변호를 맡게 된다. 여론은 사형에 처할 걸 요구하지만, 최선을 다해서 변호하는 도노반. 그의 노력으로 사형을 면하고 징역형이 선고되자, 검사 측과 방청석이 난리다. 심지어 그의 집에 총격을 가하는 등, 공공의 적이 된 도노반. 그 시각 소련 영공에서 스파이비행을 하던 U-2기가 추락한다.

1957년의 의미

프롤로그에는 1957년이 냉전의 정점이라고 했다. 도대체 그 해에 무슨 일이 일어났길래, 이런 표현을 했을까?

이 영화에 초점을 맞추면, 소련 스파이 루돌프 아벨이 체포되었다. 그리고 소련의 입장에선 인공위성 스푸트니크호를 발사했다. 즉, 전자는 미국과 소련 간의 스파이 전쟁을, 후자는 우주경쟁의 시작을 의미한다. 이 밖에도 1957년을 전후하여, 양국에선 긴박한 사건이 연이어 일어났다.

로젠버그 부부가 원자폭탄 기밀을 소련 측에 넘긴 죄로 사형이 집행[1953] 되고, U-2기가 소련 영공 스파이 비행 중에 추락하여 조종사 '프랜시스 게리 파워스'가 체포[1960]되었다. 그리고 냉전시대와 독일 분단의 상징물인 베를린장벽이 설치[1961]되었다.

영화는 앞서 언급한 일련의 사건을 소련 스파이 아벨의 체포와 연결하여 극을 전개시킨다. 그리고 두 개의 갈등이 긴장 국면으로 치닫는다. 아벨을 어떻게 처리할지에 대해 재판부와 도노반이 격론을 벌이고, 이어서 스파이 교환을 둘러싼 치열한 비밀협상이 전개된다.

진정한 국익

보험 전문 변호사가 아벨의 변호를 맡을 때부터, 재판 결과를 예상할 수 있다. 아무도 소련 스파이의 변호를 하고 싶지 않았고, 재판부도 형식적으로 공정한 재판이라는 걸 보이려 할 뿐이었다. 로젠버그 부부가 반역 혐의로 사형당했다는 대사가 여러 차례 나오는 것도 아벨이 처형당할 걸 암시한다.

그러나 모두의 예상을 깨고, 도노반은 아벨이 처형되지 않도록 판결을 이끌어 낸다. 법정에서 그가 판사에게 한 말은 의미있다. "아벨을 살려 두는 게 국익이 됩니다. 그와 같은 신분의 미국인이 소련에서 잡힐 가능성도 대비해야죠."

반역 혐의에 관한 로젠버그 부부와 아벨을 달리 보는 그의 논리도 설득력이 있다. 로젠버그는 미국인으로서 조국을 배신한 반면, 아벨은 소련인으로 조국을 위해 일했다는 것이다. 그리고 법적 차별을 금지한 '이크 우대對 홉킨스 판결'[1866]과 「수정헌법 14조」를 법적 근거로 내세웠다.

U-2기 사건

소련 영공에서 U-2기가 격추[1960]된 사건이다.

감독 스티븐 스필버그는 인터뷰에서 자신의 아버지가 이 사건 당시 모스크바를 방문 중이었다고 했다. 그때 소련 장교가 그의 아버지에게 격앙된 어조로 미국 정부가 한 짓이라며 U-2기 잔해를 보여 주었다. 아벨의 스파이 행위에 미국인이 흥분한 것처럼, 소련인도 U-2기의 스파이 비행에 똑같은 반응이었다. 영화에는 생포된 미군 조종사 파워스가 간첩 혐의로 재판을 받고 잠을 안 재우는 고문을 당하는 장면이 나온다.

주목할 건 도노반이 우려한 일이 실제로 벌어졌고, 그의 현명한 판단으로 미국과 소련 간에 스파이 교환이 가능하게 되었다는 것. 도노반이 미국의 협상대표로 나서게 되는데, 소련 정부가 그에 대해 호의적일 것이라는 CIA의 판단에서 비롯된다.

"가는 말이 고와야 오는 말이 곱다."라는 말이 있다. 도노반이 신변의 위험을 무릅

U-2기 잔해에 관한 설명을 듣는 흐루시초프 서기장

쓰고 최선을 다해 아벨을 변호해서, 소련 정부도 그를 신뢰한 것이다.

동베를린

스파이 맞교환의 장소가 동베를린이라는 건 의미가 있다. 독일 분단의 상징인 베를린장벽이 설치된 지역이자, 소련의 영향력이 동독에게 가장 강하게 미치던 시기였기 때문이다.

영화에서 도노반은 각기 다른 목적으로 소련과 동독의 협상 대표를 만난다. 소련 측과는 양국의 스파이를 동서 베를린의 경계인 글리니케 다리에서 교환하기로 하고, 동독 측과는 간첩 혐의로 구속된 유학생 프레더릭 프라이어를 구하려 했다.

흥미로운 건 동독 대표 보겔이 도노반에게 미국인 유학생을 풀어 주는 조건이다. 동독이 주권 국가로서 미국과 직접 협상하는 모습을 전 세계에 보여 줌으로써, 자국이 소련의 꼭두각시가 아니라는 걸 입증하겠다는 것이다.

그러나 이런 주장은 도노반의 대담한 승부수로 아무 조건 없이 유학생을 보낸다. 도노반이 동독 법무부장관을 향해 소련과의 스파이 맞교환이 유학생을 풀어 주지 않아서 결렬된다면, 소련 측의 문책이 있을 거라고 협박한 것이다. 결국 동독이 소련의 꼭두각시라는 걸 확인한 꼴이 됐다.

231

루돌프 아벨

영화에는 아벨이 체포되는 장면에 초점을 맞추었지, 그가 어떤 방식으로 스파이 활동을 했는지 상세한 언급이 없다. 당시 브루클린의 신문배달 소년이 우연히 떨어뜨린 신문 대금 5센트가 깨졌고 그 안에 있던 마이크로필름이 발견되어, FBI가 근처 지역에 간첩이 있을 거라고 추정했다. 그리고 그가 당시 스파이들이 접선 장소로 이용했던 센트럴파크 웨스트 지하철 역에 자주 나타나서 FBI 잠복 요원의 의심을 받아 체포된 것이다.

주목할 건 루돌프 아벨이 본명이 아니라는 것. 그의 원래 이름은 '빌리얌 겐리코비치 피셔'인데, 자신이 체포됐을 때 배신자가 아니라는 걸 소련 정부에 알리기 위해 죽은 친구의 이름을 댄 것이다. 어쨌든 그는 도노반의 도움으로 글리니케 다리에서 미군 조종사 파워스 및 유학생 프라이어와 1:2 교환 형식으로 소련으로 가게 되었다. 1962. 2. 10.

제작 & 에피소드

232

스티븐 스필버그와 톰 행크스가 10년 만에 만난 4번째 영화.

스필버그의 페르소나, 행크스는 미국의 국민 배우다. 그가 주인공 역을 맡았다는 것만으로 주인공이 신념과 희생정신이 있는 인물이라는 걸 짐작케 한다. 실존인물을 소재로 한 〈캡틴 필립스〉에서 스스로 인질이 된 선장 필립스 역과 〈설리: 허드슨강의 기적〉에서 냉철한 판단과 탁월한 조종술로 탑승객 155명 전원을 구해 낸 기장 설렌버거 역을 맡았다는 걸 상기해 보라.

이 영화의 매력은 속도감과 화려한 CG가 대부분인 요즘 블록버스터 트렌드와 다르다는 것. 감독 스필버그도 그 점을 강조한다. "이런 유형의 작품이 좀처럼 만들어지지 않는다는 사실이, 이 영화를 만들고 싶었던 이유다."

그런 만큼 이 영화는 화려한 볼거리보단, 개연성있는 스토리와 생생한 인물 캐릭터에 집중했다. 배우들 간의 연기호흡도 좋다. 특히 루돌프 아벨로 분한 마크 라이런스는 신스틸러 역할을 톡톡히 했다. 화가로 위장해 살아가는 평범한 모습, 스파이로서 신념을 지키는 모습, 변호사 도노반과 우

정을 나누는 인간적인 모습 등, 복잡한
감정을 훌륭히 소화해 냈다.

영화 세트 중에는 프로덕션 디자이
너 애덤 스톡하우젠이 심혈을 기울인
베를린장벽이 눈길을 끈다. 실제 베를
린장벽과 똑같은 재료를 사용해서 약
300야드에 이르는 벽을 쌓았는데, 스
크린에 비쳐지는 장벽이 실물처럼 견
고하고도 음침한 분위기가 느껴졌다.

루돌프 아벨(좌)과 그를 연기한 마크 라이런스(우)

영화 VS. 영화 〈파이널 데이즈〉(The Final Days, 2008)   233

냉전시대 베를린이 등장하는 〈스파이 브릿지〉와 〈파이널 데이즈〉.

전자에서 스파이 맞교환 장소로 베를린이 나온다면, 이 영화에는 탈출의
통로로 베를린장벽이 등장한다.

영화는 베를린장벽을 넘어 탈출에 성공한 이후의 과정을 다루고 있다.
주인공 안드레아스는 서독으로 갔지만, 그의 연인 켄야는 동독에 머무른
채 아기까지 홀로 낳고 키운다. 6년의 세월이 흘러, 모자가 헝가리 국경을
통해 서독으로 가려다가 아들만 성공하고 어머니는 실패하는 안타까운 상
황. 아들은 아버지와 극적상봉하고, 어머니는 동독 교도소에 수감되는 비
극이 벌어진다.

이후 상황은 급박하게 돌아간다. 헝가리의 국경 개방, 동독 시민의 전국
적인 시위, 동독 지도자 호네커와 소련 지도자 고르바초프의 만남, 호네커
사임발표 그리고 베를린장벽 해체가 주마등처럼 나온다.

영화는 사실적인 분위기를 위해, 당시 실제 TV 뉴스 화면을 적절히 삽입했다. 그에 따라 이 영화의 특색은 분단 독일의 상황과 이후 통합되는 과정을 어느 작품보다 디테일하게 묘사했다는 데 있다.

베를린장벽이 무너지자 동독시민들이 거리로 나서는 장면

가장 인상적인 장면은 베를린장벽 해체의 모티브다.

예정에도 없는 "베를린장벽이 무너진다"라는 타이틀로 서독 민간방송이 나가자, 이를 보고 자극받은 동독 주민들. 수천 명이 장벽으로 몰려가 서독으로 보내 줄 걸 요구하고, 고민 끝에 이를 허락하는 장교가 하는 말이 가슴에 와 닿는다. "오늘은 상부나 소련의 명령을 기다리기 전에, 텔레비전이 결정한 것 같습니다."

그렇다. 28년간 독일을 동·서로 분단했던 정치장벽이 너무나 어이없이 허물어지는 순간이었다.

234

Theme 12

베트남전쟁과 민권운동

옴니버스 전쟁영화

/

예정된 죽음

01

옴니버스 전쟁영화

풀 메탈 자켓 Full Metal Jacket, 1987
감독: 스탠리 큐브릭
출연: 매튜 모딘(조커/내레이터)
　　 빈센트 도노프리오(로렌스)
　　 로널드 리 이메이(하트만)

236

영화 속 역사

베트남전쟁을 소재로 한 작품. 훈련병 생활과 베트남 전투장면, 두 가지를 보여 준다는 점이 특색이다.

폭언과 구타로 신병들 군기를 잡는 교관. 혹독한 훈련에 적응하는 동기들과 달리, 어느 것 하나 제대로 못하는 로렌스. 교관은 로렌스가 실수하면, 대신 동기들에게 기합을 준다. 동기들로부터 구타를 당한 후 미치광이로 변한 로렌스. 퇴소식 전날 밤. 이제껏 자신을 괴롭힌 교관을 사살하고 자신도 자살한다.

베트남전쟁 배경

호치민이 세운 베트민 결성[1941]으로 거슬러 올라간다.

당시 지배국 프랑스로부터 독립을 추구하던 이 정당은 프랑스뿐만 아니라 일본군을 상대로도 싸웠다. 제2차 세계대전의 종전과 함께 자유와 독립을 기대한 베트민과 베트남인. 그러나 프랑스는 계속해서 베트남을 식민지로 두려했다. 이에 호치민이 치열한 독립투쟁을 전개해 디엔비엔푸전투에서 대승을 거두고 프랑스와 제네바협정[1954년 7월]을 체결하였다.

이 조약으로 프랑스는 베트남에 간섭하지 않게 되었으나, 새로운 문제가 생겼다. 즉, 북위 17도선을 경계로 베트남을 잠정적으로 분단시키고 총선거[1956]를 실시하여 단일 정부로 한다는 내용 때문이다. 여기서 북베트남을 주도하는 베트민은 남북 양쪽에 구축해 놓은 광범위한 정치 조직에 힘입어 선거에서 승리를 확신했다.

그러나 남베트남 지도자 '고 딘 디엠'이 패배를 예상하고 총선거를 거부했다. 여기에는 북베트남이 공격할 시에 미국이 막대한 군사 원조를 제공한다는 약속이 전제되어 있었다.

미국의 개입

미국이 베트남에 개입한 이유는? 당시 미국은 동유럽과 중국의 공산화와 한국전쟁 등, 공산 세력 확산에 위기의식을 느끼고 있었다. 따라서 북베트남의 승리가 확실시되는 총선거를 하지 못하도록 남베트남만의 신정권을 수립하게 했다.

이러한 미국의 대외정책은 베트남인의 냉대로 처음부터 난항을 겪었다. 동남아시아 공산화를 막을 수 있다는 판단하에 베트남을 식민지로 계속해

237

서 두려는 프랑스를 원조했고, 독선적이고 부패한 '고 딘 디엠' 정권을 도와
줬기 때문이다. 더욱이 가톨릭교도인 '고 딘 디엠'이 베트남 국민 대다수가
믿는 불교를 억압하자, 이에 대한 반발로 여러 승려가 분신자살하는 사태
가 벌어졌다. 베트남인의 분노가 자국으로 향할까 우려한 미국 정부는 암
묵적으로 쿠데타를 지지하였다.

결국 '고 딘 디엠' 정권이 붕괴됐지만, 이제 미국은 남베트남 정부에 전격
적으로 간섭하는 상황이 되었다. 더욱이 북베트남의 군사적 압력과 남베트
남 베트콩[1960년 12월 결성]의 위협이 가중되자, 1967년 말에는 50만 명 이상의 미
군이 주둔하기에 이르렀다.

엄청난 군사와 물자가 투입됐어도 승리가 불투명해지자, 미국 정부는 초
조함을 감출 수 없었다. 미국 내 반전 여론은 거세졌으며 언론은 전쟁의 잔
인성과 무용론을 확산시켰다.

특히 이러한 반전운동의 기폭제 역할이 영화에 나오는 남베트남 전역에서
일어난 공산군 공격[1968. 1. 31.]이다. 일명 '구정 공세'로 불리는 이 사건에 대해,
영화에는 주인공 조커가 이 날 기습할 걸 예측하고 편집장에게 건의를 하
는 장면이 나온다. 어쨌든 몇몇 도시가 공산군에 함락되고, 이 장면이 고스
란히 TV에 생중계되었다.

미국인의 전쟁 반대 의견
은 그전보다 2배가 되었으
며, 대통령 린든 존슨의 인
기는 트루먼 이후 가장 낮
은 35%로 하락하였다. 이
어서 집권한 닉슨은 처음
에는 베트남에 계속 병력을
충원했으나, 손을 떼기로

구정 공세(1968)

결정한다. 북베트남과의 파리평화협정에 서명한 지 2년 후인 1975년 4월, 남베트남은 공산군에 의해 함락되었다.

이 전쟁에서 미군은 5만 8천여 명이 전사했으며, 베트남인은 적어도 150만 명 이상이 사망하였다. 미국은 1천 7백억 달러의 전비를 소모하고, 종전 이후에도 참전한 미군을 위해 2천억 달러를 추가 지출하였다. 전쟁 동안 약 7백만 톤의 폭탄이 베트남에 투하되었는데, 베트남인 한 명당 200kg 이상 폭탄 세례를 맞은 셈이다. 고엽제를 비롯한 화학무기 피해까지 고려하면 베트남 국토는 그야말로 쑥밭이 되었다고 해도 과언이 아니다.

패배 원인

세계 최강 미국이 상상을 초월하는 전비를 지출했음에도, 패배한 이유는?

우선 미국 정부가 베트남 공산 세력이 아닌, 민족주의 세력과 전쟁을 했다. 즉, 적을 정확히 모르고 싸운 것이다. 미국이 싸운 호치민은 공산주의자가 아닌, 프랑스와 일본으로부터 베트남을 독립시키려한 민족주의자다. 이러한 배경은 미국 정부가 냉전체제에서 공산 세력을 저지해야 한다는 데 집착해, 베트남의 민족, 문화, 역사를 무시하는 실수에서 비롯된다.

그에 따라 미국의 베트남 참전 명분이 약했다. 전쟁할 때, 명분은 매우 중요하다. 명분이 약하면 침략이란 비난에 직면하고 참전한 군인들의 사기에도 영향을 끼친다. 영화에서 조커가 동료에게 "목숨을 걸고 싸우는 데도 베트남인들이 우리를 적대시하는 이유를 모르겠다"라는 대사가 여기에 해당한다. 베트남인들의 냉대와 미국 국내 반전운동 분위기 속에서, 전투 의욕이 떨어질 수밖에 없다.

더욱이 1969~1972년 동안 최소한 1만 명의 미군이 적군이 아닌 아군에 의해서 살해되었다는 기록은 베트남 참전 명분을 더욱 궁색하게 한다. 올리버 스톤의 〈플래툰〉에 나오는 전우를 살해하는 장면이 결코 과장된 내용이 아니다.

전쟁의 장기화와 그에 따른 국내 반전 분위기도 한몫했다. 미국 국내 언론이 정부에 등을 돌리고, 전국 베트남전쟁종식위원회는 무려 8만회의 반전시위를 주도했다. 25만 명의 미국 청년이 징병기록부에 등록하지 않고, 징병과 관련된 범법자가 50만 명에 달했다. 흥미로운 건 징병 기피자 중에는 대통령 집권 기간 내내 '강력한 미국'을 외쳤던 빌 클린턴도 포함되었다.

파병 후유증

베트남전쟁에 참전한 한국군도 상당한 인명 손실을 보았으며 고엽제 피해 등으로 평생을 고통 속에서 보내야 했다. 베트남전쟁에 관한 우리나라의 여론은 박정희 대통령 집권기에는 남베트남 평화 수호라는 측면만 부각되었다.

이후 양민학살이나 전쟁 후유증 문제가 부각되어 송영수 감독의 〈우리는 지금 제네바로 간다〉, 정지영 감독의 〈하얀전쟁〉, 공수창 감독의 〈알포인트〉 같은 영화가 제작되었다. 그러나 베트남전쟁의 부정적인 면을 아무리 강조해도, 1970년대 우리나라의 경제 도약을 이루게 한 발판이 바로 이 전쟁을 통해서 얻은 막대한 달러였다는 사실을 부정할 순 없다.

또한 국가의 명령으로 베트남에 참전해 고귀한 생명을 바친 군인들을 고려해 볼 때, 이 전쟁의 부정적 평가를 논한다는 것이 부담스럽게 느껴진다.

제작 & 에피소드

마치 두 편의 영화를 보는 기분을 느끼게 하는 〈풀 메탈 자켓〉.

훈련병 생활을 다룬 전반부와 베트남에서의 처절한 전투를 보여 주는 후반부가 각기 독립된 영화라 해도 무방할 듯. 그럼에도 전·후반부는 연결 고리가 있다. 베트남에서 미군들이 양민에게 자행한 온갖 만행의 발단이 살인기계로 만드는 신병훈련소에서 비롯되었다는 것. 또한 이 영화는 사실적인 전투장면으로 호평을 받은 〈플래툰〉〈지옥의 묵시록〉〈디어 헌터〉와 견주어도 결코 떨어지지 않는다.

영화는 전쟁으로 인한 인간성의 파괴를 극명하게 보여 준다. 예를 들어, 로렌스가 미치광이로 변해 가고, 미군 헬기가 민간인을 향해 기관총 세례를 퍼붓고, 스무 살도 안 돼 보이는 앳된 처녀가 저격수로 등장하는 장면 모두 전쟁이 인간을 얼마나 잔인하게 변모시키는지를 확인케 한다.

베트남전쟁을 소재로 한 다른 영화에선 보지 못했던 장면도 나온다. 예를 들어, 참혹하게 죽은 전우를 본 병사들이 느끼는 각기 다른 심정을 독백 형식으로 표현해서, 미군이 이 전쟁에 어떤 자세로 임하고 있는지를 보여 주고 있다.

이 영화에서 인상적인 연기는 주인공 조커 역의 매튜 모딘이 아닌, 하트만 교관과 신병 로렌스 역을 맡은 '로널드 리 이메이'와 '빈센트 도노프리오'다. 살인기계로 만들면서 군인정신(?)을 심어 주려는 하트만이나 이러한 극한 훈련으로 인간성이 파멸되어가는

241

미치광이로 변한 로렌스

로렌스 두 배역 모두 영화가 끝나고도 오랫동안 여운이 남는 연기를 보여
주었다.

도노프리오는 오프오프브로드웨이 ^{비상업적 연극을 상연하는 오프브로드웨이보다 전위적인 연극}

연극배우 출신으로 둔한 몸집의 고문관 역을 맡기 위해 30kg이나 체중을
늘리는 고역도 마다하지 않았다.

참고로 우리나라 영화에도 배역을 위해 이 정도로 체중을 불린 경우가
있다. 바로 〈역도산〉에서 주인공 역을 맡은 설경구인데, 단지 몸집만 불린
것이 아니라 실제 레슬링선수처럼 근육도 키웠다. 더욱이 그는 차기작 〈공
공의 적 2〉를 위해 급격히 체중을 20kg 이상 빼서 심장에 무리가 왔다. 그
만큼 연기가 얼마나 어려운지를 확인케 하는대목이다.

영화 VS. 영화 〈람보 2〉(Rambo: First Blood Part II, 1985)

베트남전쟁을 소재로 한 영화는 대개가 음울한 분위기다. 평단의 찬사를
받은 〈풀 메탈 자켓〉〈플래툰〉〈지옥의 묵시록〉〈디어 헌터〉도 여기에 해
당한다.

그러나 이런 분위기와는 전혀 다른 액션 스타일의 영화가 우리나라에 개
봉되어 흥행 돌풍을 일으켰다. 바로 실베스타 스탤론 주연의 〈람보 2〉.

람보가 베트남에 잠입해 수용소에 있는 미군 포로 사진을 촬영해 오는
임무를 맡는다. 그는 베테랑 특전사답게 수용소에 들어가 옛 동료를 구하
고 다른 전우들도 구출하려 한다. 이를 알게 된 미군 본부는 구출 시도를
취소하라고 명령한다. 미군 포로 사진을 찍어 오라는 임무를 내린 이유가
포로를 구하는 게 아닌, 포로가 없을 것이라고 예상했기 때문이다.

그런데 람보가 전우들을 구해내려 하자, 미군 본부는 자국 군인의 생명

에는 일말의 관심도 없고 외교 마찰이나 자신들이 질책을 당할지 모른다는 이해관계에만 골몰했다. 그래서 오히려 그를 사지로 몰아넣으나, 람보 혼자서 전우들을 구해 낸다.

주목할 건 베트남전쟁이 끝난 지 근 10년이 다가오는 시점에, 어째서 이런 스토리의 영화가 제작됐는지다. 아마도 그 이유는 1980년대 초반

람보와 베트남 여성

에 당시 미국의 분위기에서 찾을 수 있을 것 같다. 베트남전쟁 패배와 이란 인질 사태로 국가의 위상이 떨어지자, 미국인은 낙담했다.

바로 이때 예전의 강한 미국으로 돌아가자는 슬로건으로 국민에게 자신감을 심어 준 이가 레이건 대통령이다. 그는 소련과의 외교전이나 전략무기협상에서 강하게 상대를 압박하는 등, 예전의 미국의 위상을 회복했다.

그런 점에서 베트남전쟁은 다시 거론할 필요가 있다. 단순히 패배한 전쟁으로 보지 말고, 이 전쟁으로 인해 미군 포로가 남아 있다는 걸 강조한 것이다. 여기서 수용소에 갇혀 있는 미군은 단순히 포로가 아닌, 조국을 위해 자신을 희생한 애국자가 된다.

영화에는 곳곳에서 미국을 찬양하는 대사가 나온다. 예를 들어, 람보를 구해 준 미모의 베트남 여성은 미국에서 살고 싶다는 동경을 가지고 있고, 람보는 목숨을 거는 행동에 나설 때마다 '조국'을 언급하고 있다. 그리고 영화 속 화려한 액션의 이면에는 람보처럼 강한 미국을 찬양하려는 속내가 담겨 있다.

올리버 스톤과 베트남전쟁

올리버 스톤과 베트남전쟁은 밀접한 관련이 있다. 스톤만큼 베트남전쟁을 소재로 영화를 많이 만든 감독을 보지 못했다. 일련의 영화들이 이 전쟁과 연결되어 있다. 게다가 그는 이 전쟁을 극도로 혐오한다.

그의 인생 역정에 두 가지를 언급해야 할 것 같다. 하나, 예일대학교에서 '역사학'을 전공했다는 것. (중도에 중퇴했지만) 둘, 베트남전쟁에 참전한 것. 즉, 전공학문에서는 논리와 분석력을, 목숨을 건 베트남 현지 전투에서는 사회비판의식을 느꼈다. 그래서 인터뷰에서 베트남전쟁이 사회모순과 정치적 음모를 분석하는 데 큰 역할을 했다고 밝히기도 했다.

대표작 〈JFK〉는 케네디 대통령이 베트남전쟁에 참전하기를 거부했다는 전제에서 군산복합체를 비롯한 모종의 세력에 의해 암살당했다는 내용을 담고 있다. 〈플래툰〉은 베트남전쟁에 참전한 크리스의 처절한 체험담인데, 영화 속 주인공은 감독의 자화상이다. 즉, 스톤도 참전에서 겪은 충격으로 한때 사회생활을 하지 못했으며, 전쟁의 참상을 영상으로 표현하려 뉴욕대학교 영화과에 입학했다. 〈7월 4일생〉은 자원 입대한 주인공 론이 부상을 당해 하반신 마비가 된 후, 반전운동에 나서고 닉슨 정부를 비판하게 된다. 〈닉슨〉에서는 대통령과 주지사 선거에서 연이어 패배해 정치 생명이 끝날 위기에 처한 닉슨이 베트남전쟁을 계속한다는 모종의 합의하에 대통령에 당선되었다는 점을 강조한다. 즉, 미국이 전쟁의 수렁에 빠지게 된 상당한 책임이 닉슨에게 있다는 게 스톤의 판단이다.

앞서 언급한 영화들이 미국의 관점이라면, 〈하늘과 땅〉은 베트남인 시각이다. '풍티 리리'가 겪은 실화를 소재로 한 이 작품은 베트남 여성이 정부군과 베트콩 사이에서 목숨을 부지하기 위해 겪은 처절한 삶을 담고 있다. 그녀는 죽음의 문턱에서 강간당하고 목숨을 건졌으며, 부자집 유모로 들어가선 주인과 정을 통해 만삭이 된 채 쫓겨난다. 그 후 아들을 낳고 미군을 상대로 장사를 하던 중, 해군하사관 스티브와 결혼해 미국으로 건너간다.

주목할 건 스티브가 베트남전쟁에서 많은 양민을 학살한 데 따른 트라우마를 겪고 있었다는 것. 이 장면은 〈플래툰〉의 크리스, 〈7월 4일생〉의 론 그리고 올리버 스톤 감독 모두 해당된다. 결국 스티브는 사회에 적응하지 못하고 부부불화 끝에 자살로 생을 마감한다. 이후 그녀가 13년 만에 공산 국가가 된 베트남을 찾아가 가족을 만나지만, 변해 버린 고향 모습에 낯선 기분으로 돌아서는 걸로 영화는 끝을 맺는다.

그럼 이 영화에서 감독이 전하려는 메시지는?

프랑스 식민통치를 받던 시절에도 평화로운 마을이 남베트남군과 베트콩 간의 처절한 전쟁이 벌어지면서 비극의 땅이 되었다는 점이다. 미국의 개입이 없었다면, 베트남은 민족상잔의 내전도 치르지 않았을 것이다. 또한 이곳에 주둔한 미군은 전쟁에 패배해도 돌아갈 본국이 있는 반면, 이곳이 삶의 터전인 베트남인은 아픔을 안고 살 수밖에 없다. 주인공 리리처럼 말이다.

02

예정된 죽음

말콤 X Malcolm X, 1992
감독: 스파이크 리
출연: 덴젤 워싱턴(말콤 X)
   알 프리먼 주니어(엘리자 무하마드)

영화 속 역사

흑인 지도자 맬컴 엑스^{말콤 X}를 소재로 한 작품. 그의 언행을 통해서 당시 흑백 간의 충돌뿐만 아니라, 흑인 간의 갈등을 알 수 있다는 점이 영화를 선택한 이유다.

흑인이라는 콤플렉스와 반항심으로 똘똘 뭉친 맬컴. 절도죄로 수감되면서, 인생의 전환점이 온다. '이슬람국가운동' 설교를 듣고 교주 무하마드의 편지를 받은 것이다. 이젠 흑인이 당당하고 고귀한 존재라는 걸 깨닫는 맬컴. 출감 후 자신의 고향이 아프리카라는 이유로 X란 성을 택하고 철저한 흑백분리운동에 나선다.

온건파와 급진파

흑인 지도자는 온건파와 급진파로 구분된다.

온건파는 흑인들이 당분간 차별을 받아들이고 경제력을 높여 자기 향상을 꾀해 백인의 존경을 얻도록 하라는 '부커 T. 워싱턴'과 비폭력과 무저항주의를 강조한 '마틴 루터 킹'이 있다. 급진파는 백인과 흑인은 결코 화합할 수 없다면서 흑백분리를 주장한 '윌리엄 E. B. 듀보이스'와 '맬컴 엑스'를 들 수 있다.

주목할 것은 듀보이스와 맬컴이 각기 동시대에 활동한 워싱턴과 킹을 백인한테 비굴하게 구는 소위 '엉클 톰'이라고 비판했다. 영화에는 실제로 킹이 연설하는 다큐필름과 함께, 맬컴이 그를 무지한 인간으로 혹평하는 장면이 나온다.

247

흑인이 선호한 지도자

앞서 언급한 인물들 중, 아프리카게 미국인이 가장 좋아하는 흑인 지도자는 누구일까?

필자가 2005년 무렵 미국에 석달간 머무른 적이 있었다. 그때 만난 30명의 흑인에게 이 질문을 했는데, 공교롭게도 '맬컴' 한 사람만을 꼽았다. 인터뷰에 응한 사람들은 스미소니안 박물관, 국회도서관, 텍사스 공과대학 등의 직원과 대학생, 기타 여행 중에 만난 다양한 계층이었다.

맬컴을 지지하는 이유와 마틴 루터 킹에 관한 평가를 부탁했다. 그런데 이에 대한 답변 역시 대부분 동일했다. 맬컴은 흑인이 당면한 문제를 정면돌파한 반면, 킹은 소극적으로 흑인의 희생을 통해 백인의 각성을 요구했다는 것이다.

흑인에게 살해당한 이유

라스트신에서 증오에 가득찬 흑인들이 맬컴에게 자동소총을 갈겨 대는 장면이 나온다. 실제로 그는 무려 16발의 총탄 세례를 받고 절명했다. 이처럼 흑인의 절대적 지지를 받은 맬컴이 어째서 같은 흑인에게 살해당했을까? 그의 행동에서 답을 찾아야 할 것 같다.

맬컴은 독설가다. 독설은 듣는 이에게 효과가 아주 크다. 특히 저항 한 번 제대로 못하고 상처를 많이 입은 사람일수록 열렬한 호응을 보낸다. 그러나 그 말로 상처를 입은 사람은 쉽사리 잊을 수 없다. 사과를 받는다고 할지라도 마음 한 구석에 자리 잡는 경우가 많다. 맬컴의 과격한 발언이 백인을 향했을 때, 흑인들은 환호했고 교단 관계자는 교세 확장으로 즐거운 비명을 질렀다.

그러나 그가 겨눈 화살이 교단을 향하면서, 일순간 걷잡을 수 없는 분노가 폭발했다. 비록 엘리자 무하마드의 부정한 짓을 명분으로 교단을 탈퇴했어도, 그는 용서할 수 없는 배신자가 되었으며 처단해야 할 공공의 적이 되었다.

참고로 영화에는 이슬람국가운동을 탈퇴한 이유가 무하마드의 부정한 행위로 나오지만, 정치적 요인도 작용했다. 영화의 원작 『맬컴 엑스의 자서전』에는 무하마드가 교단 구성원들에게 인권운동과 선거에 참여하지 말 것을 지시했으며, 이에 맬컴이 공개적으로 불만을 표출했다고 밝혔다. 맬컴이 무하마드가 주도하는 비[非]참여 정책이 흑인공동체 결속력을 저해할 것이

엘리자 무하마드

라고 판단한 건데, 이 역시 무하마드를 격분하게 했다.

영화에는 맬컴이 강연회에 나서기 전 마치 죽음을 예견한 순교자처럼 나오는데, 이는 사실이다. 교단을 나와 무하마드가 설파한 논리를 비판하는 순간부터 그의 죽음은 예정되어 있었으며, 당시 살해를 면했다 할지라도 평생 생명의 위협을 받았을 것이다.

독(毒)으로 돌아온 독설

맬컴은 자신에게 호의적인 백인과 노선을 달리한 흑인 지도자에게도 독설을 퍼부었다.

그가 '백인은 모두 푸른 눈을 지닌 악마'라고 규정한 이상, 인종차별 철폐론자인 백인의 협조마저 스스로 거부한 꼴이 되었다. 영화에서 백인 여대생이 그에게 다가가 도울 방법이 없냐고 묻자 단호히 거절하는 장면이 나온다. 호의적인 사람에게 모멸감을 주면, 상대방은 적의를 품게 마련이다.

특히 케네디 대통령 암살로 미국 사회 전체가 슬픔에 젖었을 때, 맬컴이 냉소적으로 "자업자득"이라고 주장한 건 돌이킬 수 없는 상황을 만들었다. 영화에도 나오듯이 이슬람국가운동 교단이 난처한 입장에 빠졌으며, 무하마드는 불같이 화를 냈다. 실제로 당시 교단 대변인이 나서서 맬컴의 주장은 개인적인 것이며, 교단 입장은 애도를 표한다고 공식성명을 냈다.

그와 노선을 달리한 흑인 인권운동가를 매도한 것도 독으로 작용했다. 대표적인 예로, 마틴 루터 킹을 '흑인의 탈을 쓴 백인'이며, 킹의 흑인민권운동은 백인들과의 타협에 지나지 않는다고 비판했다. 더욱이 백인 전체를 악마로 규정하는 건 극히 위험하고 모순적인 발언이다.

남북전쟁 이전 존 브라운을 비롯한 백인들이 노예해방을 위해 유혈투쟁을 벌이다 사형당하고, 인종차별 철폐운동에 나선 많은 백인들이 KKK단에

249

게 살해됐다는 역사적 사실을 상기해 보라.

하우스용과 필드용

독설과 실언이 있지만, 그가 행한 논리 중에서 공감가는 면도 있다.

영화에도 나오듯이, 흑인을 하우스용과 필드용으로 구분해 흑인 간의 분열을 언급한 부분이다. 그는 TV 토론 프로그램에 나온 흑인 출신의 지식인을 향해 '엉클 톰'이라고 표현했다. 엉클 톰처럼 백인에게 굽실거리는 흑인이라는 것이다. 상대 흑인은 아무 말도 하지 못한다. 맬컴의 논리에 공감이 가기 때문이다.

이런 상황은 스탠리 크레이머의 〈초대받지 않은 손님〉에도 나온다. 백인의 저택에서 오랫동안 가정부로 일한 흑인 여성이 같은 흑인인 존^{시드니 포이티어}을 어느 백인보다 무시하는 장면이다. 영화 속 가정부도 엉클 톰처럼 백인 주인의 말에는 순종하면서 존에게는 매몰차게 대한다. 즉, 흑백차별이 아닌 흑흑차별인데, 이런 상황은 영화 속 장면에 국한되지 않고 오늘날 미국 사회에서 심화되고 있다.

250

킹이 백인에게 살해당한 이유

맬컴보다 인기가 적은(!) 킹이 백인에게 살해당한 이유는?

백인 극우파 입장에선 거침없이 독설을 퍼붓는 맬컴 엑스보다 백인의 감성까지 파고드는 킹에게 훨씬 위기의식을 느꼈다. 수십만 명이 운집한 가운데 링컨기념관 앞에서 행한 그의 연설이 전 세계적인 호응을 불러일으켰을 때, 인종차별을 지속하려는 백인 극우파의 명분은 설자리를 잃을 수밖에 없다. 에바 두버네이의 〈셀마〉에 나오는 행진에서 흑인은 물론이고 많은 백인들이 참여해, 결국 백인 경찰들이 물러서는 장면은 시사하는 바가 크다.

이런 점에서 보면, 맬컴의 행동이 백인 극우파의 인종차별 행위에 빌미를 줬다고 볼 수도 있다. 백인 인종차별철폐론자와 노선이 다른 흑인 지도자들을 비난하고, 심지어 자신도 얼마 전까지 몸담았던 교단측에게 살해를 당했으니 말이다. 그런 상황을 흐뭇하게 지켜볼 이는 바로 백인 극우파일 것이다.

제작 & 에피소드

영화에는 유독 두 명의 인물이 두드러진다. 감독 스파이크 리와 맬컴 역의 덴젤 워싱턴.

스파이크 리는 본인이 흑인이라서 그런지 흑인공동체와 인종차별을 소재로 한 작품이 많다. 첫 장편이자 칸영화제 황금카메라상을 수상한 〈그녀는 그것을 좋아해〉, 자신의 영화스타일을 할리우드에 각인시킨 〈똑바로 살아라〉, 흑인 남성과 백인 여성의 혼외정사를 통해 벌어지는 인종차별을 심도있게 묘사한 〈정글 피버〉를 들 수 있다. 특히 〈정글 피버〉에서 '웨슬리 스나입스'와 '아나벨라 시오라'의 베드신이 화제를 불러일으켰는데, 당시만 해도 할리우드영화에서 흑인 남성과 백인 여성의 베드신은 좀처럼 볼 수 없는 장면이다.

〈맬컴 X〉의 제작비를 마련하기 위해 감독은 백방으로 뛰어다녔다. 당시 코미디배우 빌 코스비, 농구스타 마이클 조던 등 사회적으로 성공한 흑인들을 찾아가 투자와 후원을 부탁했다는 기사를 우리나라 일간지에서 봤다.

주인공 역을 맡은 덴젤 워싱턴은 이 영화가 개봉된 후 인터뷰에서 다신 이런 역할을 맡고 싶지 않다고 했다. 공교로운 건 그의 필모그래피에서 인종차별을 소재로 한 작품으로 아카데미 조연상 수상과 주연상 후보작으로 올랐

맬컴 엑스(좌)와 그를 연기한 덴젤 워싱턴(우)

다는 사실. 〈영광의 깃발〉에서 노예 출신 흑인 병사 역으로 아카데미 조연상을 수상하고, 실존한 복서 루빈 카터의 역경을 다룬 〈허리케인 카터〉는 상은 못 받았어도 그의 대표작으로 꼽을 정도로 출중한 연기력을 보여 주었다. 그리고 〈트레이닝 데이〉로 아카데미 남우주연상을 수상해 흑인 최초로 아카데미상을 두 차례 수상한 인물이 됐다.

이 영화에서 아주 어색한 장면이 있다. 맬컴이 수감 중에 무하마드의 환영을 목격하는 대목이다. 마치 메시아처럼 황금빛을 발산하는 무하마드의 모습을 보고 이슬람교도로 귀의하게 되었다는 내용인데, 과연 어떻게 해석해야 할까. 나중에 맬컴이 무하마드의 실체를 알고 교단을 탈퇴하는 점을 고려하면, 이 장면은 삭제할 필요가 느껴진다.

영화 VS. 영화 〈초대받지 않은 손님〉
(Guess Who's Coming to Dinner, 1967)

흑인민권운동이 활발하게 일어난 1960년을 전후하여 할리우드에는 인종차별을 소재로 한 일련의 감동적인 작품이 제작되었다. 흥미로운 건 이런 영화들에서 주연으로 캐스팅된 배우가 '시드니 포이티어'다. 〈들백합〉[1963]으로 흑인 최초로 남우주연상을 수상한 그는 〈흑과 백〉에선 꽃미남 토니 커티스와 흑인과 백인 간의 우정을 보여 주고, 〈언제나 마음은 태양〉에선 반항기 많은 학생들을 포용력 있게 교화하는 교사의 모습을 그리고 있다.

그러나 앞서 언급한 영화들 이상으로 인상적인 작품으로 〈초대받지 않은 손님〉을 꼽을 수 있다. 백인 처녀 조이^{개서린 휴튼}와 흑인 홀아비 존^{시드니 포이티어}이 사랑에 빠져 각자 부모로부터 결혼을 허락받는다는 내용을 담고 있는 이 영화는 당시 엄청난 화제를 불러일으켰다.

극 중에서 백인 처녀 아버지^{스펜서 트레이시}가 "미국 어느 지역에선 아직도 흑백 간의 결혼을 금지하고 있다"는 대사에도 나오듯이, 영화가 개봉된 1960년대는 흑백 간 갈등이 최고조로 달했던 때였다. 맬컴 엑스와 마틴 루터 킹이 암살을 당한 것도 바로 이 시기다.

그만큼 인종차별이 첨예한 사회문제로 대두되었을 때, 당시 최고의 지성 파배우 '캐서린 헵번'과 '스펜서 트레이시' 그리고 흑인 최초로 아카데미상을 수상한 '시드니 포이티어'가 출연했다는 건 주목할 만하다.

253

영화를 제작한 이유가 흥행을 넘어서 미국인들에게 흑백 간의 화합과 사랑의 메시지를 전하려한 것이다. 영화에는 주옥같은 대사가 많은데, 그중에서도 존이 결혼을 반대하는 아버지를 설득하는 장면이다. "아버지는 자신을 흑인 남자라고 생각하지만, 전 그냥 남자라고 생각해요." 즉, 아버지는 마음 속 깊이 흑인이라는 열등감이 있지만, 자신은 그렇지 않다는 것이다.

영화의 원작이 실제 일어난 '러빙 대 버지니아 사건'¹⁹⁵⁸이라는 점도 시사하는 바가 크다. 「흑백결혼금지법」 위반으로 1년 징역형을 받은 백인 남편 '리처드 러빙'과 흑인 신부 '밀드레드 지

리처드 러빙과 밀드레드 지터 부부

터'가 제기한 소송이다. _{2106년 제프 니콜스의 〈러빙〉으로 영화화함}

당시 버지니아주 법원은 판결하기를, 피부색이 다른 인종이 각기 다른 대륙에 사는 것은 신_神이 인종끼리 피가 섞이지 않게 하려는 의도라면서 원심을 확정했다. 결국 이 말은 하느님도 인종차별적인 사고를 가졌다는 뜻이 되는데, 판결에 불복한 이 부부는 상고했다.

그 후 연방대법원은 〈초대받지 않은 소님〉이 개봉된 그 해 6월 만장일치로 버지니아주를 비롯한 16개 주의 「흑백결혼금지법」을 위헌 판결했다.

흑인차별에 관한 실화를 소재로 한 영화

실존인물을 다룬 영화로는 최근작인 시어도어 멜피의 〈히든 피겨스〉와 제프 니콜스의 〈러빙〉을 비롯해 〈셀마〉〈허리케인 카터〉〈위대한 희망〉〈42〉 등이 있다. 또한 로즈우드 마을에서 일어난 흑인학살사건을 소재로 한 〈로즈우드〉, 미시시피에서 일어난 흑인 민권운동원 살해사건을 파헤치는 〈미시시피 버닝〉, 몽고메리 버스승차거부운동을 소재로 한 〈롱 워크 홈〉 등이 수작으로 꼽힌다.

Theme 13

정치와 전쟁 1
(1960~1989)

인류 종말의 위기

/

정치 고별 인터뷰

/

이란판 혹성탈출

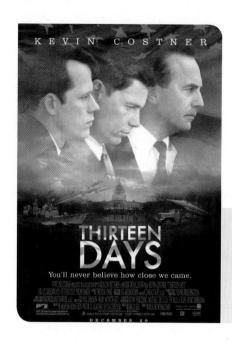

인류 종말의 위기

D-13 Thirteen Days, 2000
감독: 로저 도널드슨
출연: 케빈 코스트너(케니 오도넬)
　　　 브루스 그린우드(존 F. 케네디)
　　　 스티븐 컬프(로버트 케네디)

256

영화 속 역사

쿠바 미사일 사태를 소재로 한 작품. 타이틀처럼 13일 간의 급박했던 상황을 사실적으로 묘사했다는 점이 이 영화의 매력이다.

쿠바에 소련 핵 미사일 기지가 건설 중인 걸 알고 경악하는 미국 정부. 쿠바에서 미사일을 발사하면 수도 워싱턴까지 5분 정도밖에 걸리지 않아 속수무책으로 당할 수밖에 없기 때문이다. 게다가 이 핵기지가 2주 후면 완공된다는 보고에 초긴장한다. 소련과의 전쟁을 피하기 위해 쿠바 해안 봉쇄를 결정하는 케네디 대통령. 이런 상황에서 소련 수송선과 잠수함이 미 함대가 포진해 있는 쿠바 해안을 향한다.

핵기지 건설 이유

영화에는 쿠바가 핵 미사일 기지를 건설하려 한 이유가 나오지 않는다. 주목할 건 카스트로가 미국에게 위협을 주기 위해서가 아닌, 집요할 정도로 자신을 제거하려는 미국 정책에 맞서기 위한 고육책이었다.

그럼 미국은 어째서 카스트로를 제거하려 했을까?

당시 미국은 남아메리카 전체를 자기 앞마당으로 간주하고 있었는데, 자국과 아주 가까이 있던 쿠바에서 혁명이 일어났다. 문제는 붕괴된 바티스타 독재 정권이 미국과 친밀한 관계를 유지한 반면, 카스트로는 쿠바의 설탕 및 광산 산업을 지배해 오던 미국을 비롯한 외국 자본을 몰수하였다. 더욱이 아바나 선언을 발표하여 라틴아메리카 해방을 부르짖고 공산주의 이념을 내거는 것을 용납할 수 없었다. 쿠바혁명 여파가 다른 국가들에게 전해지고, 남아메리카에 대한 미국의 영향력이 약화될 수 있기 때문이다.

전방위에 걸쳐 카스트로 정권을 붕괴시키려는 미국 정부.

아이젠하워 대통령은 카스트로를 제거하기 위해 CIA로 하여금 쿠바 망명자들을 훈련시키고 쿠바 경제에 타격을 주기 위해 설탕 수입을 대폭 줄였다. 이에 맞서 쿠바 정부도 자국 내 미국인 소유의 제당 공장을 몰수하는 맞불로 나왔으며, 소련과 무역협정을 체결하였다. 아이젠하워 퇴임 직전인 1961년 1월 초 쿠바와 외교관계를 단절했고, 케네디도 전임 대통령 정책을 답습했다. 즉, 쿠바 정권을 전복하려 했는데, 그 결과물이 피그스만[꽃] 침

피그스만 침공 실패로 붙잡힌 포로들

257

공사건1961년 4월, 1,453명의 쿠바인 특공대가 쿠바 남서부 해안인 피그스만에 상륙했으나, 현장에서 사살되거나 사로잡혔다 이다.

그럼 이 작전이 실패한 이유는? 쿠바 국민이 자발적으로 봉기를 일으킬 것이라는 미국 합동참모부의 판단착오와 케네디의 소극적인 태도를 지적할 수 있다. 특공대가 안전하게 상륙하기 위해선 공군 지원이 필수적인데도, 케네디가 거부해서 작전이 실패했다는 것이다. 이후 케네디는 우유부단하다는 비난을 만회하려는 듯, 쿠바 정권을 붕괴시키려는 몽구스작전을 승인하고 계속해서 카스트로 암살을 시도했다.

따라서 이런 상황에서 카스트로가 선택할 수 있는 카드는 오직 하나, 미국의 경쟁국인 소련과의 밀착이다. 그리고 소련의 군사 원조로 핵 미사일 기지를 건설하면, 더 이상 미국의 침략을 두려워할 필요가 없었다. 즉, 쿠바 핵 미사일 기지는 미국을 공격하기보다는 카스트로 정권 안전을 위한 조치였다.

한편 쿠바혁명 직후 미국과 쿠바의 관계가 개선될 기회도 있었다. 카스트로는 애당초 공산주의자와는 관계가 없는 민족주의자다. 그래서 혁명과정에서 쿠바 공산당으로부터 거의 도움을 받지 못했다.

그러나 미국은 처음부터 카스트로의 개혁정책을 공산주의로 규정했으며, 그가 외교관계 회복을 위해 미국을 방문1959년 4월했을 때에도 냉담하게 대했다.

케네디의 선택

영화에는 케네디가 미사일 기지를 폭격하자는 군부의 건의를 보류시키고 해안봉쇄작전에 나선 걸 높이 평가하고 있다. 그러나 그의 목표는 미사일 철거였으며, 소련이 응하지 않을 경우에 공습을 감행하려 했다. 바꿔 말해서 그는 쿠바 미사일 사태에 결코 온건한 입장이 아니고 소련과의 핵전쟁도 감수하려 했다.

왜 그랬을까? 당시 케네디가 피그스만 작전 실패 이후 미국 국민으로부터 위약한 지도자라는 인상을 심어 준 것에 대해 우려한 데다가, 여론과 의회의 반소·반쿠바 감정을 외면할 수 없었다. 더욱이 쿠바의 미사일을 허용할 경우, 남아메리카에 대한 미국의 영향력이 그만큼 줄고 그 자리를 소련이 차지할 위험성도 있었다.

그럼 쿠바 미사일 기지는 미국에게 치명적인 위협이 되는 걸까? 영화에도 나오듯이 미사일이 수도 워싱턴에 도착하는 데 5분 밖에 걸리지 않으므로, 큰 위협이 된다. 그런데 미국 정부가 쿠바 핵 미사일 기지 건설에 대해 일전을 불사하기 전에 염두할 점이 있다. 바로 이런 상황을 초래하게 한 장본인이 미국 정부라는 것이다.

세상에 어느 지도자나 정부가 자신을 계속해서 암살하려 하고 정권을 타도하려는 데 속수무책으로 당하기만 할까. 더욱이 영화 속 시대배경인 1962년 당시 미 국방부의 발표에 따르면, 미국이 170개의 대륙간 탄도미사일을 보유하고 있었던 반면, 소련은 12개에 불과했다. 따라서 소련의 입장에서 쿠바에 미사일 기지를 건설하면 효과적인 군사 대응이 될 수 있었다.

전쟁을 막은 건, 흐루시초프

영화는 케네디의 쿠바 해안봉쇄작전을 높이 평가하고 있지만, 정작 미국과 소련간의 핵전쟁을 막은 건 흐루시초프다. 그가 쿠바 핵 미사일 기지 철수에 동의해 일촉즉발의 전쟁 위험에서 벗어난 것이다.

그럼 흐루시초프가 철수에 동의한 이유는 무엇일까? 당시 소련은 대륙간탄도미사일 군비 경쟁에서 미국에게 뒤지고 있었는데, 중거리 핵 미사일을 쿠바에 배치하면 터키에 있는 미국 미사일에 맞대응할 수 있을 뿐만 아니라 미국의 쿠바 침공을 막을 수 있었다. 그런데 미국 정부가 쿠바의 미사일 기지 건설을 결코 좌시하지 않으려 하자, 흐루시초프는 당황했다. 그는 미국이 쿠바 내 소련 미사일의 존재를 받아들일 거라고 오판한 것이다. 이후 상황은 영화에 나오는 장면 그대로다.

주목할 건 케네디가 군부의 공습 건의를 그대로 따랐다면, 쿠바 내에 있는 소련 군인과 기술자들의 살상을 초래했을 것이다. 그럼 흐루시초프 역시 철수가 아닌 무력 대응에 나설 수밖에 없었을 거라는 점이다. 그러나 케네디가 해안 봉쇄를 택함으로써 흐루시초프에게 철수할 명분을 주었으며, 두 지도자 모두 전쟁만큼은 피하고 싶었다. 결국 케네디와 흐루시초프의 극적인 막후 협상으로 전 세계인이 우려한 핵전쟁은 일어나지 않았다.

그러나 세상사 한 치 앞을 알 수 없다고 했던가! 인류 종말의 위기는 벗어났지만 두 지도자에겐 비극이 일어났다. 케네디는 암살당하고, 흐루시초프는 권력자의 위치에서 퇴위되었다.

만일 핵전쟁이 일어나면 그 파괴력이 얼마나 될까? 영화에는 원폭실험의 버섯구름만 나올 뿐 핵전쟁의 피해가 얼마나 클지에 대해선 관객의 상상에 맡겼다. 그러나 이를 간접적으로 예측할 수 있는 주장이 있다. 아인슈타인이 제3차 세계대전에선 어떤 무기로 싸울 것인지를 물은 기자의 질문에 대한 답변이다.

"어떤 무기로 싸울지 모르겠습니다. 그러나 분명한 건 제4차 세계대전에선 돌멩이

260

흐루시초프와 케네디의 만남

가 주요 무기가 될 거예요."

제작 & 에피소드

극영화 아닌, 미국판 '역사 스페셜'을 보는 기분이 들었던 작품. 그만큼 제작진은 쿠바 핵 미사일 기지 건설과 관련된 다큐필름, 기록물, 인터뷰 등을 철저히 고증하여 영화화했다. 주목할 건 장대한 전투장면이나 극적 반전이 없음에도, 극이 끝날 때까지 한시도 긴장감이 흐트러지지 않는다는 것.

이유인즉 극에 몰입할 수밖에 없을 정도로, '리얼리티'가 곳곳에 묻어나기 때문이다. 영화에 나오는 필리핀 정글을 로케이션으로 한 쿠바 미사일 기지도 실제 기지와 아주 유사하며, U-2 정찰기, 폭격기, 잠수함, 소련제 핵 미사일도 완벽히 재현해서 실제 역사의 한 장면을 보는 것 같다.

뉴질랜드 출신의 로저 도널드슨은 40대 이상의 관객에겐 〈칵테일〉과 〈노 웨이 아웃〉이, 30대 이하에겐 〈스피시즈〉와 〈뱅크잡〉을 만든 감독으로 친숙하다. 〈D-13〉은 그의 필모그래피에 있어서 대표작은 아니지만 특기할 만한 작품이다. 스릴러, SF, 휴먼 드라마 등 다양한 장르를 넘나드는 그에게 이 영화만큼 실제 사실의 재현에 주력한 작품을 보지 못했다. 더욱이 쿠바 미사일 사태와 관련된 어느 영화 못지않게 고증에 충실했다.

이 영화에서 가장 주목할 배우로 케네디 대통령을 연기한 '브루스 그린우드'를 들 수 있다. 이구동성으로 공습을 강력히 요구하는 군부를 제어하려 애쓰는 모습이나 최고 통수권자로서의 고독감이 절절히 묻어난다. 아쉬운 점은 케네디에 대한 감독의 애정이 지나쳐서, 영화 속 케네디 모습이 거의 완벽한 대통령으로 묘사됐다는 것이다.

261

영화 VS. 영화 〈JFK〉(1991)

똑같이 케네디 대통령을 주인공으로 한 〈D-13〉과 〈JFK〉. 그러나 두 영화는 실제 사실에 초점을 맞추면서도 큰 차이가 있다. 〈D-13〉이 알려진 사실을 거의 그대로 반영하는 반면, 〈JFK〉는 알려진 사실에 의문을 제기하는 '역사 비틀기'를 시도했다는 것.

이 영화의 가장 놀라운 점은 사건현장을 재수사하듯 철저한 증거 수집과 분석으로 우리가 알고 있는 사실이 '음모'일 수 있다고 판단케 한 것이다. 예를 들어, 대통령 피격장면을 녹화한 제프루더필름을 법정에서 분석하면서 워렌위원회 보고서의 오류를 지적하는 대목은 탄성을 자아낼 만하다. 분명한 건 이 영화로 케네디를 살해한 이가 오스왈드 단독범이라는 정부측 성명은 설득력을 잃게 됐다.

그러나 이런 예리한 분석에도 불구하고, 감독 올리버 스톤이 제기한 케네디 암살 원인은 설득력이 약하다. 감독은 대통령이 베트남에서 미군을 철수시키려는 걸 사전에 막기 위해서, 군산복합체 주도하에 국방부, CIA, 존슨 부통령이 케네디 암살에 개입되었다고 했다.

제프루더가 케네디 피격 장면을 찍는 장면

그러나 실제 케네디는 베트남에서 철수할 의사가 없었으며, 인터뷰에도 이를 피력했다. "베트남에서 철수해야 한다는 사람들에게 절대 동의하지 않습니다." 이후 기자들이 스톤에게 케네디가 베트남에서 철수하려는 증거가 있는지를 묻자, 답변을 피했다.

262

　　그럼 어째서 감독은 사실과 다른 내용으로 케네디 암살 원인을 찾으려 했을까? 아마도 미국인이면 모두 경험했을 베트남전쟁 패배가 가져온 정신적 충격에서 비롯된 것 같다. 즉, 국가가 탄생한 이래 외국과의 전쟁에서 '승리'만 하다가 최초로 패배함으로써, 미국 사회는 큰 국론 분열이 일어났다. 여기에는 엄청난 전비 지출과 인명 손실도 중요하지만, 상대적으로 북베트남의 전력이 보잘것없는데도 패배했다는 사실을 쉽사리 받아들일 수 없었다.

케네디 대통령을 죽인 범인

　　오스왈드 단독범이 아니라는 건 〈JFK〉로 확인했고, 또 다른 배후세력이 거론된다. 쿠바의 카스트로인데, 그는 공식석상에서 자신을 암살하려는 케네디를 똑같은 방식으로 살해하겠다고 공언했다. 그러나 그런 계획을 실행할 가능성은 희박하다. 만일 카스트로가 케네디 죽음과 관련된 일말의 증거만 나와도, 그건 미국과의 전쟁을 예고하기 때문이다.

　　케네디의 죽음을 반기는 또 다른 세력이 마피아다. 원래 마피아는 케네디 집안과 친밀한 사이였다. 케네디의 아버지 '조셉 케네디'가 마피아와의 협조를 통해 큰 돈을 벌었으며, 케네디가 대통령에 당선될 때에도 마피아의 도움을 받았다.

　　즉, 마피아가 선거자금을 대주고, 닉슨과 박빙의 대결을 펼칠 때 캐스팅보트 역할도 했다. 마피아가 적극적으로 나서 닉슨의 표심이 많은 일리노이에서 케네디 승리를 이끈 것이다. 이를 두고 마피아는 자신들의 힘으로 케네디를 대통령에 당선시켰다는 얘기도 공공연히 했다. 더욱이 역대 미국 대통령 중 가장 바람둥이인 케네디에게 뚜쟁이 역할을 한 이가 마피아 단원이자 할리우드 스타 프랭크 시나트라다. 케네디 형제를 사이에 두고 스캔들을 일으켰던 마릴린 먼로의 의문스러운 죽음의 배후에도 마피아가 관련되었다는 소문이 파다하다.

　　그럼 이처럼 사이좋은 마피아가 어째서 대통령을 죽이려 했을까? 그건 케네디가 대통령에 당선된 후 보은은커녕 마피아 소탕정책을 펼쳤기 때문이다. 법무장관이자 친동생 로버트 케네디가 선봉 역할을 맡고, 시범 대상으로 마피아보스 샘 카잔너와 카를로스 마르셀로를 점찍었다. 카잔너는 대통령 당선에 일조한 건 물론이고 예전부터 조셉 케네디와도 막역한 사이였다.

그리고 로버트 케네디는 팀스터트럭 노조위원장 '제임스 호파'를 연금기금 횡령 혐의로 구속했는데, 당시 이 기금이 마피아 돈세탁을 비롯한 각종 이권사업과 관련이 있었다. 이 점에 관해선 잭 니콜슨이 주연한 〈호파〉에서 상세히 나오고 있다. 어쨌든 마피아가 케네디를 살해할 이유는 충분하며, 오스왈드를 살해한 잭 루비도 시카고 아웃피트에 속한 마피아 일원이다. 그는 교도소 수감 중에 자신도 하수인에 불과하다는 증언을 하던 중 의문의 죽음을 당했다.

그러나 마피아가 케네디를 살해할 만한 근거가 있음에도, 결정적인 물증이 없다. 더욱이 로버트 케네디가 암살당하고 존 F. 케네디 주니어가 의문의 비행기 사고로 숨졌다. 그럼 이러한 사건들도 마피아가 연루된 것일까, 아니면 불운의 연속인 '케네디가(家)의 비극'으로 간주해야 할까. 결국 이를 규명하기 위해선 2025년 이후에 공개하기로 한 케네디 관련 기밀문서에 어떤 내용이 담겨 있는지를 확인해야 할 것이다.

만일 베트남전쟁이 인명손실이 적은 채 미국의 승리로 끝났어도, 스톤이 〈JFK〉를 제작하려 했을까? 바꿔 말해서, 케네디라면 그렇게 막대한 전비를 지출하거나 젊은이들의 고귀한 생명을 덧없이 희생시키진 않았을 거라는 막연한 기대가, 영화를 통해 그의 죽음에 관한 의문점을 확대 해석한 것이다.

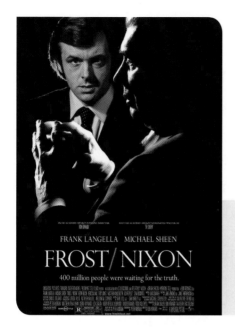

02

정치 고별 인터뷰

프로스트 VS. 닉슨 Frost/Nixon, 2008
감독: 론 하워드
출연: 프랭크 란젤라(리처드 닉슨)
　　　마이클 쉰(데이빗 프로스트)

265

영화 속 역사

　사임한 닉슨 대통령과 방송인 프로스트의 인터뷰를 소재로 한 작품. 대담 형식으로 진행되지만 스릴러 못지않은 긴장감이 느껴지는 게 이 영화의 특색이다.

　사임한 대통령 인터뷰를 성사시켜 인기를 만회하려는 프로스트와 이를 기회로 정계에 복귀하려는 닉슨. 두 사람 모두 인터뷰가 재기의 발판이지만, 둘 중의 한 사람은 이 일로 나락으로 떨어질 게 틀림없다. 워터게이트 진실을 꼬집어내려는 프로스트와 자신의 치적만을 강조하려는 닉슨. 여건은 프로스트가 불리하다. 인터뷰를 성사시키려 전 재산을 투자해 파산할 위험성이 있었고, 노회한 닉슨의 논리에 말려들 수도 있기 때문이다.

닉슨과 TV

닉슨은 TV 중계와 묘한 인연이 있다. 사상 최초로 TV 중계로 대통령 후보 간 선거토론이 벌어진 건 그에게 잊을 수 없는 상처다. 8년간의 부통령 임기를 끝내고 공화당 대통령 후보로 나설 때만 해도 그의 당선을 의심한 이는 없었다. 정치 신인 케네디와는 비교가 되지 않아서다.

그러나 TV 중계 이후, 상황이 급변했다. 케네디가 자신만만하고 신념에 찬 모습을 보인데 비해, 닉슨은 불안하고 신경질적인 이미지를 시청자에게 각인시켰다. 결국 이 방송을 전환점으로, 닉슨은 대통령 선거에서 패배하고 2년 후 캘리포니아 주지사 선거마저 낙선했다. 영화에서 닉슨이 프로스트에게 TV의 클로즈업이 이미지를 왜곡한다고 못마땅해하는 장면이 나오는데, 바로 케네디와의 TV 토론에서 입은 상처를 의미한다.

그러나 닉슨이 TV 중계로 피해만 본 건 아니고, 정치 위기를 타개한 적도 있다. 상원의원 재임 시절 뇌물 혐의로 부통령 후보 자리를 물러나야 할 위기에서, 자청해서 방송에 출연해 "나는 떳떳하다."라고 국민을 설득했다. 이 방송으로 그는 신뢰감을 다시 얻고 정치적 입지를 다질 수 있었다.

그래서 방송이 자신에게 유리하게 작용될 거라 판단하고, 케네디 후보와의 TV 토론도 실상 그가 먼저 제의했다. 그러나 정반대 결과가 나온 것이다. 특이한 점은 이 방송을 라디오로 청취한 사람들은 케네디보다 닉슨에게 점수를 더 주었다고 전한다.

닉슨의 대외정책

흥미로운 건 프로스트가 워터게이트 사건과 베트남전쟁에 초점을 맞추려 한 반면, 닉슨은 외교 성과를 인터뷰 중심으로 끌고 가려 했다는 것. 하긴 대다수 정치인이 자신이 잘했던 정책만을 언급하고 싶어 하지, 실정^{失政}은 감추고 싶게 마련이다.

주목할 건 닉슨이 베트남전쟁에 개입한 첫 번째 대통령이 아니라는 것. 적극적으로 개입한 이는 전임 대통령 존슨이며, 1969년에 대통령직에 취임한 닉슨은 정책 초기부터 남베트남으로부터 미군을 철수시키려 했다. 그리고 그의 외교안보 보좌관 키신저는 북베트남과의 전쟁을 중지하려고 비밀협상을 시도했다.

협상이 결렬된 후, 미국은 캄보디아를 맹폭했는데 그 이유는 북베트남군이 캄보디아를 통해 베트콩에게 무기를 공급하고 있었기 때문이다. 즉, 닉슨의 폭격 명령이 바람직하다고 볼 순 없으나, 아무 이유 없이 무작정 공습한 건 아니다. 북베트남을 협상 테이블로 끌어내기 위해 하노이와 하이퐁을 대대적으로 공습한 것과 일맥상통한다. 결국 미국과 북베트남 간에 파리협약이 조인되었으며, 미군이 남베트남에서 철수했다.

그 밖에 국제외교 부문에서 뚜렷한 업적을 이루었다. 대소정책을 케네디 정부처럼 냉전적 대결이 아닌 협상 구도로 끌고 나가, 전략무기제한협정$^{SALT 1}$을 체결한 것이다. 미국 대통령으로는 최초로 중공^{중국}을 방문한 것도 외교적 성과다. 당시 닉슨이 젓가락으로 중국 음식을 먹는 모습이 TV에 나왔을 때에는 보는 이들로 하여금 탄성을 자아낼 정도였다. 또한 서베를린 지위에 관한 4개국 협정을 끌어내어 '긴장완화', 즉 데탕트^{detente} 토대를 마련했다.

대통령 평가

영화의 클라이맥스는 닉슨이 워터게이트 사건에 개입했다는 걸 인정하고 국민에게 사과하는 부분이다. "나는 대통령으로 해선 안 될 큰 실수를 했소. 은폐에도 관여했고 정부 시스템을 훼손시켰지. 평생 그 짐을 안고 살아갈 거요.” 그 전까지 닉슨에게 끌려가다가 마지막 날 인터뷰의 대역전극으로 승리감에 상기된 프로스트와 침통한 표정의 닉슨. 인터뷰 방송은 미국 TV 사상 최고 시청률을 올리고, 프로스트의 역량에 언론은 찬사를 보낸다.

공교롭게도 이 장면을 보면서 쓸쓸한 기분이 들었다. 닉슨이 처음에는 능란한 화술로 자신의 잘못을 완강히 부인한 걸 고려하면 통쾌한 느낌이 들 수 있는데도 말이다. 그 이유는 닉슨이 도청사건에 관여하지 않았어도 당시 선거 양상이 닉슨에게 아주 유리했기 때문이다.

즉, 탁월한 외교 성과로 인해, 민주당 후보로 누가 나와도 그를 꺾을 수 없었다. 경쟁자 조지 S. 맥거번 상원의원을 상대로 1972년 대통령 선거에서 사상 최대 승리를 거둔 게 단적인 증거다. 그럼에도 닉슨의 여유 없고 초조해하는 품성이 워터게이트 사건을 일으켰다.

이러한 배경에는 과거 케네디에게 예상치 못한 패배를 했다는 충격과 언론이 자신에게 호의적이지 않다는 경계심이 작용한 것 같다. 소위 ‘보이지 않는 적’들이 자신을 공격할지 모른다는 불안감이 불필요한 도청사건을 벌여 자기 발목을 스스로 잡은 것이다.

이 영화를 비롯해 앨런 J. 파큘라의 〈대통령의 음모〉와 올리버 스톤의 〈닉슨〉도 미국 관객에게 닉슨이 부정적인 인물로

닉슨과 마오쩌뚱의 역사적 만남

각인되어 있다. 그러나 닉슨이 저지른 일에 비해 폄하되는 게 아닌가 싶다.

필자는 닉슨을 종종 빌 클린턴과 엘 고어와 비교하곤 한다. 닉슨이 워터

게이트 사건으로 대통령직을 사임했던 반면, 온갖 성추문과 거짓 증언을 한 혐의로 사퇴 압력을 받았던 천하의 바람둥이 빌 클린턴은 전혀 흔들림 없이 대통령직을 수행하였다.

닉슨은 1960년 대통령 선거에서 아주 근소한 차이로 패배했을 때, 전혀 이의를 제기하지 않았다. 주변에서 이구동성으로 소송을 제기하라는 말에, 그는 단호했다. "나도 선거 결과에는 납득할 수 없어. 그러나 그렇게 하면, 미국 사회가 분열하고 혼란스럽게 돼."

그의 이 말은 2000년 대통령 선거에서 조지 부시에게 근소한 차로 낙선한 엘 고어가 패배를 인정치 않았을 때, 미국 언론에서 닉슨의 예를 인용했다. 당시 엘 고어가 선거 결과에 승복하지 않아 미국 정계는 물론이고 여론마저 극심한 분열 양상을 보였다.

269

제작 & 에피소드

닉슨에겐 완전한 정계 은퇴를, 프로스트에겐 재기의 발판이 된 인터뷰. 이후 프로스트는 제럴드 포드, 지미 카터, 로널드 레이건, 빌 클린턴 그리고 부시 대통령 부자 등 총 7명의 전·현직 미국 대통령과 대처를 비롯한 8명의 현직 영국수상을 인터뷰한 유일한 방송인이 되었다. 심지어 이란 팔레비 왕을 마지막으로 인터뷰한 방송인으로도 유명한 그는 TV 토크쇼 사회자뿐만 아니라 저널리스트, 코미디언, 작가로도 활동했다.

그러나 다재다능한 그도 세인들의 입방아에 오르는 약점이 있는데, 이혼과 간통으로 점철한 그의 사생활이다. 영화 초반에도 그의 탁월한 작업(?) 실력과 함께, 닉슨의 참모도 이 점을 거론하고 있다.

이와는 달리 닉슨은 여성 추문에 관해서는 방송인 프로스트와 전임 대통령들과도 대조적이다. 즉, 케네디와 린든 B. 존슨이 온갖 성추문으로 가십난에 올랐지만, 닉슨은 여자문제로 거론할 게 없다. 그럼에도 그는 미국 최초로 탄핵 위기에서 대통령직을 사임한 인물이자, 현재도 미국인들에게 지도자 도덕성을 언급할 때마다 반면교사로 떠오른다.

감독 하워드는 객관적으로 닉슨을 묘사하고 있으나, 한계가 있다. 오직 워터게이트 사건의 진실에만 집중되어 있어서다. 영화 초반과 후반에 나오는 프로스트 주변 인물도 모두 이 사건과 관련된 닉슨의 부정직한 행위에 통렬한 비판적인 인터뷰

인터뷰 당시 닉슨과 프로스트(위)와 영화장면(아래)

만 나온다. 클라이맥스도 닉슨 스스로 워터게이트 사건에 연루되었다는 걸 고백하는 데 중점을 두고 있다. 닉슨이 이룩한 외교적 성과는 언급조차 없고 대통령직 수행능력이나 정책 평가도 별로 없다.

다만 영화에서 마음에 드는 건 엔딩신이다. 닉슨을 나락으로 떨어뜨리지 않고, 편안히 프로스트와 닉슨이 재회하는 것으로 마무리해서다. 그 자리에서 닉슨은 마음을 비웠다는 홀가분함이, 프로스트는 관록있는 정치인을 향한 예우가 잘 드러나 있다.

주인공 역의 프랭크 란젤라는 실제 닉슨 모습과는 다르지만, 노회한 정치가로서의 캐릭터를 잘 표현했다. 올리버 스톤의 〈닉슨〉에서 주인공 역의 안소니 홉킨스가 상대적으로 닉슨과 흡사하다면, 캐릭터에서 느껴지는 공감대는 프랭크 란젤라가 잘 살렸다고 본다.

영화 VS. 영화 〈닉슨〉(Nixon, 1995)

닉슨이 주인공인 '론 하워드'의 〈프로스트 VS. 닉슨〉과 '올리버 스톤'의 〈닉슨〉. 하워드가 닉슨을 세파에 닳고 닳은 정치인으로 묘사했다면, 스톤은 닉슨을 거의 콤플렉스 환자로 비유했다.

그럼 두 영화 중에서 어느 쪽이 실제 닉슨을 잘 표현했을까?

결론부터 말해서 스톤이 표현한 닉슨은 지나친 비약이다. 닉슨의 모습이 정신분열증 환자로 보이기 때문이다. 그리고 이런 이미지는 감독 개인의 분노감이 직설적으로 표현된 것이다. 즉, 스톤은 닉슨의 위선과 부조리에 분노했으며, 그러한 감정을 영화 속 닉슨의 성격에 그대로 투영했다.

예를 들어, 어두운 방구석에 틀어박혀 테이프를 들으면서 분노하는 모습이나 대학생들의 날카로운 질문에 진땀을 흘리면서 허둥대는 장면, 혹은 어린애 같은 질투에 찬 눈길로 케네디의 초상화를 바라보는 것 등이다.

271

만일 영화 속 모습대로라면 닉슨은 백악관이 아닌, 정신병원에 입원해야 할 것이다. 분명한 것은 워터게이트 사건을 비롯하여 일련의 닉슨의 부도덕한 면이 있다고 할지라도, 닉슨은 세계에서 가장 큰 권력을 지닌 동시에 가장 어려운 결정을 했던 인물이다.

더욱이 그의 외교적 성과는 자타가 공인할 정도로 위대했으나, 감독은 이에 관해서는 전혀 언급하지 않았다. 오직 닉슨

닉슨이 공화당 대통령 후보로 지명되는 장면

의 실정失政만을 부각함으로써, 인물 평가에 반드시 필요한 형평성을 상실했다. 더욱이 스톤은 미국이 베트남전쟁에 개입하고 패배한 책임을 전적으로 닉슨에게 전가하고 있으나, 이 역시 실제 사실과 다르다. 앞서 언급했듯이, 베트남전쟁에 적극적으로 개입한 이는 닉슨이 아닌, 전임 대통령 존슨이다.

주인공 역의 안소니 홉킨스는 닉슨처럼 보이기 위해 보형물을 사용하지 않고 단지 갈색 콘텍트 렌즈, 눈썹, 가발 등 간단한 분장으로 대통령의 특징을 묘사했다. 그러나 이런 단순한 분장에도, 그는 대배우로서의 면을 유감없이 발휘하였다. 스톤이 기대하는 닉슨 이미지를 잘 소화하고, 관객에게 왜곡된 모습의 닉슨을 '실체'로 믿게 만들 정도의 역량을 과시하였다.

🎥 **03**

이란판 혹성탈출

아르고 Argo, 2012
감독: 벤 애플렉
출연: 벤 애플렉(토니 멘데즈)
　　　브라이언 크랜스턴(잭 오도넬)
　　　존 굿맨(존 챔버스)

273

영화 속 역사

이란에 억류된 6명의 미국인을 구출한 실제사건을 소재로 한 작품. 당시 이란과 미국과의 외교관계를 살펴볼 수 있다는 점이 이 영화를 선택한 이유다.

1979년 이란혁명이 일어나고 흥분한 시위대가 미국 대사관에 난입한다. 외교관들을 인질로 삼는 상황에서, 그곳을 빠져나온 6명의 직원. 미국 정부는 캐나다 대사 관저로 피신한 그들을 구하기 위해 기발한 작전을 수행한다. 가짜 영화 로케이션 장소 헌팅을 빌미로 이란으로 잠입해 그들을 탈출시키는 것이다.

인질로 삼은 이유

미국 대사관 직원들을 인질로 삼은 이유는 미국의 주도로 팔라비 독재정권을 세우고 그의 폭정을 방조했기 때문이다. 심지어 그의 망명을 받아들여 이란 국민 전체를 분노케 했다.

미국은 영국과 함께 쿠데타 ¹⁹⁵³년 8월, CIA 주도로 영국 정보부와 함께 모사데크 타격대를 조직하고 미국과 영국의 사주를 받은 자헤디 장군이 일으킨 친(親)팔레비 쿠데타를 꾀해 민족주의 노선 지도자 모사데크를 퇴위시키고 팔라비 정권을 세웠다. 모사데크는 미국과 영국 소유의 정유시설을 국유화했다. 그러나 팔라비가 정권을 잡으면서 정유시설은 다시금 미국과 영국으로 넘어갔다.

문제는 팔라비가 추진한 정책들이 국민의 원성을 일으킨 것. 왕권 안정을 위해 국방비를 증액하고 국민의 세 부담이 늘어나면서 생필품 부족 현상이 일어났다. 그럼에도 그는 파리에서 점심식사를 공수하는 등, 사치를 일삼았다.

이에 국민이 불만을 표출하자, 비밀경찰 '사바크'로 하여금 온갖 고문과 살인을 자행했다. 주목할 건 팔라비의 철권통치를 유지하기 위한 이 기관이 미국 CIA의 도움으로 창설되었다는 것. 이 기관을 운영한 장교들이 CIA 본부에서 오리엔테이션까지 받았다. 이런 점에서 이란 국민이 폭정을 휘두른 팔라비만큼이나 미국 정부를 향해 증오심을 가지게 된 건 당연하다.

미대사관 직원들이 인질이 된 당시 상황

274

팔라비가 이란을 서구화시키려는 정책^{백색혁명으로 불림}도 국민의 반감을 일으켰다. 특히 이슬람교도와 민족주의 세력의 강한 저항을 가져와, 이란혁명이 촉발하는 계기가 되었다. 이후 호메이니가 이슬람 제정일치^{祭政一致} 노선을 펼 수 있게 된 것도 과거 팔라비 백색혁명의 실패가 가져온 결과다.

이란혁명이 일어나자, 팔라비 일가는 국외로 도망쳤다. 도입부에도 나오듯이, 흥분한 시위대는 미국 정부가 망명을 받아들인 팔라비를 이란으로 송환할 것을 강력히 요구했다. 국민이 지켜보는 앞에서 죄의 대가를 받아야 한다는 것이다. 그러나 카터 대통령이 응하지 않자, 미국 대사관에 난입해 직원들을 인질로 삼았다.

카터의 기^氣싸움

시위대가 미국 대사관에 난입해 50여 명을 인질로 억류하자, 카터 대통령은 이란산 원유수입 금지라는 경제 보복으로 맞섰다. 이란도 대미 석유수출금지와 이란 내 재미 예금인출과 미국 투자의 국유화 조치를 취했다. 다시금 카터는 미국 내 이란 공적자산을 동결 조치하고 아라비아해와 인도양에서 무력시위를 벌였다. 이란을 군사적으로 위협한 건데, 호메이니는 눈도 깜짝 안 했다. 미국 역사상 어느 대통령보다 도덕성에 투철하고 명분을 중시하는 카터의 정치스타일을 알고 있어서다.

이후 카터는 대통령 예비선거를 의식해 평소 스타일이 아닌 행동을 한다. 특공대를 투입해 인질 구출작전을 시도한 것이다.^{영화에서 국방부 작전으로 주인공의 계획이 중도포기 될 뻔하는 장면에 해당} 그러나 작전에 차질이 생기고 항공기 충돌사고까지 일어나 8명이 사망해, 대통령 재선의 희망도 물거품이 되었다.

영화 속 아르고는 특공대 군사작전을 벌이기 이전에 계획한 것이다. 당시 미국 정부는 구출 전문가 토니 멘데즈의 아이디어를 받아들여 적극 후

원했다. 흥미로운 건 토니가 자기 아들이 보고 있던 영화 〈혹성탈출〉에서 힌트를 얻어 〈아르고〉라는 가짜 SF영화를 제작해 인질 구출에 성공했다는 것. 이런 점에서 아르고는 '이란판 혹성탈출'이다.

구출 성공 요인

이는 기발한 작전과 치밀한 계획 그리고 두 사람의 용기가 빚어진 결과다. 영화를 보면서 과연 이게 사실일까라는 의심이 들 정도로 이 작전은 허를 찌른다. 어느 누가 대사관 직원들을 가짜 영화 스태프로 위장시켜 탈출을 시도할 수 있다고 예상할까. 작전 추진에 따른 철저한 준비도 놀랍다. 가짜 시나리오를 만들고, 가짜 제작사를 세우고, 가짜 영화 기자회견을 하고, 영화잡지에 기사화한다. 인질 구출에 필요한 여권과 출입국 카드를 발급하는 등, 캐나다 정부의 지원도 대단하다. 영화는 토니 멘데즈, CIA, 카터 대통령에 초점을 맞추어 캐나다 정부의 노력을 엔딩 부분에서만 간략히 언급함 이 작전을 주도한 토니가 대사관 직원들과 실제 상황을 대비해 출국심사 인터뷰를 연습하는 장면에선 탄성이 나올 정도다.

특공대 투입으로 아르고작전을 취소하라는 정부의 명령을 어기고, 자신의 계획을 밀고나간 토니의 용기도 대단하다. 분명한 건 그의 고뇌에 찬 결정으로 6명의 미국외교관이 사지死地로부터 벗어날 수 있었다. 또한 토니 이상으로 인질 구출에 큰 역할을 한 사람이 있다. 생명의 위협을 무릅쓰고 3개월간이나 자신의 집에 숨겨 주고 탈출시킨 이란 주재 캐나다 대

토니가 호메이니 초상화가 걸린 벽을 지나는 장면

사 켄 테일러다.

한편 이 작전의 성공보다 인상적인 장면이 있다. 아직 억류되어 있는 인질에게 피해가 가지 않기 위해 자신의 공적을 감추는 대목이다. 이 작전을 주도한 토니 멘데즈를 비롯해 가짜 영화제작을 도운 레스터 시겔, 토니를 측면에서 적극 지원한 CIA와 카터 대통령도 포함된다. 특히 카터는 선거가 코앞에 임박했어도 이 구출작전의 실체를 감추었다. 재선에 성공하는 것보다 인질들의 목숨을 염두한 것이리라.

아르고작전으로 6명이 탈출한 후, 이란에 억류돼 있던 나머지 인질들 전원이 풀려난다. ^{1981. 1. 20.} 무려 444일만에 벌어진 일인데, 주목할 건 어째서 그렇게 오랜 기간 억류했느냐보다 그 시점에 풀어 준 이유다.

인질을 풀어준 이유

미국 정부가 바뀌었기 때문이다. 유약한 카터 대통령에서 호전적인 레이건 대통령으로 정부가 바뀌면서, 인질을 잡아서 좋을 게 없다는 판단이 선 것이다. 카터는 기싸움에서 호메이니의 상대가 되지 못했다.

그러나 레이건은 다르다. 나중에 드러나지만, 그는 소련 지도자 고르바초프를 압박해 자신이 원했던 대로 전략무기협정을 이끌었으며, 종국에는 세계 유일의 초강대국이 되는 발판을 마련했다. 따라서 그를 카터처럼 대했다간 크게 후회했을 것이다. 현재의 푸틴처럼, 국가의 위상을 강화하는 데 온 힘을 쏟은 이가 레이건이다.

이란에 억류된 인질이 풀려난 걸 카터와 레이건의 협상전술로 해석하는 경우도 있다. 즉, 카터가 대통령 선거에서 완패한 후에 호메이니에게 이란에 억류된 인질을 풀어 주지 않으면 호전적인 레이건 정부가 자신과는 차원이 다른 보복을 할 거라는 메시지를 보냈다. 이어서 레이건도 온건한 카터와는 달리 강력한 보복을 할 거라는 메시지를 보내서, 이란 정부가 레이건이 미국 대통령에 취임하기 직전에 인질을 풀어 주었다는 것이다.

분명한 건 카터와 레이건의 협상전술이 실제로 있었는지 상관없이, 미국 정부가 바뀌어서 이란 인질 사태가 해결된 건 사실이다.

제작 & 에피소드

벤 애플렉의, 벤 애플렉에 의한, 벤 애플렉을 위한 영화.

주연, 감독, 제작까지 맡았으니, 그런 말도 들을 만하다. 제85회 아카데미시상식에서 작품상, 편집상, 각색상을 수상했다는 점에서 그의 연출력도 입증되었다. 특히 결말을 알고 있음에도 극적 긴장감이 전혀 흐트러지지 않은 건, 그만큼 그의 연출력이 치밀하고 섬세하다는 것. 한 예로 실제로 억류된 6명과 배우들이 상당히 닮아 화제가 되었는데, 이 역시 감독이 고증에 충실했다는 증거다.

아쉬운 점은 대통령 부인 미셸 오바마가 백악관에서 화상으로 시상자로 깜짝 등장해 작품상을 발표했다는 것. 가뜩이나 아카데미상이 정치적이라는 시선을 받는 상황에서, 이란 인질 사태를 소재로 한 영화에 대통령 부인이 시상한다면 사람들이 어떤 상상을 할까.

아마도 백악관이 작품상 선정에 관여했을 것이라고 짐작할 수 있다. 바로 아카데미 작품상 선정을 정치 공작으로 본 이란 관영 뉴스통신 IRNA의 논평 일부분이다.

그래서 이 영화는 아쉽다. 탁월한 연출력을 선보인 벤 애플렉과 깊이 있는 내면연기를 한 배우들이 작품에 매진한 영화인이 아닌, 국가를 위해 연출과 연기를 한 애국적 인물로 비쳐질 수 있어서다.

영화 VS. 영화 〈어느 독재자〉(The President, 2014)

이란의 독재자 팔라비가 쫓겨난 이후의 상황을 소재로 한 〈아르고〉와 〈어느 독재자〉. 전자에선 독재자가 미국으로 망명을 간 반면, 이 영화에선 독재자가 국내에서 도망자 신세가 된다. 영화에는 '알 수 없는 나라'라고 했지만, 이란을 지칭한다. 감독 모흐센 마흐말바프가 이란인이고 영화 속 독재자는 팔라비를 상징한다.

영화에서 그와 함께 도주의 길을 나서는 어린 손자는 여러 의미가 담겨있다. 손자가 정곡을 찌르는 질문을 할 땐 정치부 기자처럼 느껴지고, 손자목에 올가미가 씌워질 땐 '인과응보'라는 단어가 떠오른다.

이 영화를 이해하기 위해선 감독의 인생역정도 살펴보아야 할 것 같다.

가난한 농민의 아들로 태어나 7세 때부터 벽돌공과 지게꾼 등 잡부 일을 전전했다. 영화에서 대여섯살 어린아이들이 돌무더기를 나르는 장면이 나오는데, 감독의 어린 시절을 보는 것 같다. 10대부터 팔라비 독재 반대투쟁에 나서 사형선고까지 받았으며, 호메이니의 이슬람혁명으로 석방되었다.

279

하루아침에 도망자 신세로 전락한 독재자.
권력의 무상함이 새삼 느껴진다.

이후 그는 이란에 민주화가 꽃필 것이라고 기대했으나, 실망으로 바뀌었다. 팔라비가 쫓겨나고 새로이 이슬람 종정 통치가 시행되었지만, 간판만 바뀌었을 뿐 여전히 국민의 자유를 억압한 독재정치였기 때문이다.

더욱이 여성인권과 자유를 소재로 한 자신의 영화들에 대해 사전검열이 강화되고 신변의 위협을 받게 되자, 망명을 선택하게 된다. 따라서 이런 그의 전력을 살펴볼 때, 〈어느 독재자〉는 단순한 상업영화로 치부할 수 없는 무거운 주제의식을 담고 있다.

그럼 감독이 이 영화를 만든 이유는?

그는 독재정권이 몰락했는데도 어째서 폭력이 그치지 않고 민주주의 회복이 더딘지 의문이 생겨서 이 영화를 제작했다고 밝혔다. 그리고 이 의문은 라스트신의 정치범 대사에서 그 해답이 나온다. 복수가 또 다른 복수를 낳듯이, 독재자를 죽인 후에도 서로 싸우고 죽는 일이 되풀이한다는 것. 당장의 복수보단 화해와 용서를 해야 악순환의 고리가 끊어진다는 것이다.

언뜻 울화통 터지는 방안 같지만 진정한 해결책이라는 게 정치범의 판단이자, 감독 마흐말바프의 관점이다.

Theme 14

정치와 전쟁 2
(1990~2000)

그들만의 전투

/

19 VS. 1000

/

전쟁과 평화는 하나

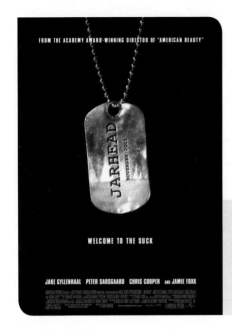

그들만의 전투

자헤드 Jarhead, 2005
감독: 샘 멘데스
출연: 제이크 질렌할(앤소니 스워포드)
　　　피터 사스가드(앨런 트로이)
　　　제이미 폭스(사이키스)

영화 속 역사

걸프전쟁을 소재로 한 작품. 전쟁의 참상과 전투에 투입된 병사들의 심정을 탄식이 나올 정도로 생생하게 표현했다는 점이 이 영화를 선택한 이유다.

딱히 갈 데 없어 해병대에 온 스워포드. 꼴통 조교에게 기합받고 자대 배치되고서도 고생이 이만저만 아니다. 걸프전이 벌어지자 현지로 떠나는 스워포드와 해병대원들. 40도가 넘는 사막의 열기 속에서 방독면을 착용한 채 축구시합도 한다. 상사가 미제 방독면의 우수성을 입증하고자 한 건데, 뛰는 병사들은 파김치가 된다. 더욱이 애인이 변심했다는 편지를 받고 하루하루가 고통의 연속이다.

석유전쟁

걸프전은 석유전쟁이다. 당시 이라크는 쿠웨이트가 예전에 자국의 영토였다는 걸로 침략의 명분을 내세웠지만 궁색하기 그지없다. 그보다는 지루한 소모전으로 전개된 이란-이라크 전쟁에서 쿠웨이트로부터 수십억 달러 차관을 빌린 이라크 지도자 사담 후세인이 차관 상황은커녕 쿠웨이트의 유전지대를 빼앗고 싶었던 게 직접적인 배경이다. ^{14만 명의 병력과 1,300대의 탱크로 쿠웨이트 침공. 1990. 8. 2.}

주요 산유국인 쿠웨이트를 손에 넣음으로써 수월하게 유가^{油價}를 조정할 수 있다는 점도 주목된다. 쿠웨이트가 이전까지 OPEC이 정한 쿼터를 초과 생산해 유가 하락을 가져왔고, 그로 인해 산유국인 이라크가 손해를 보고 있었던 것. 게다가 쿠웨이트 침공으로 다른 주요 산유국인 사우디아라비아에게도 무언의 압력을 넣을 수 있었다. 사우디는 정규군이 아닌 경찰에 가까운 군대를 지니고 있어서, 후세인의 군사력과 비교가 되지 않았다.

그러나 침공을 좌시할 수 없는 국가가 있었으니, 이제까지 중동 판세를 좌우했던 미국이다. 더욱이 자국의 정유 회사들이 이곳에서 밀접한 이해관계가 있던 상황인데, 혹여 후세인이 사우디아라비아마저 침공한다면 걷잡을 수 없는 사태가 벌어지기 때문이다. 후세인이 세계 석유의 40%에 달하는 통제권을 장악하고 유가를 마음대로 결정하고 미국에게 외교적·경제적으로 타격을 줄 수 있어서다. 후세인도 미국의 우려를 판단하고서, 쿠웨이트를 점령한 후에 유가를 결코 올리지 않을 것이라고 선언했다.

미국의 대응은 단호했다. 쿠웨이트 침공을 유엔에 상정하여 이라크를 '공공의 적'으로 만들고 당장 철군하라고 요구했다. 이라크가 거부하자, 각국 지도자들에게 이라크를 응징하는 데 동참해 줄 것을 요청했다. 곧이어 무려 30여 개국으로 결성된 다국적군이 이라크와 맞서게 되었다.

사막의 폭풍작전(1991)

그럼 미국이 다국적군을 결성한 이유는? 이 전쟁을 석유자원을 둘러싼 미국과 이라크 간의 파워게임으로 비쳐지지 않게 하려는 의도였다. 그러나 총 68만 명에 달하는 다국적군 중에서 미군이 40만 명 이상이고 항공모함 등 최첨단 무기를 동원했다는 점에서, 이 전쟁은 말 그대로 부시와 후세인의 대결이다. 쿠웨이트에 있는 이라크군의 즉각적인 철수를 요구하는 부시와 다국적군. 그러나 후세인은 선언하기를, 미국이 공격한다면 수천 명의 미국인과 서유럽인 인질을 인간방패로 사용할 것이라며 맞섰다.

정해진 승부

1991년 1월 16일, '사막의 폭풍 작전^{Operation Desert Storm}'이라 불리는 다국적군의 공격은 공중 폭격으로 시작되었다. 당시 CNN 방송을 통해 전 세계로 생중계된 전투 화면과 해설은 처절한 전쟁 분위기가 느껴지기보다는 무기 경연장을 보는 것 같았다.

바다에서 발사된 토마호크 미사일이 수십 km 떨어진 이라크군 공격 목표물을 정확히 맞추는 장면은 '전율'이 아닌 '탄성'을 자아내게 했다. 또한 다국적군이 쿠웨이트와 이라크 동부로 진격해 들어갔을 때, 당시 수백 대의 이라크 탱크들은 포 한 번 제대로 쏘지 못하고 항복했다. 무기 성능에서 미국과 비교조차 할 수 없을 정도로 뒤떨어졌기 때문이다. 미군 탱크가 최첨단 통신장비를 갖추고 하늘에 떠 있는 초계기를 통해 적의 위치를 파악하고 포를 발사하는 반면, 아무것도 보이지 않는 상황에서 일방적으로 당하기만 하는 이라크 기갑부대. 심지어 미군 탱크는 사막의 더위를 고려하여 냉방기를 장착하는 등, 쾌적한 전투 환경마저 갖추었다.

이라크군의 유정(油井) 파괴로 기름범벅이 된 새

결국 이라크군은 전투 100시간 만에 유엔이 부과한 12개 조항 휴전안을 받아들였으나, 쿠웨이트를 철수하면서 800개에 이르는 유정^{油井}을 파괴하였다. 당시 이 일로 석유오염이 세계적인 환경문제로 대두했으며, 기름범벅이 된 새와 물고기의 떼죽음이 연일 방송과 언론에 오르내렸다. 영화에서 미 해병들이 불탄 유전에서 뿜어 나온 고열의 기름비를 맞고 고통스러워하는 장면이 여기에 해당한다.

285

영화에서 이라크군의 만행에 대해선 그리 언급이 없지만, 당시 세계 각국 언론은 쿠웨이트 침공에 못지않게 이 유전 폭파에 대해 격렬한 비난을 퍼부었다. 후세인이 단지 침략자를 넘어서 '환경파괴자'가 되는 순간이었다.

이 전쟁으로 이라크는 약 2만 5천 명이 전사한 반면, 다국적군은 240명이 전사하고 776명이 부상했다. ^{미군 147명 전사, 458명 부상.} 이후 쿠웨이트가 독립을 회복하였으며, 전쟁 기간 중에 올랐던 석유가격이 하락하고 미국의 위상이 한껏 올라갔다. 물론 미국 내 부시의 인기도 상승했는데, 종전 직후 실시된 통계 조사에 따르면 90% 지지를 얻었다.

만일 소련이 개입했다면

미국 주도의 다국적군이 걸프전에서 승리한 가장 큰 요인은?

얼핏 생각하면 부시 대통령의 외교술이나 슈워츠코프 사령관의 뛰어난 작전능력을 거론할 수 있다. 그러나 더 중요한 건 '소련의 협조'다. 소련이 이라크와 긴밀한 관계임에도 걸프전에 개입하지 않았으며, 이에 부시는 종전 직후 가진 인터뷰에서 소련에게 감사를 표했다.

만일 소련이 이라크를 위해 참전했다면 어떻게 전개되었을까? 아마 쉽사리 다국적군이 결성되지 않고 일방적인 이라크군 패배로 끝나지 않았을 것이다. 소련과의 군사적 충돌이 자칫 제3차 세계대전을 촉발시킬 수 있다는 위험성을 모두 인식하고 있어서다.

이러한 점에 비추어 볼 때, 후세인은 쿠웨이트 침공 후에 소련이 자국을 도와줄 거라고 확신한 것 같다. 그러나 지나친 욕심이 화(禍)를 부르듯, 후세인은 이 전쟁이 발단이 되어 훗날 이라크전쟁에서 미군에게 사로잡혀 처형당하는 비운에 처하게 되었다.

제작 & 에피소드

〈아메리칸 뷰티〉로 잘 알려진 샘 멘데스가 연출한 전쟁영화. 타이틀 'Jarhead'가 속어로 해병대원을 지칭하듯이, 걸프전에 참전한 해병대원 앤소니 스워포드의 체험담으로 전쟁의 참상을 그려 냈다.

〈핵소 고지〉〈라이언 일병 구하기〉〈진주만〉 등의 전쟁영화와 다른 건, 이 영화에선 애국심을 고취시키지 않았다는 것. 즉, 이 영화에는 투철한 국가관을 지닌 용맹스러운 군인이 전혀 보이지 않는다. 예를 들어, 생계를 유지하기 위해서 혹은 딱히 갈 데가 없어서 해병대에 입대한 것이다. 주인공 스워포드와 그의 절친 트로이도 이에 해당한다.

한편, 주인공 역을 맡은 제이크 질렌할의 연기 변신이 볼 만하다. 그의 필모그래피를 통해서 각인된 훈남이미지가 이 영화로 탈피했다고 느껴져서다. 특히 변심한 애인의 사진을 들고서 고통스럽게 자위행위를 하는 장면은 영화로 치부하기에는 너무나 생생하고 가슴이 아프다.

가장 인상적인 장면은 어느 전쟁영화처럼 처절하거나 긴장감 넘치는 전투신이 아니다. 주인공과 함께 적진에 침투한 전우 트로이가 상부의 명령으로 총 한 번 못 쏘고 귀대하라는 명령을 거부하면서 울음을 터뜨리는 장면이다.

그럼 그가 운 이유는? 고된 훈련과 목숨을 건 위험을 감수한 끝에 적을 사살하는 임무를 부여받았는데, 아무 일도 하지 못하게 됐기 때문이다. 총 한 번 못 쏴 보고 전쟁이 끝나서, 존재감이 상실된 것이다.

그럼 어째서 트로이에게 내린 작전 명령을 취소했을까? 영화에도 나오듯이 트로이가 이라크군을 저격하는 것보다 첨단 성능의 전투기로 네이팜탄 폭격을 하는 게 훨씬 효과적이라는 군부의 판단에서 비롯되었다.

영화에는 참혹한 장면이 여러 차례 등장한다. 그럼에도 전쟁의 참상이 좀체 느껴지지 않는다. 살상무기가 다르기 때문이다. 총상으로 살해되면 유혈이 낭자하지만, 네이팜탄은 시신도 남지 않는다. 적과의 총격전이나 기갑전은 전쟁의 치열함이 보이지만, 폭격기로 잿더미를 만드는 상황에선 뭐라 할 말도 떠오르지 않는다.

영화 속 주인공을 비롯한 해병대원들은 열심히 싸우려고 마음먹지만 되는 일이 없다. 전투기와 폭격기가 모든 일을 끝내 버려서다. 적이 없는 '그들만의 전투'가 된 것이다. 영화와 실제 모두 참혹함보단 첨단무기 광고를 보는 기분이 드는 전쟁, 바로 걸프전의 첫인상이다.

287

영화 VS. 영화 〈커리지 언더 파이어〉
(Courage Under Fire, 1996)

걸프전을 소재로 했으면서도 느낌이 사뭇 다른 〈자헤드〉와 〈커리지 언더 파이어〉.

전자가 걸프전에 실제 참전한 해병대원의 시선에서 냉소적으로 전쟁을 묘사했다면, 후자는 흔하디 흔한 애국심과 휴머니즘을 양념으로 한 할리우드 전쟁영화다. 게다가 걸프전을 소재로 한 최초의 블록버스터이자 여성이 주인공인 보기 드문 작품. 당시 최고의 인기를 구가하던 맥 라이언과 덴젤 워싱턴이 주인공을 맡은 것만 봐도, 제작진이 얼마나 흥행을 기대했을지 짐작이 간다.

영화는 전투장면이 두 차례 나오고 있음에도, 전쟁 액션물보단 심리극에 가깝다. 예를 들어, 설링^{덴젤 워싱턴}이 월든^{맥 라이언}의 죽음을 조사하는 과정에서 다양한 그녀의 모습을 보여 주고 있다. 마치 구로사와 아키라의 〈라쇼몽〉에서 어느 사무라이의 죽음에 대해 각기 다른 증언을 하는 회상 형식 같다고나 할까. 수사과정에서 드러난 진실은 월든이 긴급 상황에서 부하들을 구하려다가 목숨을 잃었다는 것이다. 곧이어 성대한 장례식과 함께 명예훈장을 수여한다는 결말이다.

이 영화에서 주목할 만한 연기는 주인공 역의 맥 라이언. 청순미와 발랄함의 아이콘이었던 그녀가

이 영화로 이미지 변신을 꾀한 맥 라이언

전쟁영웅이라는 이미지 변신을 꾀했는데, 잘된 것 같지 않다. 영화 보는 내내 전작 〈해리와 샐리가 만났을 때〉와 〈프렌치키스〉라는 로맨틱코미디가 떠올랐으니 말이다.

한편 이 영화가 미군의 이라크군 살상을 일방적으로 옹호했다는 점에서, 〈자헤드〉와 다르다. 〈자헤드〉에선 네이팜탄으로 숯이 된 이라크군과 민간인이 나오는 등 미군의 지나친 공격을 지적하는 반면, 이 영화는 미군이 이라크군보다 전력이 약한 인상마저 풍긴다.

특히 이라크군들이 사막에 고립된 월든 일행을 기습하는 장면은 거부감이 들었다. 이라크군 모습이 마치 서부영화에서 소수의 백인을 기습하는 아메리카 원주민^{인디언}들처럼 보였기 때문이다.

분명한 건 걸프전은 이 영화처럼 소수의 용감하고 전우애로 뭉친 미군이 수적으로 훨씬 많지만 사격실력이 형편 없는 이라크군과 싸운 게 아니다. 미국과 유럽 열강이 일개 중동의 한 국가를 상대로 한 승부가 뻔한 전쟁이다.

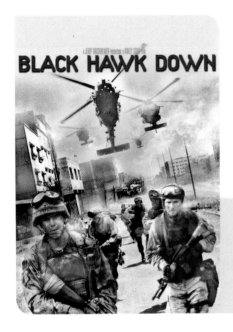

19 VS. 1000

블랙호크 다운 Black Hawk Down, 2001

감독: 리들리 스콧
출연: 조쉬 하트넷(매트 에버스만)
　　　이완 맥그리거(존 그림즈)
　　　에릭 바나(후트 깁슨)

290

영화 속 역사

소말리아에 파견된 미군이 실제 겪은 사건을 소재로 한 작품. 역사영화에 탁월한 감각이 있는 리들리 스콧의 생생한 전투장면으로 화제를 모았다.

소말리아 수도 모가디슈에 파견된 최정예 미군부대. UN이 제공한 구호식량을 탈취하는 등 전횡을 일삼는 민병대장 아이디드 체포를 목표로 하고 있다. 하지만 그는 오리무중이고 그의 측근이 모인다는 첩보를 입수하고 작전에 나선다. 결국 민병대 간부들 체포에 성공하지만 차질이 생겼다. 작전에 투입된 전투기 블랙호크가 격추되고 부대원들이 고립된 것. 게다가 민병대원 수가 너무나 많고, 고립된 곳이 민간인으로 북적되는 시장 한복판이다.

Black Hawk Down의 의미

타이틀 '블랙호크 다운'은 블랙호크^{UH-60}가 추락하다^{down}를 의미한다.

모가디슈 전투 장면

수송 헬기의 일종으로, 베트남전 쟁에 쓰였던 헬기 휴이^{UH-1}의 문제점 을 보완한 기종이다. 그라나다 침공 작전 이후 거의 모든 미국의 군사작 전에 동원될 정도로 뛰어난 성능을 자랑하고 있다. 영화에 나오는 미군 은 고도의 위험이 수반되는 특수전을 수행하는 델타포스, 레인저, 그린베레 등이다.

291

개입 이유

소말리아는 냉전시대에 소련의 편을 들었다가 1991년 초 소련이 붕괴되 면서 좌파 정권이 무너졌다. 이후 군벌과 부족 간에 권력 투쟁과 내전이 벌 어지고, 극도의 혼란이 일어났다. 게다가 아프리카 여느 나라처럼 오랜 가 뭄으로 식량 사정이 더욱 나빠져, 많은 주민들이 기아에 시달렸다.

이에 국제기구에서 구호물자를 보냈는데, 영화에 나오는 '모하메드 파라 아이디드'를 비롯한 여러 파벌이 이 식량을 강탈했다. 결국 부시 대통령이 UN의 승인을 얻어 구호물자 전달 보장의 명목으로 2만 명이 넘는 군대를 파견한 것이, 미국이 소말리아에 적극 개입하는 계기가 되었다. 당시 미국 국민은 부시의 결정을 지지했는데, 소련 해체 후 세계 유일 초강대국이 된 미국이 부담해야 할 경찰 역할로 간주했기 때문이다.

모하메드 파라 아이디드

그럼에도 아이디드는 소말리아에서 강력한 세력 기반을 구축하고 있었으며, 계속해서 국제기구에서 보낸 식량을 포함한 구호물자를 약탈했다. 심지어 UN평화유지군 소속인 파키스탄군 부대를 기습하고 미군을 향한 테러까지 서슴지 않았다. 이에 미국 정부는 아이디드를 체포하러 나섰는데, 영화는 그 상황, 즉 모가디슈 전투^{1993. 10. 3.~10. 4.}를 묘사한 것이다.

영화에는 아이디드의 핵심 간부들을 체포하고 고립된 부대원들을 구해서 소기의 성과를 거둔 것처럼 보이지만, 실상은 그렇지 않다. 아이디드 축출에 실패하고 클린턴 대통령이 소말리아 주둔군을 철수시켰다. 또한 에필로그에는 아이디드가 모가디슈에서 피살된 것으로 나오지만, 실제는 내전 중에 부상이 악화되어 숨을 거두었다.

소말리아 해적

소말리아는 거듭되는 내전의 악순환 속에서 '국가 부재^{不在}' 상태가 되었으며, 이때부터 우리가 알고 있는 소말리아 해적들이 출몰하기 시작했다. 그리고 더욱 확산되는 이들 해적의 선박 납치와 인명 살상을 두고 전 세계가 지탄하였다.

여기에는 우리나라도 예외가 아니다. 아덴만의 영웅 석해균 선장을 거론하기에 앞서, 그 이전 몇 차례나 몸값을 지불했다. 소말리아 인근 해역을 비롯해 인도양에 까지 뻗친 그들의 해적질에 세계 각국이 군함을 보내기도 했지만, 근본적인 대책은 될 수 없다.

소말리아는 현재 치안 부재와 심각한 기근, 게다가 연안 국가임에도 어업활동을 할 수 없다. 원래 어족 자원이 풍부했으나, 주변 국가 어선들이 싹쓸이해 가고 심지어 이곳 해안에 핵 폐기물을 비롯한 유독성 물질을 무단투기 했기 때문이다.

결국 소말리아에서 가난과 굶주림을 벗어나는 유일한 방법이자 수익성 높은 사업이 '해적질'이다. 이런 상황에서 소말리아인을 비난만 할 수 있을까. 이 세상에 가장 무서운 사람이 더 이상 '잃을 게 없는 자'라고 했다. 바로 그런 지역에 거주하는 사람이 현재의 소말리아인이다.

제작 & 에피소드

생생한 전투장면으로 관객과 평단으로부터 찬사를 받은 작품.

등장인물이 남성 일색이라는 점이 이 영화의 특색. 주인공 매트 역의 조쉬 하트넷을 비롯하여, 이안 맥그리거^{존 역}, 에릭 바나^{깁슨 역}, 톰 시즈 모어^{대니 역}, 올랜도 블룸^{블랙번 역} 등 하나같이 거친(?) 남성들만 나온다. 특히 〈라이언 일병 구하기〉에서 백전노장 하사관 마이크로 분장해 인상 깊었던 톰 시즈 모어가 이 영화에도 마초적인 매력을 십분 발휘하고 있다. 올랜도 블룸이 단역으로 나온다는 점도 흥미로운 상황. 그도 그럴 것이 그를 세계적인 스타로 만들어 준 〈반지의 제왕〉 시리즈가 이 영화의 차기작이라는 걸 염두하면 이해될 수 있다.

영화는 사실적인 전투 신이 돋보이지만, 좀처럼 공감할 수 없는 면도 있다. 예를 들어, 미군이 소말리아인을 사살하는 장면은 간단히 처리하는 데 비해, 미군이 총상당하는 장면은 자세히 다루고 있다. 그에 따라 영화를 보면 마치 미군들만 상당한 인명 피해를 입은 것처럼 오해할 수 있다.

그러나 "19명의 미군 병사가 전사한 반면, 소말리아인은 무려 천 명 이상이 사망했다"라는 엔딩 자막을 통해서, 이 영화가 일방적으로 미국입장만 두둔했다는 것을 확인한다. 게다가 미군에게 사살당한 대다수가 아무 죄 없는 부녀자와 아동이라는 점은 시사하는 바가 크다. 눈에 보이는 처절한 장면보다 카메라에 등장하지 않고 가려진 무고한 사람들의 희생이 가슴 시리게 하기 때문이다.

사실적인 전투장면으로 찬사를 받지만 편향된 역사관을 드러낸 영화. 바로 〈블랙 호크 다운〉이 안고 있는 작품성의 한계다.

영화 VS. 영화 〈캡틴 필립스〉(Captain Phillips, 2013)

현지 소말리아에 관한 실화를 소재로 한 〈블랙 호크 다운〉과 〈캡틴 필립스〉. 전자가 미국이 내전과 기아에 시달리는 소말리아에 개입해 처절한 전투를 벌이는 장면을 보여 준다면, 후자는 전자의 연장선에 해당한다. 더 이상 잃을 게 없어 해적이 된 소말리아인이 미국 화물선을 공격하는 내용을 담고 있다.

2009년 4월에 발생한 사건으로 선원들을 지키려 스스로 인질이 되는 선장 리처드 필립스의 영웅적 행위를 중심으로 전개된다. 영화에서 필립스 역을 맡은 톰 행크스는 극 전체의 분위기를 아우르며, 극한 상황에서 비범해지는 평범한 영웅의 진면목을 유감없이 표현했다.

그러나 주인공보다 관심이 간 건 해적들이 벌이는 일련의 행동이다.

그들의 표정에는 절밤함이 가득 차 있다. 영화 초반에 해적질에 나설 사람을 뽑는 장면이 인상적이다. 자기를 선택해 달라고 아우성치는 젊은이들과, 그들을 향해 뇌물을 주면 뽑겠다고 흥정하는 사람들. 행색이 남루한 주

민들이 각자 총을 소지한 채 옹기
종기 모여 있는 모습을 보면 한숨
이 절로 나온다.

그렇다. 그들에게 미래는 보이
지 않는다. 영화에서 납치된 선
장이 해적질 말고 다른 일을 권하
자, 해적이 코웃음친다. 그건 미
국에서나 가능한 일이라고 말이

리처드 필립스(우)와 그를 연기한 톰 행크스(좌)의 만남

다. 실제로 석해균 선장에게 총을 쏜 해적은 수감된 후 체중이 늘었다. 열심
히 한국어를 배우고 한국에서 살고 싶다는 모하메드 아라이. 자유만 없을
뿐, 한국 교도소 생활이 소말리아 해적의 삶보다 훨씬 낫다는 반증이리라.

해적 두목 무세 역을 맡은 바크하디 압디는 진짜 해적 같다. 이 영화가
배우로서 첫 연기라 놀랐는데, 연기를 잘한 이유가 따로 있다. 모가디슈 출
신으로, 악화된 경제 상황으로 인해 소말리아인들이 겪는 압박을 몸소 체
험한 것이다. 영화의 사실적인 느낌과 극의 개연성을 유지하기 위해선 특
히 무세 역의 캐릭터가 중요했는데, 감독 폴 그린그래스와 배우 톰 행크스
로부터 극찬을 들을 정도로 뛰어난 연기를 선보였다.

295

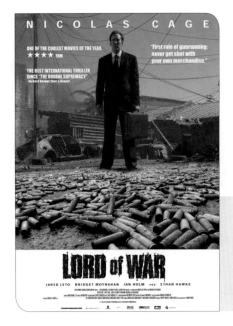

전쟁과 평화는 하나

로드 오브 워 Lord of War, 2005
감독: 앤드류 니콜
출연: 니콜라스 케이지(유리 올로프)
　　　에단 호크(잭 발렌타인)

영화 속 역사

무기 밀매업자를 소재로 한 작품. 무기 밀매상의 삶과 비즈니스 과정을
생생하게 다루었다는 점이 영화의 특색이다.

'전쟁의 제왕'으로 불리는 무기 밀매업자 유리. 우익과 좌익, 평화주의자 가릴 것 없이
그의 고객이다. 냉전보다 평화를 반기는 것도 그의 탁월한 영업 감각. 냉전이 끝나면 군
비 경쟁으로 산처럼 쌓인 무기들의 가격이 급락할 거고, 어느 지역이건 전쟁은 일어난다
는 것이다. 예상대로 여기저기서 주문이 밀려드는데, 방해꾼이 생겼다. 인터폴 요원 잭이
자신의 뒤를 쫓는 것이다.

팍스-아메리카나

소련이 몰락한 1990년대 이후 미국의 위상을 의미하는 단어로 팍스-아메리카나^{Pax-Americana}가 있다. 강력한 미국의 무장으로 주변국들이 전쟁을 하지 않는다는 의미다.

과연 그럴까? 소련과 유고 연방의 해체 후에 불어 닥친 소속 국가들 간의 피비린내 나는 분쟁^{소련연방 해체 후 아제르바이잔과 아르메니아 내전이 벌어지고 유고 연방 붕괴는 코소보 사태를 비롯한 일련의 유혈분쟁이 일어남}을 고려하면 얼핏 맞는 것 같다.

그러나 이 영화를 보면 결코 그렇지 않다. "세계 최고의 무기 딜러는 미국대통령"이라는 주인공의 대사가 너무나 강한 흡인력이 있어서다. 그의 말마따나 세계 최대의 무기 공급원은 미국을 정점으로 영국, 러시아, 프랑스, 중국이며, 이들 국가가 세계 평화와 안전을 책임진다는 소위 유엔안전보장상임이사국이다.

297

주인공 실제 모델

제작진은 여러 무기 밀매상을 조합시켜 합성한 인물이라고 했다. 그런데 유독 관심가는 밀매상이 있는데, 러시아 출신 '빅토르 부트'다. 그는 전직 국가보안위원회 요원으로 라이베리아, 앙골라, 시에라리온, 세르비아 등 내전이 일어나거나 정세가 아주 불안한 지역을 상대로 무기밀매를 했다. 또한 라이베리아 독재자 찰스 테일러의 공식적인 무기 공급책

무기 밀매상 빅토르 부트

이었는데, 영화에는 실제 인물과 유사한 캐릭터로 안드레 뱁티스트^{새미 보티비}가 등장한다.

또한 부트는 '오사마 빈 라덴'의 주요 무기 딜러로 알려졌다. 그러나 영화에는 빈 라덴이 '신뢰할 수 없는 자'라서 무기 거래를 하지 않은 걸로 설정했다. 하긴 영화에서 유리가 빈 라덴에게 무기를 팔았다는 내용이 나온다면, 주인공 캐릭터가 무기 딜러보단 911 테러 연루자라는 인상이 짙어졌을 것이다.

미국 국방비

이 영화를 통해 미국이 얼마나 많은 무장을 했는지 확인이 된다.

소련과 경쟁하던 1985년 무렵 미국이 세계 국방비의 32. 5%인 데 비해, 오히려 경쟁국이 없던 2001년에는 38%, 2003년에는 50.7%를 차지했다. 그리고 이 영화가 개봉된 바로 전前 해인 2004년의 미국 국방비가 4,013억 달러로 책정되었는데, 이 액수는 미국을 제외한 다른 모든 나라의 국방비를 합친 것보다 많은 규모다. 더욱이 미국 국방 관련 연구 개발비는 세계 전체의 80%에 이른다.

막대한 국방비가 매년 지출되기 위해선 재고가 쌓이지 않게 무기를 써야하며, '전쟁'은 무기를 소비하는 최적의 방식이다. 여기서 전쟁은 합법적으로 미국 정부가 무기 판매를 할 수 있는 것과 그렇지 않은 경우로 구분되고, 영화에도 이러한 점을 언급하고 있다.

"내가 1년 걸리는 걸 미국 대통령은 하루에 해치워. 그리고 대통령도 나 같은 프리랜서가 필요해." 즉, 주인공 유리가 세계 최고의 무기 딜러가 미국 대통령이라고 진술한 것은 미국 정부가 공식적으로 나서서 외국에 무기를 판매하는 것이며, 대통령이 무기 밀매상이 필요하다는 건 미국 정부도 국익을 위해 불법적인 일을 자행한다는 걸 의미한다.

전쟁과 평화는 하나

전쟁과 평화는 결코 대립하거나 떨어질 수 없는 공통분모, 즉 하나다. '팍스-로마나'와 '팍스-아메리카나'에도 입증되듯, 어느 특정 국가의 강력한 무장으로 주변 지역이 평화를 가져오니 말이다. 세계의 경찰 역할을 하는 미국. 하지만 그 이면에는 막대한 국방비 지출과 이를 충당하기 위한 비즈니스가 필요하다. 즉, 영화 속 주인공이 평화를 가장 큰 적으로 간주했듯이, 미국 정부도 세계 곳곳에 전쟁 발발 분위기를 조성하고 국방 강화를 명분으로 무기 판매 사업에 열을 올리고 있다.

299

제작 & 에피소드

영화를 보고 느낀 점은 두 가지. 하나, 이런 시나리오로 제작투자를 받을 수 있을까라는 의구심. 둘, 아무런 가위질 없이 상영될 정도로 미국에서 '창작과 표현의 자유'가 보장된다는 사실. 더욱이 이라크전쟁이 발발했을 때, 이 영화의 투자가 이루어졌다.

앤드류 니콜은 〈가타카〉 〈시몬〉 〈인 타임〉 〈호스트〉 등 미래의 가상세계를 독특하게 묘사하는 감독으로 잘 알려졌는데, 이 영화는 분위기가 사뭇 대조적이다. 현재진행형의 냉엄한 국제관계를 예리하게 묘사하고 있어서다.

주인공 유리 역의 니콜라스 케이지 연기도 좋다. 과장되지 않은 차분한 모습의 캐릭터가 실제 무기 밀매상을 보는 듯했다. 특히 그의 대사는 촌철

산더미처럼 쌓인 소총을 거래하는 장면.
저울로 총 무게를 달아 거래하는 상황이 이채롭다.

살인적인 매력이 있는데, 라스트신에서 관객을 향해 던지는 말이 압권이다. "지상에서 끝까지 살아남는 자는 무기상입니다. 나머지는 서로 죽이느라 바쁠 테니까. 살고 싶으면 전쟁터에 가지 말고 구경만 하시오."

이와는 대조적으로 인터폴 요원 잭 역의 에단 호크의 연기는 공감이 가지 않았다. 경멸 어린 표정과 냉소적인 말투로 일관할 뿐, 수사관다운 냄새가 풍겨나지 않는다. 국제범죄를 다루는 전문 수사관이라면 범죄자를 꼼짝달싹 못하게 하는 위압감이 있어야 하는데 그런 모습이 전혀 보이지 않았다. 밀매된 무기로 많은 무고한 사람들이 살해되고 있다는 뻔한 얘기로 유리 같은 프로 무기 밀매상을 취조한다는 설정 자체가 설득력이 약하다.

〈올드보이〉에서 최민식오대수 역의 열연을 더욱 돋보이게 한 이가 유지태우진 역의 호연이었듯이, 에단 호크의 캐릭터가 생동감이 있었다면 이 영화가 훨씬 긴장감있게 진행되었을 것이라는 아쉬움이 남는다.

영화 VS. 영화 〈엘리펀트〉(Elephant, 2003)

무기 밀매를 소재로 했으면서도 느낌이 다른 〈로드 오브 워〉와 〈엘리펀트〉. 〈로드 오브 워〉에서 무기 밀매업자가 주인공이라면, 〈엘리펀트〉에선 그 무기로 무차별 살상을 저지르는 학생이 주인공이다. 영화의 무대와 극적 분위기는 미국 콜로라도주 콜럼바인 고등학교에서 일어난 총격사건을 그대로 빼다 박았다. 영화와 실제 모두 범인이 학교에서 왕따를 당한 게 발단이 되었으며, 범행에 사용할 총기 구입 경로도 똑같다. 1999년 4월 20일, '에릭 해리스'와 '딜란 클레볼드' 두 남학생이 무려 900발을 난사해 13명이 사망하고 20여 명이 부상한 이 사건은 그때까지 일어난 학교 총기 난사사건 중 가장 참혹했다. 더

숨어 있는 학생들을 발견하고 환한 미소를 짓는 총기 난사범. 이 영화의 가장 소름끼치는 장면이다.

욱이 두 범인이 강의실에 있던 학생들을 향해 난사하고 심지어 확인사살하는 장면이 고스란히 케이블 TV로 녹화되어 시청자들을 경악케 했다. 이후 방송과 언론매체는 연일 시민의 총기소유를 엄격히 제한할 필요성을 보도했으나, 정치권은 동요하지 않았다.

301

왜 그랬을까?

미국총기협회의 막강한 로비 때문이다. 그리고 이 협회로부터 전방위적 자금지원을 받은 정치인들이 내세우는 근거는 「수정헌법 2조」. "자유국가의 안전을 위하여 선의로 구성된 민병대가 필요하므로 무기를 소유할 수 있는 시민의 권리는 괴롭힘을 당할 수 없다." 그러나 민병대가 이미 1900년 무렵에 사라진 이상, 이러한 논조로 무기 휴대가 정당하다는 건 시대착오적인 발상이다.

그렇다고 이 사건의 책임을 미국총기협회 로비 탓으로만 돌릴 순 없다. 아직도 많은 미국인이 총기는 자신의 생명을 보호할 수 있는 권리라고 인식하고 있기 때문이다. 레이건 대통령이 힝클리에게 저격당했을 당시, 낸시 여사가 핸드백에 호신용 총기를 휴대했다는 걸 상기해 보라.

그 후 8년이 지난 2007년 4월 16일, 콜럼바인의 비극을 넘어선 총격사건

이 발생했다. 한국계 미국인 조승희가 재학 중인 버지니아공대 교내에서 32명을 살해하고 자기 얼굴에 총을 쏴 자살한 것이다.

공교로운 건 영화 〈엘리펀트〉의 알렉스와 조승희에게는 여러 공통점이 있다는 것. 즉, 두 학생 모두 극도로 내성적이고 자신의 범죄에 죄의식을 느끼지 않았다. 또한 사전에 치밀하게 살해 계획을 준비했으며, 자살로 생을 마감했다. 범행 동기가 급우들로부터 왕따를 당해서라는 것도 똑같다.

버지니아공대 참사 후, 언론은 이런 참극이 재발해도 엄격한 총기규제가 시행되긴 어려울 거라고 전망했다. 그리고 그 예측은 적중했다. 2017년 10월 1일 발생한 라스베이거스 총기난사 사건으로, 무려 59명이 사망하고 500여 명이 부상하는 참사가 벌어졌다. 대체 얼마나 많은 사람이 죽어야 미국 정부가 전격적으로 총기규제에 나설까.

302

타이틀 엘리펀트는 코끼리와 장님을 의미한다. 즉, 어디를 만지는가에 따라 다르게 말할 수 있는 인간의 삶을 지칭한다. 혹은 '거실의 코끼리'로서 덩치가 큰 코끼리가 거실에 있는 것처럼 어떻게 할 수 없는 내부의 문제를 의미한다.

그래서일까. 감독은 끔찍한 장면을 이상할 정도로 쿨하고 우아하게(?) 묘사했다. 객석에 불이 들어와도 오랫동안 여운이 가시지 않았던 영화, 〈엘리펀트〉가 지닌 매력이자 불편한 느낌이다.

HISTORY IN FILM

Theme 15

정치와 전쟁 3
(2001~2017)

U.S. ATTACKED

/

얼간이 대통령

/

누가 악의 축인가

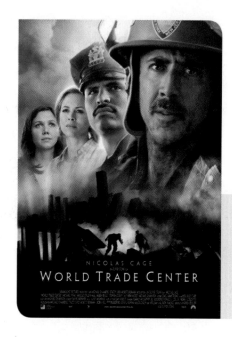

 01

U.S. ATTACKED

월드트레이드센터
World Trade Center, 2006

감독: 올리버 스톤
출연: 니콜라스 케이지(존 맥라글린)
　　　마이클 페나(윌 히메노)
　　　마이클 섀년(데이브 카니스)

영화 속 역사

911 테러사건을 소재로 한 영화. 세계무역센터 붕괴를 다루면서, 테러의 원인이나 성격보단 인명구조를 통한 인간애에 초점을 맞춘 게 이 영화의 특색이다.

여느 때처럼 뉴욕 중심가를 순찰하는 경사 존 맥라글린. 거대한 비행기 그림자가 지나가는 순간, 굉음과 함께 세계무역센터 북쪽 타워가 흔들린다. 비행기가 어째서 건물과 충돌했는지 의견이 분분한 가운데 또 다른 비행기가 남쪽 타워에 충돌하고서야 적의 테러라는 걸 직감하는 시민들. 구조 요청을 받은 존은 대원들을 이끌고 사고가 난 건물로 들어가지만, 순식간에 건물이 무너져 내린다.

U.S. ATTACKED

4대의 항공기를 납치해 동시다발 자살테러로 전 세계를 충격에 빠뜨린 911 테러사건.

이 참사가 일어난 다음날 발행된 미국 유력 일간지『뉴욕 타임스』의 1면 타이틀은 'U.S. ATTACKED', 즉 '미국이 공격당하다'였다. 미국 경제와 국방의 상징인 세계무역센터와 펜타곤이 공격당했을 때, 미국인은 극도의 공포와 전율을 느꼈다.

아메리칸 에어라인 11편이 충돌했던 오전 8시 46분경, 세계무역센터에는 약 18,000명의 시민들이 있었던 것으로 추정된다. 〈월드트레이드센터〉 에필로그에는 세계무역센터에서 희생된 수가 2,749명으로 나온다. 그리고 1,940여 명이 비행기가 충돌한 층이나 그 위층에 있었다는 사실로 미루어 볼 때, 시민들의 구조작업이 성공적이라고 볼 수 있다.

이러한 배경에는 영화에서 구조대원 월이 폭발음을 듣고 1993년에 있었던 자동차 폭탄테러를 언급한 것과 관련이 있다. 이 폭탄테러는 대낮에 일어난 사건^{1993. 2. 26.}인데, 당시 테러범들은 세계무역센터 지하2층 주차장에 자신들이 탄 차량에 설치된 폭탄을 폭파했다. 이 충격으로 6명이 사망하고 1천 명 이상이 부상했으나, 원래 테러범이 의도한 건 건물의 붕괴였다. 하지만 그들이 설치한 폭탄보다 건물의 강도가 훨씬 강해서 별 탈이 없었는데, 911 테러에선 상황이 달

2001년 9월 11일 월드트레이드센터 한쪽 건물이 비행기와 충돌해 연기를 내뿜고 있는 가운데, 또 다른 비행기가 돌진하고 있다.

305

라졌다.

주목할 건 당시 테러 주동자가 '람지 요세프'로서, 알카에다 소속이라는
사실. 결국 911 테러에 나선 알카에다 대원들이 얼마나 오래전부터 세계무
역센터를 붕괴시키려 했는지 알 수 있다.

사고 수습과 대처

'1993년 폭탄테러' 이후 항만관리위원회의 대응체제가 빨라졌다. 예전에
는 4시간 이상이나 걸렸던 대피시간이 911 테러 당일에는 1시간 미만으로
단축됐다. 다만 사고현장에 있던 구조대원들 중 어느 누구도 건물이 붕괴
되리라고 예상 못했으며, 남쪽 타워가 무너진 후에도 북쪽 타워에 있던 구
조대원들은 그 사실을 모르고 있었다. 결국 생존자 수색과 구조작업을 멈
추지 않은 상황에서, 많은 경찰관과 소방대원이 시민들과 함께 목숨을 잃
었다. 에필로그에는 뉴욕소방관 343명과 항만공사 소속 84명이 희생됐다고 나온다

영화에 잠깐 비친 펜타곤은 아메리칸 에어라인 77편이 충돌해서 탑승자
64명과 펜타곤에 있던 125명이 사망했다. 그러나 펜타곤 공격은 한 번뿐이
었고, 초고층 세계무역센터와는 달리 건물이 높지 않아 인명피해가 상대적
으로 적었다. 사고현장에 접근하기 쉬웠으며, 근처에 건물이 없는 것도 피
해가 적은 요인이었다.

영화 〈플라이트 93〉에도 나왔듯이, 유나이티드 에어라인 93편은 예정보
다 40분 이상 늦게 이륙해서 승객들이 세계무역센터 공격소식을 알았다.
그래서 그들은 테러범들과 맞섰는데, 조종실을 장악한 납치범이 펜실베이
니아 생스빌 벌판에 추락시켜 탑승자 전원이 사망하고 말았다.

당시 빈 라덴은 이 기편으로 백악관을 공격하고 싶어 했으나, 성공 확률
이 희박하다고 판단한 납치범 조종사 '지아드 자라'가 목표를 국회의사당으

로 결정했다. 결국 유나이티드 93편의 승객들이 모두 목숨을 잃었으나, 그들의 용기로 더 큰 희생을 막을 수 있었다.

휴먼드라마

세계무역센터 붕괴를 시작으로 아프가니스탄전쟁, 이라크전쟁, 빈 라덴 사살에 이르기까지 숨 가쁘게 전개되는 미국의 대(對) 테러정책. 흥미로운 건 이런 사건을 소재로 한 영화들은 긴장감 넘치거나 음울한 분위기다.

그러나 올리버 스톤의 〈월드트레이드센터〉는 처음부터 끝까지 사람 냄새나는 훈훈한 느낌을 유지하고 있다. 스크린에 나오는 인물 중에서 눈살을 찌푸리게 하는 캐릭터는 단 한 명도 없다. 주인공 존과 윌을 비롯해서 그들의 생사를 알지 못해 노심초사하는 가족들. 그

주인공 존을 비롯한 경찰들이 충격적인 상황에 넋이 나간 장면

리고 전력을 다해 구조활동을 벌이는 대원들 모두 인간애가 넘친다.

단 한 사람, 데이브 카니스(마이클 섀넌)의 지나칠 정도로 진지한 표정과 뜬금없는 대사가 극의 흐름을 방해한다. 실제 전직 해병대 특무상사 출신인 그는 사고 소식을 접하고서 "이것은 전쟁이다."를 외치고 사고현장을 누비며 구조에 전념한다. 에필로그에도 나오듯이, 그는 조국이 유능한 군인을 필요로 한다며, 해병대에 재입대하여 이라크에 갔다.

분명히 데이브가 보여 준 행동은 순수한 애국심과 인간애로 볼 수 있다.

307

문제는 어째서 이런 테러가 일어나게 됐는지 그 원인은 생각하지 않는다는 것이다. 주인공을 비롯한 영화 속 모든 인물이 인명구조에만 최선을 다할 뿐, 테러와 관련한 구체적인 언급이 없다. 그래서 영화는 테러를 소재로 한 작품보단, 재난영화 성격의 휴먼드라마 같은 인상이다.

제작 & 에피소드

올리버 스톤이 911 테러를 소재로 영화화한다고 발표했을 때, 대다수 관객은 "드디어 올 것이 왔다."는 반응이었다. 〈JFK〉를 비롯해 만드는 영화마다 논란을 불러일으켜 온 그는 자신만의 독특한 역사 비틀기로 유명하다. 더욱이 911 테러의 진상은 정부 발표에도 불구하고, 온갖 음모론과 억측으로 지금도 미국 국민을 혼란하게 하고 있다.

이런 상황에서 스톤이 911 테러를 소재로 영화화한다고 하자, 사람들은 세상에 알려지지 않은 새로운 사실이 영상으로 드러날 것이라고 흥분했다. 그러나 예상과는 달리, 감독은 실존인물 '존'과 '월' 두 사람을 구조하는 과정을 통한 인간애에 초점을 맞추었다. 그래서 테러범의 만행을 제외한 채 극이 진행되었다면, 마치 삼풍백화점 붕괴과정을 소재로 한 재난영화 같은 인상이다. 영화에는 부시가 연설하는 모습이 나오지만, 테러사건을 막지 못한 대통령의 책임이나 과오에 대해 전혀 언급하지 않았다.

분명한 건 스톤의 이런 연출방식이 이전의 필모그래피엔 없었다. 이에 대해 그는 평범한 사람들의 삶에 대한 의지를 다룬 '안드레아 버로프'가 쓴 시나리오에 매료되었다고 밝혔지만, 어색한 느낌을 지울 수 없다. 충격적인 사건을 소재로 했음에도, 극이 너무나도 밋밋하게 진행되기 때문이다. 돌직구로 표현하면, 올리버 스톤 영화 같지 않다. 즉, 관객의 머리를 무겁게 하는 충격적인 사실이나 음모와 배신으로 점철된 세련된 심리묘사가 등장해야, 올리버 스톤다운 영화적 매력이다.

영화 VS. 영화 〈9월의 어느 날〉
(Quelques jours en septembre, 2006)

911 테러를 배경으로 너무도 상이한 극 전개를 보이는 〈월드트레이드센터〉와 〈9월의 어느 날〉. 전자가 세계무역센터에서의 인명구조에 초점을 맞추었다면, 후자는 911 테러 배후를 추적하는 스릴러다.

프랑스, 이탈리아, 포르투갈 합작을 상징하듯 유럽을 무대로 하는 〈9월의 어느 날〉. 산티아고 아미고레가 연출한 이 영화의 시점은 911 테러가 일어나기 6일 전인 9월 5일부터 테러 당일까지를 배경으로 한다.

주목할 건 국제스파이 엘리엇^{닉 놀테}이 미국을 겨냥한 911 테러 사건을 미리 알고 있었다는 것. 그가 가진 이 극비정보를 둘러싸고 프랑스 비밀요원 아이린^{줄리엣 비노쉬}, 킬러 윌리엄^{존 터투로}, 모종의 비밀정보단체 간에 잇따른 살인사건이 벌어지고 거액의 돈이 오간다.

이 사건에 가장 깊숙이 개입된 인물이 엘리엇이다. 그는 한때 프랑스 비밀요원이었다가 현재는 돈만 주면 이중스파이

911 테러 정보를 알고 있는 엘리엇을 만나러 가는 아이린(좌)

노릇도 하는 국제 스파이다. 자신의 목숨을 노리는 적이 얼마나 많은지 잘 아는 그는 자식에게 거액의 유산을 물려주기 위해 비밀정보단체와 마지막

거래를 한다. 이처럼 영화는 911 테러가 단순히 알카에다 소행이 아닌, 미국, 프랑스, 기타 비밀정보단체가 개입된 음모에 의해서 벌어졌다는 걸 암시한다.

그러나 이런 극 전개방식이 설득력이 있으려면 근거 자료 내지 치밀한 논리가 필요하다. 단지 주인공과 주변 인물이 곧 테러사건이 일어날 거라는 말만 하고 엔딩 장면에서 세계무역센터가 공격당했다는 TV 뉴스속보로 마무리 짓는 건 용두사미식 결론이다. 변죽만 올릴 뿐 테러 배후에 관한 실체나 진실에는 접근조차 못했으니 말이다.

---

911 테러를 둘러싼 음모론

세계무역센터가 여객기 충돌이 아닌 내부 폭약에 의해 붕괴되었다는 설, 두 여객기가 건물에 충돌할 때까지 전투기가 출동하지 않는 등 아무런 대책이 나오지 않은 건 실수가 아닌 미리 계획되었다는 설, 테러범 '하니 한주르'의 형편없는 비행 실력으론 펜타곤을 공격할 수 없다는 설 등이다. 펜타곤에 충돌한 나선하강식 비행이 고도로 숙련된 비행실력을 갖추어야 하는데, 한주르는 여객기가 아닌 경비행기로 최소한의 훈련만 받았다는 것도 근거로 작용했다.

이 밖에 911 테러 이전에 이미 아프가니스탄과 이라크 침공을 계획했으며, 이러한 공격 명분으로 미국이 테러를 주도했거나 혹은 알카에다 테러를 방조했다는 설도 있다.

그러나 이러한 음모론은 나름대로 근거와 설득력이 있음에도 한계가 있다. 대부분의 음모론이 명백하게 증명될 수 없으며, 정부 최고위층에서 비밀리에 추진하는 내용을 확실하게 알 수 없기 때문이다.

🎥 02

얼간이 대통령

로스트 라이언즈 Lions for Lambs, 2007
감독: 로버트 레드포드
출연: 톰 크루즈(어빙)
　　　메릴 스트립(제닌)
　　　로버트 레드포드(스티븐)

311

영화 속 역사

아프가니스탄전쟁을 소재로 한 작품. 혹여 실감 나는 전투장면을 기대하지 말라. 아프가니스탄전쟁의 성격과 의미, 미국의 국제 외교 방향 등 수준 높은 토크형식의 영화다.

아프가니스탄전쟁을 놓고서 설전을 벌이는 공화당 차기 주자 어빙과 정치부 기자 제닌. 어빙은 중도 철군하면 미국의 국제 신뢰도가 추락하고 아프가니스탄이 탈레반 수중에 들어갈 거라고 우려한다. 제닌은 세계의 시선이 호의적인 911 테러 때와는 달리 최악이라 당장 철군해야 한다고 맞섰다. 이에 자신이 고안한 획기적인 군사작전을 홍보해 달라는 어빙. 특수부대원을 투입해서 적을 섬멸하는 작전인데, 자살특공대와 유사하다.

Lions For Lambs 의미

타이틀 'Lions For Lambs'의 어원은 제1차 세계대전 당시 독일군 장교가 혀를 차며 던진 말이다. "영국군은 양이 사자를 이끌고 있는 형국이다. 어리숙한 양 때문에 용감한 사자들이 희생당하는 꼴이다."

그럼 이 영화에서 사자와 양은 누구를 지칭할까? 사자는 어니스트와 아리안을 비롯해 투철한 국가관을 지니고 참전한 미군을, 양은 획기적인 작전이라는 허울 아래 두 병사를 사지死地로 보낸 정치인 어빙이다. 한편으로 어빙은 부시 대통령을 지칭한다. 같은 공화당 소속인데다가, 어빙이 내세우는 아프가니스탄전쟁의 필요성, 이라크 침공 명분, 핵 개발을 추진하는 이란을 '악의 축'으로 규정하는 것, 모두 부시가 공언했기 때문이다.

결국 타이틀은 아프가니스탄전쟁이 일어나선 안 될 전쟁이며, 이 전쟁을 일으킨 부시는 어리석은 대통령이란 의미다.

감독의 논지

감독 로버트 레드포드가 내세우는 논지는 베테랑 기자 제닌의 정치 관련 발언에 나온다. 즉, 미국을 공격하지 않은 아프가니스탄에 아프가니스탄군의 10배나 되는 병력을 보낸 것도 그렇고 무고한 인명살상에 대한 명분이 없다는 걸 지적했다. 또한 세계 각국이 이 전쟁을 반대하고 미국을 적대시하게 될까 우려했다.

사실 미국 정부가 그토록 비난한 후세인보다 부시가 훨씬 호전적이란 건 입증됐으며, 그 계기가 '911 테러'다. 이 참사가 일어나기 전까지 부시는 나약한 이미지였는데, 이 사건으로 문책을 당하기는커녕 오히려 대통령 권한을 강화시키는 기회가 되었다. 즉, 미 전역에 '테러리즘 공포'가 휩싸이고,

부시 대통령이 내건 정책은 절대 거부할 수 없는 위상으로 자리 잡았다. 그리고 그러한 상황에서 부시가 '테러와의 전쟁'으로 내세운 첫 번째 공격 목표가 아프가니스탄 탈레반 정권이다.

아프가니스탄전쟁

부시는 탈레반 정권에게 911 테러 사건을 일으킨 무장단체 알카에다와 이 사건의 배후 조종자 빈 라덴을 보내지 않으면 전면공격하겠다는 초강경 입장을 취했다. 그러나 탈레반이 거부하자, 그해 10월 7일 전격 침공했다. 그 후 개전한 지 두 달 만에 칸다하르를 점령하면서 탈레반 정권이 완전 붕괴되고, 예전 탈레반에게 저항했던 북부동맹이 주도하는 과도정부가 세워졌다.

313

그러나 제1차 아프가니스탄전쟁을 소재로 한 '표도르 본다르추크'의 〈9중대〉에도 나오듯이, 아프가니스탄은 소련의 침공도 격퇴한 역사가 있다. 이러한 배경에는 아프가니스탄의 험악한 산악지형이 한몫했는데, 이번에는 소련군이 아닌 미군이 곤욕을 치렀다. 즉, 도주한 탈레반군이 산악지대를 중심으로 항전을 벌여, 전쟁이 좀처럼 끝나지 않았던 것. 영화에서 어니스트와 아리안이 적

작전명령을 듣는 어니스트와 아리안

에게 포위된 장면도 험준한 산악지대를 배경으로 하고 있다.

이에 맞서 미국은 산악에 은닉해 있는 탈레반군과 알카에다 세력을 제거하기 위해 신형폭탄 GBU-28^{벙커버스터}을 투하하는 등 온갖 방법을 시도했

지만 한계가 있었다. 게다가 탈레반과 반 탈레반 세력 간의 전쟁을 비롯해 기타 종족 간 유혈충돌도 일어나서, 결국 미국이 손을 들고 마는 상황까지 초래했다. 즉 부시의 뒤를 이어 집권한 오바마 대통령이 아프가니스탄에 주둔한 미군을 철수시키겠다고 선언한 것이다.

미국의 아프가니스탄 침공을 보면서 새삼 두 가지를 확인했다.

첫째, 영원한 우방도 적도 없다는 것. 예전 아프가니스탄을 침공한 소련 에게 저항한 세력이 탈레반이며, 이들을 훈련시키고 대대적인 무기원조를 해준 나라가 미국이다. 한 예로, 〈9중대〉에서 아프가니스탄 반군이 소련 탱크와 항공기를 격추시킨 무기가 미국이 제공한 스팅어미사일이다.

둘째, 영화의 요지가 아프가니스탄 침공을 비판한다고 할지라도, 미국 측 시선을 벗어나진 못했다는 것. 예를 들어, 엔딩 장면에서 두 미군 병사 가 사살당하는 데에만 초점을 맞추고 그 후 미군 폭격기가 주변 일대를 폭 격하는 장면은 가볍게 처리했다. 바꿔 말해서 이 폭격으로 최소한 수십 명 의 아프가니스탄군이 사망할 수 있다는 걸 짐작할 수 있음에도, 이런 점에 대해선 일말의 관심조차 두지 않았다.

314

제작 & 에피소드

열혈 민주당 지지자로 정치적 발언을 서슴지 않는 로버트 레드포드.

그가 아프가니스탄전쟁을 소재로 영화를 제작한다고 했을 때부터, 이 작 품이 단순한 상업영화가 아닐 거라고 예상했다. 역시나, 스릴 넘치는 전투 장면은 나오지 않고 TV 시사토론이나 대학원 세미나를 연상케 하는 토론에 중점을 두었다. 게다가 정치인-기자, 교수-학생 간에 오가는 토크 주제도 아프가니스탄전쟁의 성격과 의미, 미국 국제외교 방향, 바람직한 국가관 등 수준 높은 내용이 주를 이루고 있다.

그래서일까. 톰 크루즈, 메릴 스트립, 로버트 레드포드 등 블록버스터급 캐스팅에도 불구하고, 거의 '토크'로만 일관된 이 영화는 미국과 우리나라 양국에서 당연히(?) 흥행에 참패했다. 그렇지만 이 영화는 다른 장점이 있다. 즉, 일반 상업영화보다 오래도록 잔상이 남는다는 것.

설전을 벌이는 제닌과 어빙

이러한 배경에는 극을 이끌어 가는 주요 이슈가 단순한 영화적 장치가 아닌, 현재진행형의 심각한 사회문제를 다루고 있어서다.

특히 어빙과 제닌의 대화는 곱씹을 내용이 많다. 공화당 출신 어빙의 캐릭터가 부시 대통령과 매우 닮아 있고 제닌이 부시의 단순한 이분법적 정책을 비판하는 학자와 언론인의 대변자 같은 인상을 풍기는 것도 흥미롭다.

볼거리 하나 없고 극적 반전도 없이 토크로 일관하면서도 긴장감을 놓치지 않는 영화, 바로 〈로스트 라이언즈〉가 지닌 매력이다.

영화 VS. 영화 〈론 서바이버〉(Lone Survivor, 2013)

아프가니스탄전쟁을 소재로 한 〈로스트 라이언즈〉와 〈론 서바이버〉.

전자가 토크로 일관한다면, 이 영화는 생생한 전투신이 주를 이룬다. 실제로 탈레반 부사령관 '아마드 샤'를 체포하는 작전^{2005. 6. 28에 시행된 레드윙작전}에 투입된 4명의 네이비실 대원의 죽음과 구조과정을 상세히 다룬 〈론 서바이버〉.

이 영화의 본격적인 전개는 적진에서 양치기 일행에게 정체가 발각된 후부터다. 완벽한 작전 수행을 위해 그들을 죽일지, 교전 수칙에 따라 살릴지 격론하는 대원들. 순간의 선택에 자신들의 목숨이 달렸기 때문이다. 살려주는 대신 작전을 취소하고 기지로 돌아가기로 결정한 대원들. 그러나 이 선택으로 대원 3명이 목숨을 잃고 그들을 구하러 온 헬기도 탈레반의 로켓포에 추락해 몰살당한다. 양치기 일행이 탈레반에게 대원들의 위치를 알려주고 예상보다 훨씬 빨리 추적해 왔기 때문이다.

이런 상황에서 마커스 중사^{마크 월버그}는 무하마드 굴랍을 비롯한 마을 주민의 도움으로 기적처럼 생존한다. 주민들은 미군을 당장 내놓으라는 탈레반의 위협에 맞서 총격전을 벌이기도 한다. 어째서 목숨을 걸면서까지 미군을 구하려들까 의아했는데, 에필로그에 답이 나왔다. "아프가니스탄 주민들이 마커스를 보호해 준 건 2천년 전통의 불문법 파슈툰왈리 때문이다. 적에게 쫓기는 사람은 어떤 대가를 치러서라도 지켜야 한다는 규범이다."

한편 영화는 마커스의 구출에 초점을 맞춘 탓에 삭막한 현실을 간과한 장면도 있다. 한 예로 아프가니스탄 주민들이 총을 능숙하게 다루는 장면을 보면, 얼마나 전쟁에 오랜 기간 시달렸는지를 짐작하게 한다. 또한 헬기를 격추시킨 미사일이 미국무기라는 사실. 제1차 아프가니스탄전쟁^{1979~1989} 때, 소련 항공기를 숱하게 격추시킨 무기가 당시 미국 정부가 아프가니스탄 반군에게 제공한 스팅어미사일이다. 자신이 제공한 무기로 자국의 헬기가 격추될 것이라고 전혀 예상치 못했으리라.

이래서 세상에는 영원한 적도, 영원한 우방도 없다.

특공대원들의 생사를 가른 선택을 하는 장면

03

누가 악의 축인가

그린 존 Green Zone, 2010
감독: 폴 그린그래스
출연: 맷 데이먼(밀러)
그렉 키니어(클락)

영화 속 역사

이라크전쟁의 실상을 정면으로 다루어 리얼리티를 극대화한 것이 이 영화의 특색이다.

이라크전쟁이 발발한 지 4주 후. 대량 살상무기 제보를 받고 수색작전을 펴는 밀러 준위. 그런데 매번 허탕만 쳐서 맥이 빠진다. 상관에게 정보와 실제 상황이 다르다고 지적하는 밀러. CIA 국장이 그를 저지하며 말한다. "이라크는 대량 살상무기를 쓴 적이 없어!" 얼마 지나지 않아 미국 정부는 대량 살상무기 제거를 위해 침공했다는 말은 간 데 없고, 후세인의 폭정을 없애려는 조치라고 말을 바꾼다.

Green Zone 의미

원래 의미는 '안전지대'다. 교통이 복잡하거나 재해가 일어난 지역 내, 위험이 없는 곳을 말한다.

그러나 이 영화에선 다르다. '미군의 특별경계구역'을 의미한다. 2003년 사담 후세인 정권붕괴 뒤, 그가 거처하던 바그다드궁을 개조한 곳이자, 미군 사령부와 이라크 정부청사가 자리한 '전쟁터 속 안전지대'다. 그만큼 미군 경계가 철저한 곳이다.

영화에도 몇 차례 나오지만, 수도 바그다드에서 폭탄이 터지고 기관총을 난사하는 등 시가전이 벌어져도, '그린 존'은 다르다. 그 안에 고급 수영장, 호화 식당, 마사지 시설, 나이트클럽, 댄스 교습소가 구비된 별천지다. 그러나 2003년 10월, 그린 존 근처에 위치한 타지 미군기지에 로켓포가 날아와 미군 5명이 사망하고 6명이 부상하는 사건이 일어났다.

전쟁의 경과

이라크전쟁은 미군과 영국군이 함께 이라크를 침공[2003. 3. 20.]해서 개전 20일 만에 수도 바그다드를 함락하고 그해 부시 대통령이 이라크전쟁이 끝났다고 공식선언[2003. 5. 1.]한다. 영화에서 부시 대통령 연설 장면이 잠깐 나오는데 여기에 해당된다. 그리고 사담 후세인 대통령을 체포[2003. 12.13.]함으로써 전쟁이 일단락된다.

전쟁의 경과 못지않게 중요한 것이 이 전쟁의 발발 원인이다. 부시가 세계적인 반대 여론에 맞서 전쟁을 감행한 건, 그가 내세운 침공의 명분이다. 영화도 그 점을 부각시켜 국방부와 CIA 간의 갈등과 음모 그리고 다양한 언론 플레이가 나오고 있다.

318

침공 명분

미국이 이라크를 침공한 명분은 두 가지. 생화학 살상무기를 다량 보유 했다는 것^{이 영화의 소재}과 빈 라덴을 비롯한 테러리스트와 후세인이 연루되어 있다는 것. 그러나 이 두 명분, 어느 한쪽도 입증하지 못했다.

더욱이 이라크를 침공하기 전부터 국제 여론이 좋지 않았다. 유럽에선 프랑스의 자크 시락 대통령이 맹비난을 했고 중동 국가들도 마찬가지였다. 쿠웨이트를 제외한 거의 모든 아랍 국가들이, 미국의 군사 행동에 우려를 표명하고 나섰다. 사우디아라비아와 이집트 정부가 여기에 해당되는데, 이 두 나라는 걸프전 당시 미국을 주축으로 한 다국적군에게 협조도 했다.

어쨌든 부시 행정부는 대량 살상무기를 찾아내려고 혈안이 되었고, 이런 상황이 뉴스에 자주 보도되었다. 그러나 결국 미국 정부는 공식적으로 "이라크에 대량 살상무기는 존재하지 않는다"는 점을 인정했으며, 그 대신 후세인의 폭정^{쿠르드족 학살과 독재정권}을 전쟁의 명분으로 내세웠다.

그럼 미국 정부는 잘못된 정보로 인해 이라크를 침공했나?

그렇지 않다. 애초부터 이라크에 대량 살상무기가 없다는 걸 알면서도 침공했다. 영화에서 밀러가 국방부 정보팀 클락에게 애초부터 미국 정부가 대량 살상무기가 없다는 걸 알면서도 침공했냐며 따지는 장면이 있다. 이에 클락이 무기 존재 여부는 중요하지 않고 승리했으면 됐다고 말한다. 그렇다. 클락의 캐릭터는 바로 부시 대통령이다.

대량 살상무기 수색작전을 벌이는 밀러(중앙)와 대원들

319

IS 탄생

부시 대통령은 후세인 독재정권이 사라져서 이라크에 평화가 찾아올 것이라고 선언했다. 과연 그럴까?

오히려 이때부터 이라크 내전이 본격적으로 시작되며, 그 결과물이 IS^{Islamic State, 이슬람 국가} 탄생이다. IS는 국제테러조직 알카에다의 하부 조직으로 출발했다. 이라크에서 테러 활동을 벌이고 시리아 내전이 발발²⁰¹¹하면서 거점을 시리아로 옮겼다. 주목할 건 이 조직에 과거 후세인 정권의 군부 세력과 관료들이 결합되어 있다는 것.

즉, 후세인 정권하에 정치, 행정, 군대 조직에 정통하고 훈련된 사람들이 이 무장단체에 들어가면서 IS, 즉 이슬람 국가로 명칭을 바꾸게 된다. 결국 IS의 상층부 세력이 후세인 정권의 지휘관과 관료다. 여기서 IS가 다른 테러단체들과 다르게 국가선언^{2014. 6. 29.}을 한 이유는 앞서 언급했듯이, 정부를 운영해 본 경험이 있어서다.

그러나 이런 일들이 알카에다 지도부와 사전에 논의되지 않아서, 알카에다로부터 파문을 당한다. 그럼에도 거리낌 없이 자기 조직을 지지하고 추종해 줄 세력을 얻기 위해, 전 세계를 상대로 테러를 벌이고 인터넷을 통해 IS 대원을 모집하고 있다.

누가 '악의 축'인가

부시 대통령은 이라크를 침공하기 1년 전 연두교서에서 이라크를 '악의 축'으로 지목했다. '악의 축'이란 대량 살상무기 개발 및 테러지원 등 국제 사회에 중대한 위협이 되는 나라를 가리킨다. 부시는 군사 행동을 포함해 강경한 방법으로 이라크 정권 교체를 추구하겠다고 선언했다.

320

그러나 대량 살상무기가 존재하지 않고 테러지원에 관한 증거도 없는 상황에서, 이라크전쟁의 정당성은 존재하지 않는다. 적어도 부시는 후세인의 폭정을 전쟁의 명분으로 내세우는 행위는 하지 말았어야 했다. 더욱이 그의 확신에 찬 '이라크에 평화가 깃들 것'이라는 주장도 정반대 결과를 가져왔다. IS의 탄생을 두고 한 말이다.

이라크, 이란, 북한을 '악의 축'으로 규정하는 부시 대통령의 연두교서(2002. 1. 29.)

이라크와 미국 중, 어느 쪽이 진정으로 '악의 축'인가.

CNN 대對 알자지라

영화에선 밀러가 인터넷으로 여러 언론매체에 사건의 진실을 알려 주는 장면으로 끝맺는다. 그럼 실제 보도 상황은 어떠했나?

이라크전쟁 당시, 미국 언론은 저널리즘 원칙을 벗어났다. 미군의 용맹함이나 신무기를 소개하는 데 많은 비중을 두었던 반면, 폭격으로 민간 시설이 파괴되거나 민간인 희생자가 발생한 데 대해선 거의 보도하지 않았다. 이와는 달리, 알자지라를 비롯한 아랍 언론은 균형있는 보도로 전 세계의 이목을 끌었다. 즉, CNN이 자국의 입장만을 대변하는 보도로 신뢰를 잃었다면, 알자지라는 공정성으로 국제적 명성을 얻었다.

제작 & 에피소드

'본' 시리즈로 유명한 맷 데이먼과 감독 폴 그린그래스의 합작품. 이 영화의 특색은 이라크전쟁의 실상을 정면으로 다루어 리얼리티를 극대화했다는 것. 주인공 밀러의 전우 키팅 역의 브라이언 시프케스, 폭탄물 처리반원 역의 폴 카스코, 포격 담당 대원 역의 마이클 듀어 등, 실제 군인들이 대거 참여해 실전을 방불케 하는 연기를 보여 주었다. 실제로 대량 살상무기 수색대 사령관을 역임했던 리처드 몬티 곤잘레스의 자문으로, 폭탄물 수색 장면이 묘사된 것도 이 영화의 장점이다.

영화의 또 다른 특색은 다양한 관점으로 음모론을 추적한다는 것. 밀러의 수색대가 대량 살상무기를 추적하는 것과는 별도로, 국방부 정보팀과 밀러로 대변되는 수색대원 간의 갈등, 국방부 정보팀과 언론매체 간의 보도 관련 갈등, 국방부와 CIA 간의 경쟁구도, 친미파와 반미파 이라크인의 갈등이 씨줄과 날줄처럼 얽혀서 전쟁 발발에 관한 음모론에 접근하고 있다.

중요한 대목마다 실제 다큐필름으로 감독의 의도를 관객에게 전달하는 방식도 리얼리티를 배가하는 데 큰 역할을 했다.

영화 VS. 영화 〈허트 로커〉(The Hurt Locker, 2008)

작품상과 감독상을 비롯해 아카데미 6개 부문을 수상한 〈허트 로커〉.

〈그린 존〉과는 여러 면에서 비교된다. 똑같이 종전 후 바그다드에 주둔한 미군을 주인공으로 내세우면서도 상이한 극 전개를 보이기 때문이다. 〈그린 존〉이 대량 살상무기 은닉처를 수색하면서 겪는 사건을 다룬 반면,

322

이 영화는 폭발물 제거반 팀장 제임스^{제레미 레너}를 중심으로 하루하루 죽음을 넘나들면서 인성이 황폐화되어 가는 과정을 묘사하고 있다.

타이틀도 대조적이다. '그린 존'이 안전지대라면, '허트 로커'는 '고통에서 벗어날 수 없는 상황'을 의미한다. 그리고 미국 정부의 침공 목적이나 이라크 내의 복잡한 정치 상황을 알기 위해선 〈그린 존〉을, 전쟁이 끝나도 매우 위험한 이라크 치안 상황이나 미군의 심리적 갈등을 이해하기 위해선 〈허트 로커〉를 권하고 싶다.

극 전개방식이나 이미지에선 이 영화가 〈그린 존〉보다 훨씬 남성적이고 거칠다 못해 투박한 인상이다. 흥미로운 건 이 영화를 만든 이가 여성 감독 '캐스린 비글로우'라는 사실. 언뜻 여성 감독이 만들었을까 하는 의문이 들 정도로 스크린은 그야말로 유혈이 낭자하다. 폭탄테러로 머리가 날아가고 사지가 찢겨나가는 걸 풀숏으로 촬영하는 등, 웬만한 고어 영화 이상이다.

323

그러나 이런 장면들은 라스트신의 주인공 행동을 이해하는 열쇠 역할을 한다. 즉, 그는 전우들의 참혹한 죽음을 목격하고 그 자신 죽을 고비를 수없이 넘기면서, 일상생활로 돌아갈 수 없게 되었다. 사랑하는 아내와 자식이 있는 가정으로 돌아갔으나, 적응하지 못하고 다시금 폭탄과 총알이 난무하는 바그다드로 돌아가야 마음의 평정을 찾는 제임스. 즉, 〈디어 헌터〉에서 러시안 룰렛에 매달리는 닉처럼, 지독한 '외상후 스트레스 장애'를 겪고 있는 것이다.

〈허트 로커〉와 〈그린 존〉 모두 미군을 향한 테러뿐만 아니라 같은 이라크인끼리 죽고 죽이는 장면이 나온다. 아무리 많은 미군이

폭탄이 터져 미군이 희생되는 장면

주둔해도 좀처럼 나아질 기미가 안 보이는 이라크 치안 상황. 마치 제2의 베트남전쟁을 보는듯한 이라크 사정을 개선할 방법은 무엇일까?

그건 〈그린 존〉에서 울분에 찬 이라크인의 대사에서 답을 찾아야 할 것 같다. "우리 문제를 미국이 결정하려 들지 마시오. 미국의 꼭두각시에 이 나라를 맡길 수 없소. 이라크는 이라크인이 통치해야 합니다!"

즉, 이라크 문제는 미국이 아닌 이라크인 손에서 결정해야 한다. 그럼에도 이라크에 주둔한 미군 철수를, 부시는 대통령 집권 내내 끝까지 거부했다.

HISTORY
IN
FILM

Donald's

Theme 16

현대사회와 문화

브랜드를 산 남자

/

세상은 요지경

/

이긴 자가 강하다

He took someone else's idea and America ate it up.

Michael Keaton
is
The Founder

🎥 **01**

브랜드를 산 남자

파운더 The Pounder, 2016
감독: 존 리 행콕
출연: 마이클 키튼(레이 크록)
존 캐럴 린치(맥 맥도날드)
닉 오퍼맨(딕 맥도날드)

영화 속 역사

맥도날드 창립에 관한 일화를 소재로 한 영화. 햄버거 프랜차이즈를 통해 미국의 음식 문화를 이해할 수 있다는 점이 이 영화의 특색이다.

밀크셰이크 믹서기를 판매하다 호기심이 발동한 레이. 한 업소에서 무려 7개나 주문을 해 당장 가 보기로 했다. 주문한 지 30초 만에 햄버거가 나오는 혁신적인 스피디 시스템과 엄청난 인파에 충격받는 레이. 그 식당 주인 형제에게 프랜차이즈를 제안한다. 이름하여 '맥도날드.' 오랜 설득 끝에 계약을 체결하지만 사사건건 형제와 부딪친다. 가맹점 확장에 목숨을 걸다시피 하는 레이와 달리. 형제는 원칙과 절차를 내세워 차질이 생긴 것. 결국 레이와 형제 간에 물러설 수 없는 한판 승부가 시작된다.

맥도날드 성공 요인

영화 속 레이의 대사에 나와 있다. 주문한 지 30초 만에 음식이 나오고, 가격이 저렴하면서도 맛이 뛰어나다. 그럼 이런 스피디 시스템이 나오게 된 배경은?

맥도날드 형제의 대사에 나온다. 주문의 대다수가 햄버거, 감자튀김, 탄산음료 세 가지인 걸 확인하고, 메뉴를 최소화해 주방의 효율성을 높였다. 게다가 주문부터 음식 준비 공정까지 능률적인 작업대식 주방을 창안해낸 것.

손님들은 몰려들었고, 형제는 성공했다. 그러나 그들의 역량은 거기까지였다. 그들에겐 자신의 노하우를 프랜차이즈하기에는 투지가 약했다. 그저 현재의 결과물에 만족한 것이다.

그러나 레이 크록은 달랐다. 형제를 처음 만난 때가 52세, 결코 녹녹치 않은 나이에다가 산전수전 겪은 세일즈맨이다. 이제껏 성공에 굶주렸던 그는 형제의 식당을 본 순간 프랜차이즈로 대박을 터뜨릴 것이라고 직감했다. "맥도날드라는 이름을 본 순간 첫눈에 사랑에 빠졌지."라는 대사에 나오듯이, 그는 맥도날드 브랜드에 목숨을 걸었다.

영화에서 자기 집을 담보 잡혀 매장을 차리고, 밤늦게 혼자서 매장 주변을 청소하는 그의 모습에서 이미 성공으로의 길은 시작됐다. 승부수를 던지는 과감성, 세세한 일도 챙기는 성실함, 게다가 오랜 세일즈 경험에서 축적된 가맹점 점주의 고충과 매장 직원의 업무능력까지 파악할 정도니, 그만큼 실패할 확률이 적었던 것.

영화에서 그는 프랜차이즈 성공 여부인 음식의 일관성을 유지하기 위해 꼼꼼히 체크한다. 전기료를 절감코자 밀크셰이크용 파우더를 사용해 가맹점주의 부담을 덜어 주고, 브랜드 광고에도 적극 나섰다. 그리고 꿈에 그리던 맥도날드공화국 탄생이 현실로 다가왔다.

327

형제는 질 수밖에 없나

그렇다. 영화에도 나오듯이 형제는 맛있고 저렴한 햄버거를 아주 빠른 시간에 만들 수 있었지만, 냉혹한 사업가 마인드는 없었다. "맥도날드의 출발은 가족이지. 돈이 아니야!"라는 대사에서 그들은 레이에게 질 수밖에 없는 운명

맥도날드 형제. 딕 맥도날드(좌)와 맥 맥도날드(우)

이었다. 더욱이 밀크셰이크 파우더를 사용하면 계약위반이라고 격하게 말하는 장면에서 이미 승부가 결정났다. 형제는 가맹점주의 고충보다 자신들의 경영방식만을 고집한 것이다.

그럼 레이 크록의 성공은 당연한 결과일까?

그렇진 않다. 물론 그가 프랜차이즈로 대박을 터뜨리는 과정에서 엄청난 열정과 비상한 사업 수완을 발휘한 건 공감한다. 그러나 형제로부터 '맥도날드'라는 브랜드를 가로채는 건 열정과 아이디어만 있으면 되는 게 아니다. 만일 형제가 레이 못지않은 투지나 교활함이 있었다면, 과연 그들로부터 프랜차이즈를 가로챌 수 있었을까.

그래서 레이는 두 가지 큰 행운을 얻었다. 하나는 맥도날드 형제를 만났다는 것, 다른 하나는 형제가 레이보다 투지가 별로 없었다는 것이다.

개운치 않은 뒷맛

영화는 나이가 50이 넘어 근근이 생계를 이어가던 남성의 성공 신화를

다루었다. 형제와 프랜차이즈 계약서를 작성하는 장면부터 미국 전역에 매장이 급속도로 늘어나는 장면까진, 마치 레이가 된 것처럼 흥분되고 설렜다. 그런데 뒷맛이 개운치 않다.

왜 그랬을까? 성공이란 열매를 자기만 독차지해서다. 레이는 형제로부터 프랜차이즈 일체를 인수할 때, 기업 수익의 1%를 준다고 계약했지만 지키지 않았다. 영화에는 형제가 계약서에 그 내용을 기재할 걸 요구하자, 레이는 가맹점주 사정을 고려해 달라며 구두로 할 걸 제안했다. 그리고 나중에는 구두계약을 입증할 수 없다면서, 기업 수익을 전혀 주지 않았다. 에필로그에는 그 가치가 현재 연간 1억 달러에 달한다고 했다. 결국 레이는 애초부터 헐값으로 브랜드를 빼앗으려 한 것이다.

다음으로 조강지처 버리고 새장가 가는 대목이다. 그가 가맹점주 부인 조안 스미스를 보고 첫눈에 호감 가는 장면이 나올 때 설마설마했다. 그리

고 그게 현실이란 걸 확인했을 때, 싸늘한 기분이 들었다. 영화에는 조안이 "용감한 자가 행운이 따른다."며 부추기고, 이에 레이가 행동하는 걸로 나온다. 그러나 레이는 그녀의 주장처럼 용감한 게 아닌, 파렴치한 행위를 한 것이다. 레이가 성공을 거둔 이면에 묵묵히 내조를 한 아내의 공이 크기 때문이다.

레이 크록이 성공신화를 만끽하는 장면

제작 & 에피소드

영화 속 맥도날드 형제의 음식 사업을 통해서 미국 대중문화 변천사를 접할 수 있다. 형제가 트럭 운전 직업을 그만둘 수밖에 없었던 이유가 대공황 여파였다면, 이러한 경제침체 시기에 유일하게 버틸 수 있는 업종이 음식 장사이기 때문에 햄버거 사업에 매달렸다.

혁신적인 스피디 시스템도 마찬가지다. 제2차 세계대전 종전 후 경제 호황을 누리던 1950년대 초반 미국 국민의 경제 수준이 상향 평준화되면서 무엇이든 빠른 속도를 원하게 되었다. 여기에는 음식사업도 포함되며, 그 결과 세계 최초의 패스트푸드 레스토랑 맥도날드가 탄생한 것이다.

영화는 고증에도 심혈을 기울여, 1950~1960년대 비주얼을 그대로 옮겨 놓았다. 맥도날드 박물관에 전시된 사진 자료를 바탕으로 당시 매장과 똑같은 세트를 마련하고, 직원들의 유니폼은 물론이고 손님들의 의상과 헤어스타일을 완벽하게 재현했다.

주요 등장인물의 연기호흡도 좋다. 마이클 키튼 레이 크록 역과 닉 오포맨 딕 맥도날드 역 간의 기싸움도 볼 만하고 키튼과 린다 카델리니 조안 스미스 역의 달콤쌉싸름한 피아노 연주와 노래도 인상적이다. 그러나 이 영화를 이끌어 가는 건 역시 키튼의 카리스마 넘치는 연기다. 영화 속 그의 모습은 위대한 사업가라기보단 성공을 위해선 어떤 수단도 마다하지 않는 승부사적 기질의 남자다.

한편 포스터에서 환하게 웃는 파운더의 모습에 박수를 보내고 싶진 않다. 승자의 아량이 전혀 없어서다. 하지만 영화에도 나오듯이, 세상사는 승자의 입장을 지지하게 마련이다. 또한 스크린을 통해 다시금 확인한다. 사업에 성공하는 자는 뛰어난 프로그램이나 시스템을 개발한 자가 아닌, 그

걸 상품화할 수 있는 자다.

영화 VS. 영화 〈슈퍼 사이즈 미〉(Super Size Me, 2004)

맥도날드 프랜차이즈를 소재로 했으면서도 느낌이 너무 다른 〈파운더〉
와 〈슈퍼 사이즈 미〉. 〈파운더〉가 패스트푸드 장점을 열거했다면, 〈슈퍼
사이즈 미〉는 그 반대로 단점을 지적했다. 미국인 1억 명이 비만이나 과체
중인데, 그 원인이 맥도날드사 패스트푸드라는 것.

그 이유는? 미국 패스트푸드 시장 절반이 맥도날드다. 그러나 이 회사가
비만의 원인을 자사 제품이 아닌 개인 탓으로 돌리자, 다큐멘터리 감독 모
건 스펄록이 직접 나섰다. 한 달 내내 맥도날드 햄버거만 먹었을 때 어떤
현상이 나타나는지를 말이다.

331

결과는 대성공. 몸에 적신호가 옴으로써, 패스트푸드가 비만의 원인이라
는 걸 입증했다. 이후 맥도날드를 비롯한 유명 패스트푸드 체인점이 메뉴
마다 칼로리를 기재해 소비자가 참고할 수 있도록 했다. 주목할 건 스펄록
이 최초로 맥도날드사를 공격한 건 아
니다.

1994년 6월, 런던 환경보호단체 소
속 '데이브 모리스'와 '헬렌 스틸'이 맥
도날드사 패스트푸드가 건강에 해롭고
암을 유발한다는 내용의 전단을 돌렸
다. 이에 발끈한 맥도날드사가 무고죄
로 고소해 재판이 벌어졌다. 변호사 선
임 비용도 없어 스스로 변론해야 하는

감독이자 주연을 맡은 모건 스펄록

시민과 영국 최고 변호사를 고용한 다국적 기업과의 재판은 누가 봐도 뻔한 승부 같았다. 그러나 예상은 완전히 빗나가 맥도날드사가 소송 일부를 패소하기까지 했다.

그럼 이런 결과가 나온 배경은 무엇일까?

무소불위의 권력을 가졌다고 착각한 공룡 기업이 소비자, 특히 냉철하고 투지가 있는 시민의 힘을 간과해서다. 즉, 스펄록이 자기 몸으로 한 달 동안 시험한 것이나 모리스와 스틸이 소송에 임한 것이나 같은 맥락이다. 이 두 사례로 개개인의 노력만으로도 거대 기업을 상대로 자신의 권리를 지킬 수 있다는 게 증명되었다.

이 영화는 우리나라에서도 흥행에 성공했는데, 언론에 주목받았을 시점에 신문에 난 기사거리가 눈에 띄었다. 어느 고객이 모건 스펄록이 한 것처럼 똑같이 한 달 동안 롯데리아 패스트푸드만 먹고, 비만의 책임을 물어 소송을 제기한 것이다. 소송 결과가 어떻게 됐는지 알 순 없지만, 영화 한 편이 사회적 파장을 불러올 수 있다는 걸 확인하였다.

하긴 〈다이빙 벨〉은 그 이상의 엄청난 파장은 물론이고, 아직도 후유증이 현재 진행형이니 말이다.

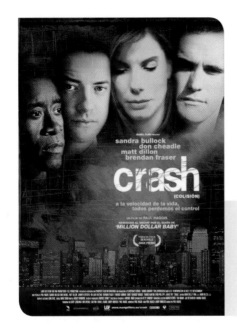

02

세상은 요지경

크래쉬 Crash, 2004

감독: 폴 해기스
출연: 산드라 블록(진 캐봇)
　　　돈 치들(그레이엄 워터스)
　　　맷 딜런(라이언)

333

영화 속 역사

인종갈등을 소재로 한 작품. 주목할 건 등장인물이 모두 피해자인 동시에 가해자라는 것. 어떻게 사는 것이 남과 더불어 살아갈 수 있는지를 제시하고 있다.

흑인 앤소니가 백인 부부 릭과 진이 탄 차를 강탈한다. 공교롭게도 릭은 흑인과 소수민족의 지지를 받아 정계로 나서려는 지방검사. 이 사실이 외부에 알려질까 봐 걱정하는 남편이 못마땅한 진은 유색인종을 싸잡아 비난한다. 원래 인종 편견이 있고 가정부가 히스패닉계라서 불편했는데 흑인 강도까지 만났으니 화도 날만하다. 하지만 상한 기분이 사라진다. 자신의 목숨을 구해 준 이가 그토록 무시했던 가정부였던 것이다.

인종의 도가니, 미국

미국 역사는 이민의 역사다. 이민으로 나라가 세워졌고, 국가 발전에 이민들의 기여가 아주 크다. 무려 240여 민족이 '인종의 도가니'처럼 얽혀 사는 곳이 미국이다. 따라서 영화에 나오는 흑인, 히스패닉계, 멕시코인, 이란인, 중국인 그리고 한국인은 현재 미국에 거주하는 다양한 민족 중 일부분에 지나지 않는다.

미국이 다양한 유색사회라 할지라도, 주도권은 백인이 쥐고 있다. 미국의 건설과정이 영국 식민지에서 출발했으며, 그에 따라 처음부터 백인의 주도하에 국가가 성립하고 세계 최강으로 발돋움했다.

2010년 미국인구통계국이 밝힌 전체 인구[3억 8백만여 명] 중에서 백인이 72.4%로 가장 많다. 나머지 인구는 소수민족에 해당하는데, 히스패닉계가 16%로 흑인[12.6%]을 넘어서 두 번째로 많다. 히스패닉은 멕시코, 쿠바, 푸에르토리코 및 중남미 출신 이민자들을 가리키는 것으로 어느 특정 국민을 지칭하진 않는다.

주목할 건 히스패닉계가 현재 급격한 인구 증가를 보이고 있어, 가까운 미래에 백인을 넘어설 수도 있다는 예측이 나올 정도다. 히스패닉계가 미국정치에 영향력을 끼친 예로 2000년 대통령 선거를 들 수 있다. 당시 조지 부시 후보가 엘 고어 후보를 근소한 차이로 이겼는데, 히스패닉계 거주지에서 부시를 지지하는 몰표가 나온 것이다. 그리고 그 이면에는 부시 동생인 플로리다 주지사의 부인이 멕시코인이라는 점이 크게 작용했다.

인종차별

타이틀 크래쉬^{Crash}는 '충돌'을 의미하는데, 이 영화에선 '인종차별'을 상징한다.

자신을 성추행한 백인 경찰로부터 목숨을 구하는 흑인 여성. 이 영화에서 가장 인상적인 장면

즉, 스크린에 나오는 히스패닉계, 흑인, 멕시코인, 아시아계 모두 정도의 차이만 있을 뿐 차별을 당하고 있다. 사실 미국 역사에서 인종차별은 아직까지도 해결되지 않은 심각한 사회문제다. 그에 따라 사회 존립 차원에서 인종차별 관련 범죄는 가중처벌하고 있다.

공교로운 건 영화에 등장하는 인물들이 모두 피해자인 동시에 가해자라는 것. '세상은 요지경'이라는 말이 절로 나올 정도다. 영화에는 인종적 편견을 비판하거나 해결책을 제시하지 않는다. 그 편견으로 상처받고 상처를 준 사람들의 삶을 담담하게 보여 줄 뿐이다. 그런 점에서 이 작품은 교육영화는 아니지만, 그 이상의 효과를 지니고 있다. 어떻게 사는 것이 남과 더불어 살아갈 수 있는지를 보여 주기 때문이다.

335

할당제(Affirmative Action)

인종차별 관련 가중처벌과는 별도로, 소수민족이나 여성 같은 약자가 사회적으로 불이익을 당하지 않도록 하는 제도다. 일종의 차별철폐 조치인데, 학교입학이나 취업 시 약자에게 일정 비율을 할당해 준다.

두 유형의 흑인

영화에는 두 유형의 흑인이 나온다. 주류사회에 당당히 자리 잡고 사는 흑인^{카메론, 크리스틴, 그레이엄}과 그렇지 못한 흑인^{앤소니, 피터}이다. 앤소니와 피터는 미국이 극심한 인종차별 사회라면서 욕지거리를 하는 반면, 카메론과 그레이엄은 자기 직업에 자부심을 갖고 있다.

흑인 강도가 같은 흑인의 차를 강탈하려는 장면.
두 흑인의 표정이 대조적이다.

흥미로운 건 미국 사회를 대조적으로 보는 이런 시각이 '엉클 톰'과 니거^{nigger}라는 관점과 유사하다는 것. '엉클 톰'은 백인에게 아부해 출세하고 기회주의적이며 '흑인을 배신한 자'를, '니거'는 구제불능의 형편없는 검둥이라는 경멸이 깔려 있다. 참고로 블랙스테레오타입^{black stereotype: 흑인에 대한 고정관념}이라는 단어도 니거의 속성이 담겨 있다. 어쨌든 영화에서 아무 계획없이 충동적으로 범죄를 저지르고 세상 탓만 하는 앤소니가 바로 니거이자, 블랙스테레오타입이다.^{라스트신에선 앤소니가 착한 일을 한다}

불법체류자

미국은 외국인 불법체류자가 가장 많은 나라다. 국토가 워낙 넓어 어디로든 이동이 가능하고, 자유로운 사회 분위기 속에서 숨어 살 수 있어서다. 그래서 인접 국가 중 멕시코를 비롯해 카리브해 연안 국가들에서 미국으로 잠입하는 경우가 많다. 문제는 불법체류자가 매년 누적 현상을 보여, 그 수

336

가 엄청나다는 것.

이러한 현상으로 백인 빈민층은 불법체류자가 자신의 일자리를 빼앗고 강력범죄가 증가하고 있다고 분통을 터뜨렸다. 그리고 그런 분위기를 십분 활용해 강력한 반反이민정책을 슬로건으로 내세워 대통령으로 당선된 이가 도널드 트럼프다.

한편 영화에 나오는 불법이민자는 라틴인이 아닌, 아시아인이다. 행색이 너무 초라해 마치 보트피플 같은데, 피부나 얼굴 윤곽이 중국인에 가깝다. 동북아시아에서 미국까지 보트로 가기에는 너무나 먼 거리인데, 어째서 그런 분장에 그런 엑스트라를 캐스팅했는지 선뜻 이해가 안 된다. 작품의 디테일에 소홀했거나 아시아인에 대한 잘못된 선입견을 가졌다고 볼 수밖에 없다.

337

제작 & 에피소드

제78회 아카데미 주요 부문인 작품상, 각본상, 편집상을 수상한 〈크래쉬〉. 이 영화의 가장 큰 매력은 편집의 묘미다. 직업도 사는 방식도 각기 다른 15명의 이야기가 마치 씨줄과 날줄이 섬세한 톱니바퀴에 연결된 것처럼 기막히게 이어진다.

이 작품과 유사한 스토리와 편집방식이 우리나라 영화에도 있는데, 민규동 감독의 〈내 생애 가장 아름다운 일주일〉이다. 참고로 두 영화의 서사 구조 차이점은 〈내 생애 가장 아름다운 일주일〉이 사랑에 초점을 맞추었다면, 〈크래쉬〉는 인종간의 충돌을 다루고 있다.

아쉬운 점은 인신매매범으로 등장하는 이가 한국인이라는 것. 더욱이 그의 부인 행태도 여간 눈에 거슬리는 게 아니다. 공공장소에서 큰 소리를 지

르는 등 교양이라곤 눈꼽만큼도 없는 여성이 한국말을 사용할 때에는 허탈
감마저 든다. 물론 한국인이 좋은 캐릭터여야만 하는 건 아니고, 작품성을
위해선 더한 악역을 맡을 수도 있다.

문제는 할리우드영화에 나오는 한국인 캐릭터가 대개 부정적이라는 데
있다. 〈아웃 브레이크〉 〈LA 2013〉 〈은밀한 유혹〉 그리고 〈크래쉬〉마저 한
국인이 혐오스러운 배역으로 등장해서, 우연으로 간주하기에는 왠지 찜찜
하다. 더욱이 인종차별을 소재로 한 영화인데다 아카데미 주요 부문을 수
상한 작품이라서 불편한 느낌이 드는 게 필자만의 생각일까.

영화 VS. 영화 〈디시에르토〉(Desierto, 2015)

〈크래쉬〉와 〈디시에르토〉는 서로 연관이 있다. 〈크래쉬〉에서 불법이민
자들을 인신매매하려는 장면이 나온다면, 이 영화는 국경선을 통해 넘어오
는 불법이민자들을 모두 사살하려는 극단적인 내용을 담고 있다.

주인공이 불법이민자들을 살해하려는 이유는?

라디오 방송과 그의 대사에 나온다. 방송에선 불법이민문제가 나오고,
그는 불법이민자들이 미국을 망쳐 놨
다며 분통을 터뜨린다. 영화의 배경
은 멕시코 국경 근처. 타이틀 '디시에
르토'는 스페인어로 '사막'을 의미하며,
말 그대로 사막에서 벌어지는 추격전
이다. 남녀노소 안 가리고 무차별 사
살을 하는 그의 표정에는 한 치의 흔들
림도 없다. 그의 표현대로 살인이 아

밀입국자를 사냥하는 주인공 샘(제프리 딘 모건)

닌 '사냥'이며, 반드시 제거해야 할 바퀴벌레 같은 존재다. 그의 모습을 보며 떠오르는 장면이 있다.

현재 인기리에 방영되는 〈워킹데드〉에 나오는 소름끼치는 악역 네간이다. 흥미로운 건 살인도구로 네간은 철사를 감은 야구방망이, 샘은 저격용 총을 사용한다는 것.

영화에서 샘은 극단적이고 자극적인 표현을 쓴다. "싹 다 잡아버리자." "버러지 같은 놈들!" "그놈들이 망쳐 났어." "이젠 지긋지긋해." 그런데 그의 이런 대사와 신경질적이고 결의에 찬 표정을 보며 떠오르는 정치인이 있다.

불법이민문제에 대해 극단적인 방안을 내놓은 트럼프 대통령이다. 그도 샘처럼 불법이민자들을 버러지로 간주한다. 그들이 미국에서 온갖 범죄를 저지르고 백인의 일자리를 빼앗기 때문에, 반드시 추방시키고 다신 미국 땅에 들어오지 못하게 해야 한다는 것이다. 단지 방식에서 주인공과 차이가 있다. 샘은 국경을 넘어오는 사람들을 사살하고, 트럼프는 국경에 거대한 장벽을 세우자는 것.

역대 미국 대통령 중에서 가장 강력한 반反이민정책을 추진하는 트럼프. 그는 미국이 이민을 통해 발전한 역사와 문화를 무시한다. 미국과 멕시코 국경에 거대한 장벽을 쌓고 이민자를 규제하겠다고 선언하는 뉴스를 봤을 때, 첫 느낌은 황당함이었다. 2천여 마일에 달하는 방대한 국경 장벽 건설이 그의 임기 내에 완료될지도 미지수다. 더욱이 이 예산을 멕시코 정부로부터 받아서 한다는 대목에선 어이없는 웃음마저 나왔다.

역시나, 멕시코 대통령 '엔리케 페냐 니에토'는 반발했고, 지난 2017년 1월에 예정된 미국 대통령과의 정상회담도 취소했다. 여기서 다시금 트럼프의 왜곡된 인식이 나온다. 그는 "멕시코가 미국에 충분한 존경을 표하지 않는다면 회담을 하더라도 의미가 없다."라고 밝혔다.

도대체 미국에게 무슨 존경을 표하라는 것인가. 아마도 멕시코 불법이민으로 미국이 피해를 보고 있음에도 이제껏 참아왔다는 걸 의미하는 것 같은데, 천만의 말씀이다.

과거 멕시코와 전쟁을 벌여 지금의 뉴멕시코, 유타, 네바다, 애리조나, 캘리포니아, 텍사스, 서부 콜로라도 영토를 빼앗은 게 미국이다. 더욱이 미국이 존재하는 한, 아메리카 원주민에 대한 원죄_{原罪}에서 벗어날 수 없다. 세계 최강이라는 자부심을 갖기 전에, 역사 앞에 겸손해야 할 태도가 필요한 게 바로 트럼프다.

03

이긴 자가 강하다

실리콘 밸리의 신화
Pirates of Silicon Valley, 1999

감독: 마틴 버크
출연: 노아 와일(스티브 잡스)
앤소니 마이클 홀(빌 게이츠)

341

영화 속 역사

스티브 잡스와 빌 게이츠의 경쟁을 소재로 한 영화. 스티브 잡스를 소재로 한 작품은 여러 편 있으나, 이 영화만큼 초창기 컴퓨터 역사를 상세히 다룬 건 없다. 빌이 어떻게 잡스를 꺾을 수 있었는지를 스릴 넘치게 보여 준 것도 없다.

잡스와 워즈니악이 공동으로 만든 컴퓨터가 박람회에서 돌풍을 일으킨다. 두 사람이 내건 목표는 대기업 IBM을 뛰어넘는 것. 같은 시기, 빌 게이츠가 IBM사를 찾아가 잡스를 물리칠 비장의 무기로 자사 소프트웨어를 장착할 걸 제안한다. 계약에 성공하고 도스 프로그램이 IBM 컴퓨터에 장착되면서, 빌과 잡스의 한판 승부가 시작된다.

잡스와 빌의 사업관

영화 속 잡스와 빌의 사업방식은 대조적이다.

잡스는 고정관념이나 형식을 철저히 타파하고 '혁신'과 '자유주의'를 신봉한다. 영화에서 반바지 차림으로 면접을 보는 장면이나 TV에서 청바지 복장으로 아이패드 신제품을 소개하는 낯익은 장면 모두 그의 성격을 대변한다.

그는 독선적이며 비정한 인물이다. 영화에서 빌이 언급한 것처럼, 그는 마치 교주처럼 행세하고 직원들을 짐승처럼 취급했다. 직원을 질타하는 장면에선 거의 테러 수준이고, 실제 첫사랑에서 얻은 리사를 딸로 인정하길 거부하다가 친자확인 소송에서 패소한 후에 받아들인 것도 그렇다. 물론 출시한 컴퓨터에 '리사'라는 명칭을 붙여 딸에 대한 애정을 표현했지만, 그건 판결까지 간 이후의 행동이다.

이에 비해 빌 게이츠는 잡스보다 융통성도 있고 승부사 기질도 있다. 영화에도 나오듯이 IBM사를 찾아가 계약에 성공하는 것이나 도스 프로그램을 헐값에 사들였던 일화, 모두 그의 승부사적 기질의 결과물이다. 그러나 그보다 대단한 건 애플사를 찾아가 잡스로부터 온갖 굴욕을 당하면서도 자신이 원했던 기술을 빼내는 장면이다.

"강한 자가 이기는 게 아니라, 이긴 자가 강하다."라는 걸 단적으로 증명한다고 할까. 바로 이 점이 상품 개발에 타의 추종을 불허할 정도의 천재성을 발휘한 잡스가 빌에게 질 수밖에 없는 이유인 것 같다.

대조적인 성격의 결과

대조적인 성격이 동갑내기인 두 사람 운명을 엇갈리게 했다. 영화는 빌

게이츠가 애플사를 지배하는 것으로 끝
나지만, 그 후 그는 마이크로소프트사에
서 퇴임했다. 현재는 빌 & 멜린다 게이츠
재단을 설립해 미국에서 가장 기부를 많
이 하는 존경받는 기업인이다.

그러나 잡스는 빌과는 다른 인생을 걸
었다. 본인의 말마따나, 참으로 치열한
삶을 살았다. 애플사에 복귀해서 아이맥,
아이패드, 아이폰 등 출시하는 상품마다

스티브 잡스 대 빌 게이츠

엄청난 성공을 거두었으며, 경쟁사를 제어하기 위해 특허권 소송을 남발했
다. 대표적인 예로 삼성전자를 들 수 있는데, 현재도 집요하고도 지리한 소
송이 진행 중이다.

한편 사업 성공과는 대조적으로 병마에 시달렸다. 췌장암 수술과 간 이식
수술을 받았으며, 항암치료를 받는 중에도 특허권 문제로 삼성과 첨예한 법
정 공방을 벌였다. 결국 56세의 젊은 나이로 사망[2011]해서 세계를 충격에 빠
뜨리기도 했다.

빌과 잡스는 똑같이 성공 신화를 이루었지만, 인생 후반부가 너무나 다
르다. 그 이유는?

아마도 삶의 방식과 목표에서 비롯된 것 같다. 빌은 경영 일선에서 물러
나 미국 최고의 기부자로서 삶의 여유를 가졌던 반면, 잡스는 경쟁사를 계
속해서 따돌리기 위해 신제품 개발과 특허권 소송으로 피 말리는 삶을 살
았다. 그런 인생관이 과중한 스트레스와 함께 그의 수명을 단축시켰을 것
이다. 심지어 말기 암인 상황에서도 휴식은커녕 경쟁사 삼성과의 소송전을
진두지휘했다가 급격히 병세가 악화됐다.

영화와 실제 모습 모두 좀체 인간미가 느껴지지 않는 스티브 잡스. 그의

343

가치관이 그대로 묻어난 애플사 경영방식도 마찬가지다. 잡스가 죽었지만, 지금 이 순간에도 애플사는 전 세계 곳곳에서 첨예한 소송전을 벌이고 있다.

잡스는 자수성가형으로 성공한 세계적 기업가임에 틀림없으나, 그의 삶이 부럽지도 결코 따라하고 싶지도 않다. 인생의 행복이 성공 그 자체보다 따뜻하고 더불어 사는 인간관계에서 비롯된다는 범인凡人의 생각에서다.

제작 & 에피소드

컴퓨터 역사에서 가장 신화적 인물인 '스티브 잡스'와 '빌 게이츠'를 주인공으로 하여 만든 영화가 〈실리콘 밸리의 신화〉다. 시대배경은 초창기 컴퓨터 역사로서 애플 I을 개발할 때부터 윈도 95가 나오기 직전까지를 다루고 있다.

영화1999가 나온 지 근 20년이 흘렀으나, 그 이상으로 세월의 간격을 느끼는 건 이 작품이 컴퓨터산업을 소재로 했기 때문이다. 생각해 보라. 최근 들어 2~3개월이 멀다하고 스마트폰 신제품이 출시되는 치열한 경쟁사회에서, 영화 속 컴퓨터 모습을 보면 향수마저 느낀다. 과연 저런 시절이 있었나 할 정도로 말이다.

이 영화의 매력 중 하나는 지금은 박물관에서나 볼 수 있는 초창기 컴퓨터를 생생히 볼 수 있다는 것. 프롤로그에서 '알테어'와 '애플I' 등을 다큐멘터리로 보여 주는 장면은 개인용 컴퓨터 초기 역사를 의미한다. 실제 사실을 거의 그대로 반영한 점이나 스티브 잡스와 빌 게이츠를 닮은 배우가 캐스팅된 것 역시 극의 흥미를 배가시킨다.

또 다른 장점은 TV용 영화임에도 극장용 개봉영화 못지않게 볼거리가 많

고 긴장감 넘치는 극
전개를 보이고 있다.
예를 들어, 빌과 IBM
사와의 세기적인 계
약, 잡스가 제록스사
에 가서 GUI 인터페
이스와 마우스 기술을

알테어 대(對) 애플 I

도용하는 과정, 그리고 빌이 애플사에서 기술을 빼오는 과정이 웬만한 스릴
러 못지않다.

감독 마틴 버그의 감각적인 연출력이 빛을 발한 건데, 아쉬운 건 그의 필
모그래피에서 이 영화 외에는 주목할 만한 작품이 없다.

345

영화 VS. 영화 〈소셜 네트워크〉(The Social Network, 2010)

컴퓨터업계의 신화적 인물을 소재로 하면서도 극 전개 방식이 아주 다른
〈실리콘 밸리의 신화〉와 〈소셜 네트워크〉.

전자가 스티브 잡스와 빌 게이츠의 물고 물리는 경쟁구도로 진행된다면,
후자는 '마크 저커버그' 1인층 시점에서 페이스북 개발과정과 그에 따른 법
정 소송을 다루고 있다.

영화 속 주인공 저커버그는 잡스와 공통점이 많다.

두 사람 모두 측근에 비상한 두뇌를 지닌 동업자가 있으며, 무능력하다
고 판단되는 자는 가차없이 내쳤다. 즉, 잡스에게는 애플 I과 애플 II를 거
의 혼자서 제작한 '스티브 워즈니악'이 있고, 저커버그에게는 냅스터 설립
자이자 사업 수완이 뛰어난 '숀 파커'가 있다. 그리고 잡스가 애플사를 상장

마크 저커버그 대 왈도 세브린

시키고 동업한 친구에게 단 1개의 지분도 주지 않은 것처럼, 저커버그도 공동 창업자 '왈도 세브린'을 비정하게 내쫓았다. 즉, 세브린이 무능력하고 회사에 손해를 끼쳤다는 이유로 그의 지분을 40%에서 0.03%로 줄였다. 지분을 줄인 방법도 영화에 나오듯이 치밀한 계획하에 그를 속였다.

결국 그는 소송을 당하는데, 영화가 끝날 때까지 친구를 속인 것에 대한 미안한 마음이 추호도 없다. 첫사랑을 버리고 그녀가 낳은 자신의 딸 리사마저 부정하는 잡스의 행동과 너무나 닮은 것이다.

이러한 점에서 주인공은 기존의 할리우드 작품과는 확연히 구별된다.

대개 드라마 주인공이 인간미가 있는 캐릭터인 데 비해, 이 영화는 아니다. 네트워크사이트 '페이스북'을 만들어 최연소 억만장자가 된 청년으로 미화되지 않고, 한 대 쥐어박고 싶을 정도로 밉상인 캐릭터다. 물론 이러한 배경에는 친구 세브린을 내친 걸 비롯해서 페이스북 시발점이 윈클보스 형제가 고안한 '하버드 커넥션' 사이트 아이디어를 도용했기 때문이다.

그럼에도 그는 아무런 죄의식 없이 소송에 임하는데, 그 모습이 참으로 뻔뻔하다. 게다가 여자친구에게 잘난 체하다 차인 앙갚음으로 그녀의 가슴 사이즈를 블로그에 폭로하는 찌질한 면도 있다.

그러나 아무리 저커버그에 관한 험담을 해도, 그는 현재 15억 명이 가입한 세계 최대 인맥 네트워크 사이트를 운영하는 막강한 권력을 지니고 있다.

파블로 피카소가 말했던가. "좋은 예술가는 모방하고, 위대한 예술가는 도용한다."고. 어느 면에선 그런 주장이 설득력이 있다. 잡스는 제록스사로부터, 빌은 잡스로부터 그리고 저커버그는 윈클보스 형제로부터 아이디어를 도용했으니 말이다.

한편 이 영화를 보면, 과연 착하고 정직하게 사는 게 바람직한 건지 회의감이 든다. 저커버그의 성공 신화가 공동 창업자 세브린을 농락하고 남의 아이디어를 도용한 바탕 위에서 이루어져서다. 흥미진진하나 뒷맛이 개운치 않은 영화, 바로 〈소셜 네트워크〉에 비쳐지는 삭막한 현실 사회 모습이다.

참
고
문
헌

저서, 논문, 평론

곽인찬 역(2004). 악마와의 동침-워싱턴과 사우디 왕가의 추악한 거래. 서울: 중심.

김상민(2004). 역사와 영화-역사연구에 있어 영화의 가치와 활용. 명지사론, 15.

김성준(2009). 영화에 빠진 바다. 서울: 혜안.

김형곤(2003). 미국대통령의 초상. 서울: 선인.

박진빈(2016). 도시로 보는 미국사-아메리칸 시티, 혁신과 투쟁의 연대기. 서울: 책세상.

손세호 외 역(1998). 영화로 본 새로운 역사. 경기: 소나무.

손영호(2009). 미국의 총기문화. 경기: 살림.

양홍석(2008). 고귀한 야만. 동국대학교 출판부.

연동원(2001). 영화 대 역사-영화로 본 미국의 역사. 경기: 학문사.

연동원(2001). 역사영화를 통해 본 미국독립혁명-멜 깁슨의 패트리어트: 늪지대의
여우. 동국사학, 35-36.

연동원(2006). 역사 속의 성, 영화 속의 젠더. 서울: 연경미디어.

연동원(2006). 역사영화로 본 십자군원정-〈킹덤 오브 헤븐〉을 통한 역사 분석. 경
주사학, 24-25.

연동원(2008). 마틴 스콜세지의 영화적 특성과 미국문화: 주요 작품의 표현과 서사
방식을 중심으로. 한국미국사학회, 27.

연동원(2008). 조로(Zorro): 영화 속의 역사성-영화 〈레전드 오브 조로〉를 중심으
로. 선문대학교 인문과학 논총, 8.

연동원(2011). 소설과 영화를 통한 교양 역사교육 연구-존 스타인벡의『분노의 포
도』를 중심으로. 교양교육연구, 5(1).

연동원(2015). 〈노예 12년〉-같은 소재, 다른 결과 〈아미스타드〉와의 비교분석. 한
국영화평론가협회, 27.

이길용(1992). 미국 이민사. 서울: 대한교과서.

이보형(2018). 미국사 개설. 서울: 일조각.

이재광(1999). 영화로 쓰는 20세기 세계 경제사. 서울: 세상의 창.

정성화 외 역(1994). 미국정당정치사: 민주 공화 양당의 발전과 대립의 역사. 서울: 학
　지사.

주경철 역(1999). 역사와 영화. 서울: 까치.

지현 역(1998). 찰리 채플린. 서울: 시공사.

황혜성 외 역(1998). 미국인의 역사. 서울: 비봉.

Ebert, R. (1997). *Roger Ebert's Book of Film*. Now York: W.W. Norton.

Yaquinto, M. (1998). *Pump'Em Full of Lead: A Look at Gangsters on Film*. New
　Jersey: Twayne Publishers.

정기 간행물, 일간지

『월간 스크린』

『월간 키노』

『주간 씨네 21』

『주간 film 2.0』

American Historical Review

American Journal of History

Chicago Sun-Times

New York Times

방송프로그램

〈스마트 라디오 : 영화 속 역사여행〉 (KBS)

〈타박타박 세계사 : 영화로 역사읽기〉 (MBC)

〈섹션 라디오 : 라디오박물관〉 (SBS)

저자 소개

연동원(Yeon, Dong Won)

동국대학교 대학원에서 서양사 전공으로 박사학위를 받았으며, 현재 연(延)
영상문화연구소 소장 겸 명지대학교 객원교수로 있다. 한국영화평론가협회
와 한국영화학회 정회원이고, 역사학자와 영화평론가로 활동하고 있다. KBS,
MBC, SBS 3사의 〈스마트 라디오〉〈타박타박세계사〉〈섹션 라디오〉에 고정
출연했으며 『월간중앙』에 역사영화평론을 연재했다. 그밖에도 〈씨네컬 문화
읽기〉(텐아시아)를 통해 영화와 뮤지컬을 접목한 칼럼을 소개했다.

〈주요 저서〉

역사 속의 성, 영화 속의 젠더(연경미디어, 2006)

영화 대 역사: 영화로 본 미국의 역사(학문사, 2001)

〈주요 논문 · 평론〉

"마틴 스콜세지의 영화적 특성과 미국문화"

"올리버 스톤의 알렉산더"

"역사영화로 본 십자군원정"

"역사영화를 통해 본 미국독립혁명"

"〈노예 12년〉 - 같은 소재, 다른 결과 〈아미스타드〉와의 비교분석"

"〈더 리더: 책 읽어 주는 남자〉에 드러나는 역사의 상흔과 사랑"

영화로 역사 읽기

-미국편-

2018년 4월 25일 1판 1쇄 발행
2020년 9월 10일 1판 3쇄 발행

지은이 • 연동원
펴낸이 • 김진환
펴낸곳 • ㈜ **학지사**

     04031 서울특별시 마포구 양화로 15길 20 마인드월드빌딩
대표전화 • 02-330-5114   팩스 • 02-324-2345
등록번호 • 제313-2006-000265호

홈페이지 • http://www.hakjisa.co.kr
페이스북 • https://www.facebook.com/hakjisabook

ISBN 978-89-997-1511-2 03900

정가 18,000원

이 도서의 국립중앙도서관 출판시도서목록(CIP)은 서지정보유통지
원시스템 홈페이지(http://seoji.nl.go.kr)와 국가자료공동목록시스템
(http://www.nl.go.kr/kolisnet)에서 이용하실 수 있습니다.
(CIP 제어번호: CIP2018005358)

출판 · 교육 · 미디어기업 **학지사**

간호보건의학출판 **학지사메디컬** www.hakjisamd.co.kr
심리검사연구소 **인싸이트** www.inpsyt.co.kr
학술논문서비스 **뉴논문** www.newnonmun.com
원격교육연수원 **카운피아** www.counpia.com